Robert H. Hopcke
C. G. *Jung, Jungianer und Homosexualität*

W

Robert H. Hopcke

C. G. Jung, Jungianer und Homosexualität

Walter-Verlag
Solothurn und Düsseldorf

Die Originalausgabe: Jung, Jungians and Homosexuality.
© der amerikanischen Ausgabe 1989 by Shambhala Publications, Inc.
Boston, Mass./USA.
© der deutschen Ausgabe 1993 by Walter-Verlag
Solothurn und Düsseldorf

Deutsch von Sabine Osvatic und Helga Haas.

Die Deutsche Bibliothek – CIP-Einheitsaufnahme

Hopcke, Robert H.:
Jung, Jungianer und Homosexualität / Robert H. Hopcke.
[Dt. von Sabine Osvatic und Helga Haas]. – Solothurn ; Düsseldorf :
Walter, 1993
Einheitssacht.: Jung, Jungians and homosexuality <dt.>
ISBN 3-530-38188-8

Alle Rechte vorbehalten
© Walter-Verlag AG, 1993
Satz: Jung Satzcentrum GmbH, Lahnau
Druck: Nord-West-Druck, Trimbach
Einband: Walter-Verlag, Heitersheim
Printed in Switzerland
ISBN 3-530-38188-8

Für Paul, in Liebe
und für alle schwulen Männer und lesbischen Frauen

Was ist dies Dunkel?
dies pechige, dies undurchdringliche
Selbst
das keine Grenzen kennt?
das, ohne Hände,
nach meiner Liebe
greift?

(Janine Canan, Need to See)

Allons! Der Weg liegt vor uns! ...
Willst du kommen und wandern mit mir?
Wollen wir zusammenhalten auf Lebenszeit?

(Walt Whitman, Gesang von der Landstraße)

Inhalt

Danksagungen 9

Jung, Jungianer und Homosexualität – warum dieses Thema? ... 11

C. G. Jung und Homosexualität 27
Die frühen «psychoanalytischen» Schriften 1908–1920 32
Theoretische Komplexität und Konsolidierung 1920–1927 44
Jungs reifes Denken 1936–1950 62
Jungs Hinweise außerhalb der Gesammelten Werke 72

Jungs Einstellungen und Theorien zur Homosexualität 81
Fünf Grundhaltungen Jungs zur Homosexualität 82
   Homosexualität und Strafrecht 82
   Homosexualität – eine historisch-kulturelle Erscheinung 84
   Homosexualität und vollständige Persönlichkeit 86
   Homosexualität hat einen Sinn 88
   Homosexualität und psychische Reife 91
Drei Theorien Jungs aus archetypischer Sicht 95
   Homosexualität und die Beziehung zum Weiblichen 97
   Homosexualität und der Archetyp des Hermaphroditen 102
   Homosexualität – eine genetisch-körperliche Anlage? 104

Jungianer und Homosexualität 107
Homosexualität und das archetypisch Weibliche im Denken
der sogenannten ersten Generation 112
   Erich Neumann 112
   Jolande Jacobi 114
   M. Esther Harding 128
   John Layard 132
   G. Steward Prince und Anthony Storr 144

Marie-Louise von Franz 148
Heutige Ansichten über Homosexualität aus jungianischer Sicht . 158
Wörterbuch Jungscher Psychologie,
L. Zinkin, Jerome Bernstein, Melvin Kettner 160
Steven Centola und K. Marriott 164
David Walsh 168
David Stockford und J. Michael Steele 171
James Hillman 172
Rafael Lopez-Pedraza und Mitch Walker 175
Edward C. Whitmont und John Beebe 181
Eugene Monick 183
June Singer und John Sanford 185
Weibliche Homosexualität in der heutigen
jungianischen Literatur 191
Auf der Zielgeraden 195

Versuch einer jungianischen Theorie der sexuellen Orientierung . 199
Weiblichkeit, Männlichkeit, Androgynie und Homosexualität ... 204
Schwule Männer und das archetypisch Weibliche 210
   Der Zauberer von Oos – ein Mythos der heutigen Zeit 210
   Die Individuation schwuler Männer und das Weibliche 217
   Die Individuation schwuler Männer und die Persona 225
Die Bilderwelt des archetypisch Männlichen
in der Subkultur der Schwulen 238
   Homoerotische Literatur 240
   Sadomasochistische «Lederkultur» 249
Das Androgyne und die Schwulenszene 263
   Die Berdache – Wiederentdeckung einer Tradition 264
   Der Archetyp des Androgynen als Muster
   schwuler Männlichkeit 275

Ein Ausblick durch den Blick zurück – Schlußfolgerungen 283

Anmerkungen 295
Literaturverzeichnis 297
Index 301

Danksagungen

Die Hilfe einer Reihe von Leuten war mir auf dem langen Weg von der Konzeption bis zur Publikation dieses Buches unentbehrlich. Dorlesa Barmettler-Ewing und Don McKillop von der California State University, Hayward, haben mich bei der ersten Fassung dieses Buches als Magisterarbeit begleitet und beratend unterstützt. David Stockford und J. Michael Steele gebührt mein Dank dafür, daß sie mir ihr Wissen über Jung und die Analytische Psychologie zur Verfügung gestellt haben und meine Arbeit damals auf Fehler und Ungenauigkeiten durchgesehen haben.

Als diese Arbeit reifte und sozusagen in die Adoleszenz eintrat, machte sie die Runde, um ein Heim zu finden. Kimn Nielsen von Shambhala Booksellers in Berkeley erkannte den Wert und die Bedeutung dieses Buches, wofür ich ihr immer dankbar sein werde. Ich möchte auch Jonathan Green, Emily Hillburn Sell und Kendra Crossen von Shambhala in Boston für all ihre Mühe und für die Hilfe danken, die sie mir auf dem Weg bis zur Publikation gewährt haben. An dieser Stelle sollte auch Kenneth Hale für sein sorgfältiges Redigieren des Manuskripts Anerkennung gezollt werden; ihm gebührt großer Dank dafür, daß er sich meiner Arbeit mit so viel freundlichem Engagement angenommen hat. Es ist eine umso größere Freude, ein Buch veröffentlichen zu können, wenn man mit Menschen, wie denen bei Shambhala, zusammenarbeiten kann.

Am C. G. Jung-Institut von San Francisco haben mich die Bibliothekarin Joan Alpert und ihre Assistentinnen bei meinen Forschungen freundlich unterstützt und mir dabei geholfen, auch die verstecktesten Stellen in der jungianischen Literatur über Homosexualität aufzufinden. Ich möchte hier auch die

Namen derjenigen nicht unerwähnt lassen, die an unseren monatlichen Treffen zu Fragen von Homosexualität und jungianischer Psychologie teilgenommen haben. Ohne die moralische Unterstützung, die Intelligenz und die Sensibilität von Scott Wirth, Karin Carrington und Rita Cahn wäre ich an einigen Stellen sicherlich fast verzweifelt. Ihre Unterstützung war mir sehr wertvoll, und ich fand in ihnen gleichgesinnte und verständnisvolle Diskussionspartner. Schließlich bin ich meinem Analytiker Raymond Kilduff zu großem Dank verpflichtet, weil er während der letzten fünf Jahre meine Individuation als schwuler Mann, Autor und Therapeut mit großer Anteilnahme begleitet hat. Sein persönliches Interesse und seine Präsenz als Analytiker haben mir dabei geholfen, dem Ausdruck zu verleihen, von dem mein Herz und mein Verstand mir sagen, daß es richtig ist. Ohne seine Hilfe hätte ich diese Arbeit sicherlich nie zu Ende führen können.

Ich möchte auch meinen Freunden, die über ein Jahr lang mit mir und meiner Arbeit gelebt haben, meine tiefempfundene Dankbarkeit aussprechen: Mark Castillo, Jennifer Diaz, Gery Short, Rosanne Alexander, Nora und Megan, Larry DiRocco, Jill Johnson, Dan Fee und Ray Campton. Schließlich möchte ich all meine Patienten und die Teilnehmer an meinen Workshops und Gruppen meiner großen Dankbarkeit versichern, denn ich habe von ihnen mindestens soviel gelernt, wie sie von mir, und besonders danke ich all den schwulen Männern und Lesbierinnen, die ich als Therapeut für kurze Zeit auf ihrem Lebensweg begleiten durfte. Wenn dieses Buch dazu beiträgt, daß Geschichten wie die ihren besser verstanden und mit mehr Mitgefühl aufgenommen werden, so ist der Zweck dieses Buches erfüllt.

Jung, Jungianer und Homosexualität – warum dieses Thema?

Es gibt immer eine Fülle von Motivationen dafür, die Idee für ein Buch zu entwickeln und es dann auch zu schreiben. Dieses Buch macht hier keine Ausnahme. Der Titel zeigt schon kurz und knapp mein Anliegen, nämlich zu untersuchen, was Jung und die Jungianer über Homosexualität zu sagen hatten. Ich habe mich diesem Thema aus zahlreichen Gründen zugewandt und finde es wichtig, vorab klarzustellen, was mich bewogen hat, dieses Buch zu schreiben. Neben vielen anderen Motivationen gab es für mich auch einen sehr persönlichen Grund. Deshalb ist es vielleicht am besten, gleich hier zu sagen, daß mich auch besonders der Wunsch, mich selbst als schwulen Mann besser zu verstehen, bewogen hat, dieses Buch zu schreiben.

Obwohl meine Homosexualität natürlich nicht meine ganze Persönlichkeit ausmacht, stellt sie doch mit Sicherheit einen Aspekt von mir dar, der mein Leben auf besondere Weise geformt hat, und ich muß dadurch häufig einen ganz bestimmten, sehr individuellen Weg im Leben gehen. Da ich auch Psychotherapeut bin und sowohl homosexuelle als auch heterosexuelle Klienten in Einzel- und Paartherapie behandle, ist es auch von Nutzen, wenn ich mich selbst besser verstehe. Alles, was ich über meine eigene sexuelle Orientierung an Selbsterkenntnis gewinne, werde ich auch therapeutisch nutzen; denn wenn ich versuche, eines der vielen Geheimnisse des mächtigen Gottes Eros zu entschlüsseln – das Rätsel, nach dessen Lösung wir leidenschaftlich suchen, nämlich warum wir den lieben, den wir lieben –, kann ich meinen Klienten vielleicht besser helfen zu wachsen, sich zu verändern oder ihre Individualität und ihre eigene Sexualität, in welcher Form auch immer, lustvoll auszuleben.

Normalerweise ist es ein bedeutender Einschnitt in der eigenen Persönlichkeitsentwicklung, wenn man sich darüber klar wird, daß man homosexuell ist, sich also erotisch in erster Linie zu einem anderen Mann bzw. einer anderen Frau hingezogen fühlt. Diese Erfahrung des Coming-out ist für Schwule oft der erste Schritt auf einem langen Weg, der zur Individuation führt, wie Jung und die Jungianer es nennen, nämlich zu einer einzigartigen und individuellen Persönlichkeit mit echter Tiefe und Substanz. Mittlerweile wurde dieser Begriff des Coming-out zu einem gängigen Slogan, der immer benutzt wird, wenn Einzelne oder bestimmte Gruppen kompromißlos zu sich selbst stehen. Schwule erleben sich selbst häufig als Rätsel, das entschlüsselt werden muß, da sie sich in unserer Gesellschaft ihrer sexuellen Orientierung meistens über sehr lange Zeit nicht bewußt sind. Woher kommt diese Sehnsucht, die es eigentlich nicht geben dürfte, diese Sehnsucht nach einem Seelenverwandten, die so ganz anders ist als das, worauf man uns vorbereitet hat? Was bedeutet es, einen anderen voll und ganz, also auch körperlich zu lieben, der so ist wie ich? Wie kann ich ein solches Leben führen und dabei ein Ganzes sein, fruchtbar, glücklich, erfolgreich und erfüllt? Wie kann ich dem inneren Anspruch, mich selbst zu verwirklichen, folgen und ihn mit den äußeren Anforderungen der Form und des Anstands in Einklang bringen? Wie kann ich mir selbst treu bleiben?

Mein Bemühen, nicht nur mich selbst, sondern auch andere zu verstehen, führte schließlich dazu, daß ich eine Analyse machte und eine Ausbildung zum Psychotherapeuten anfing. Gegen Ende meiner Studienzeit war ich in der glücklichen Lage, mich ein Jahr lang dem Studium von C. G. Jungs *Gesammelten Werken* widmen zu können. In diesem Jahr las ich alle achtzehn dieser beeindruckenden Bände von der ersten bis zur letzten Seite. Jung so zu lesen, nämlich mit meinem eigenen Tempo und aller Gründlichkeit, die ich aufbringen konnte, bewirkte eine Wandlung in mir und entfachte eine Traumaktivität, von deren Existenz ich vorher nichts geahnt hatte. Dadurch konnte ich in meine praktische Arbeit als Therapeut Aspekte der menschlichen Persönlichkeit einbringen, die in meiner überwiegend psychoanalytisch ausgerichteten Ausbildung weitestgehend ausgespart worden waren: Mythen, Geschichten, Religion, Spiritualität, Kunst und Schönheit. So haben Jung und die Jungianer, ob ich sie nun persönlich oder durch ihre Werke kennengelernt habe, einen unauslöschlichen Einfluß auf mein persönliches und berufliches Leben ausgeübt. Aber was haben Jung und die Jungianer mir als einem schwulen Mann und meinen Klienten zu sagen? Inwieweit bringen sie uns des Rätsels Lösung näher? In welcher Weise helfen ihre Einstellungen und Theorien mir und meinen Klienten dabei, unsere inneren Kämpfe zu beenden und unser Leben mit der uns eigenen Sexualität zu genießen? Dieses Buch soll eine erste Antwort auf diese Fragen sein, eine Antwort, die meinen ersten Eindruck davon, wie Homosexualität in der Analytischen Psychologie behandelt wird, Lügen straft. Obwohl Homosexualität scheinbar kaum beachtet worden ist und Jung und die Jungianer sich nur vereinzelt auf sie beziehen, haben sie im Laufe der Jahre sehr viel zur Homosexualität gesagt, und vieles davon hilft uns dabei, unsere Sichtweise der Homosexualität *und* der Heterosexualität zu vertiefen und zu erweitern.

Der Feminismus hat unter anderem den Slogan geprägt, daß das Persönliche politisch ist, und vielleicht wird die Wahrheit dieser Maxime durch nichts besser veranschaulicht als durch die Homosexualität. Wenn man nach einem umfassenderen Verständnis der Homosexualität sucht und sich eingehend damit beschäftigt, was Jung und die Jungianer zu einem solchen Verständnis beigetragen haben, so hat das zwangsläufig auch eine politische und historische Bedeutung. Bei der Arbeit an diesem Buch kam also noch eine andere Motivation ins Spiel, nämlich das politische und historische Interesse daran, Jung und die Jungianer in bezug auf die Homosexualität zu erforschen.

Es gibt verschiedene Erklärungen dafür, daß es zur Zeit keine englischsprachige Monographie über Homosexualität aus jungianischer Sicht gibt. Wenn Jung und die Jungianer sich mit dem

Thema Homosexualität so wenig beschäftigen, kann das natürlich bedeuten, daß analytische Psychologen dazu nichts Bedeutendes zu sagen haben und daß es, da in der jungianischen Psychologie nie eine Theorie zur Homosexualität entwickelt worden ist, vielleicht auch nie eine geben sollte. Ich habe mich entschlossen, das, was geschrieben wurde, zu lesen und zu untersuchen, und habe dabei nur folgendes herausgefunden: Die Tatsache, daß Homosexualität kaum ausführlich behandelt wurde, bedeutet nicht mehr und nicht weniger, als daß es in der Literatur, die ja andere Bereiche so umfassend behandelt, eine Lücke gibt, daß etwas fehlt. Dieses Buch stellt daher den Versuch dar, ein Versäumnis nachzuholen bzw. denen, die in der Analytischen Psychologie ihre Individualität gefunden haben, einen bestimmten Teil ihrer intellektuellen Geschichte wiederzugeben. Dieses Buch ist Ausgangspunkt für eine ausführlichere Untersuchung einer Form der Liebe, die überall zwischen Mann und Mann und zwischen Frau und Frau anzutreffen ist.

Darüberhinaus befinden wir uns an einem ungewöhnlichen Punkt in der Geschichte der Homosexualität, und obwohl es sicher interessant wäre, hier die politische Geschichte der Schwulenbewegung der letzten zwanzig Jahre zu rekapitulieren, kommt es bei unserem Thema mehr darauf an, die Geschichte der Homosexualität in der Psychologie zu untersuchen. Der Punkt in der Geschichte der Homosexualität, an dem wir jetzt stehen, ist weitgehend auf zwei Ereignisse zurückzuführen, deren Auswirkungen die Stellung der Homosexualität und des homosexuellen Individuums im psychologischen Denken und in der klinischen Praxis für immer verändert haben.

Das erste Ereignis war 1948 das Erscheinen des sogenannten Kinsey-Reports *Das sexuelle Verhalten des Mannes*. Zum ersten Mal wurde hier eine exakte, empirische Studie über das Sexualverhalten der US-Amerikaner veröffentlicht, und die Daten, die von Alfred Kinsey und seinen wissenschaftlichen Mitarbeitern zusammengetragen worden waren, enthüllten neben vielen anderen erstaunlichen Dingen, daß 37 Prozent der männlichen amerikanischen Bevölkerung nach der Pubertät homosexuelle Erlebnisse hatten, bei denen sie den Orgasmus erreichten (Kinsey et al., S. 580). In einer Zeit, in der die Gesellschaft Homosexualität weitgehend als blasphemisch, krank oder illegal ansah, löste der Beweis, daß über ein Drittel der amerikanischen Männer als Erwachsene homosexuelle Erfahrungen gemacht hatten, einen Schock aus, von dem sich die amerikanische Gesellschaft noch immer nicht erholt hat und vielleicht auch nie erholen wird. Gerade dieses Ergebnis kann gar nicht ernst genug genommen werden. Alle gängigen Vorurteile über Homosexualität als einer seltsamen Anormalität und absonderlichen, unmoralischen Verirrung, der ein geringer Prozentsatz einsamer, verhaltensgestörter Perverser frönt, werden dadurch in Frage gestellt. Alle folgenden Studien von Kinsey bestätigten dieses Ergebnis, das das in Amerika übliche Verständnis von sexueller Orientierung erschüttert hat, und ließen die Untersuchung von 1948 so zu einem Wendepunkt im gegenwärtigen Denken über Homosexualität werden.

Der Kinsey-Report hat alles, was bis dahin über die sexuelle Orientierung gedacht wurde, revolutioniert, und dies wird wahrscheinlich am besten durch die sogenannte Kinsey-Skala symbolisiert. Die Teilnehmer an seiner Untersuchung über menschliches Sexualverhalten ordneten sich auf einer Skala für sexuelle Orientierung, die von ausschließlich heterosexuell (0) über bisexuell in der Mitte (3) bis zu ausschließlich homosexuell (6) reichte. Die Vorstellung, daß sexuelle Orientierung nicht ein Zustand ist, sondern vielmehr eine Reihe von Verhaltensweisen und Identitäten umfaßt, und daß Homosexualität nur eine von vielen Spielarten im Bereich des normalen Sexualverhaltens ist, ist von Kinseys zahlreichen wissenschaftlichen Forschungen später nicht nur bestätigt worden, sondern war und ist auch theoretisch hilfreich für das Verständnis des menschlichen Sexualverhaltens überhaupt. Wenn mehr als ein Drittel der männlichen US-amerikanischen Bevölkerung im Erwachsenenalter homosexuelle Erfahrungen gemacht hat, kann es wohl kaum richtig sein, ein so weit verbreitetes Verhalten sexuell, statistisch oder psychologisch als anormal anzusehen.

Zum zweiten bedeutenden Wendepunkt in der Geschichte des psychologischen Denkens über Homosexualität in den USA kam es 25 Jahre später, im Jahre 1973, als die American Psychiatric Association (APA) [Amerikanische Gesellschaft für Psychiatrie] nach einer langen und erbittert geführten Debatte Homosexualität von der Liste der geistigen Störungen strich. Dieser Beschluß war eine direkte Folge des politischen Engagements in der aktiven Schwulenbewegung, die sich in den späten 60er und beginnenden 70er Jahren formiert hatte. Die schwulen Männer und lesbischen Frauen dieser Bewegung hatten die soziale und individuelle Bedeutung der Homosexualität begrifflich neu gefaßt, waren gegen die gesellschaftlich vorherrschenden, negativen Einstellungen gegenüber der Homosexualität offensiv vorgegangen und hatten Klischeebilder und falsche Vorstellungen über Leben, Gefühle und Handlungen schwuler Männer und lesbischer Frauen entlarvt.

Wenn die Schwulenbewegung auch die Ansicht des psychiatrischen Establishments, Homosexualität sei eine geistige Störung, aus politischen Gründen bekämpfte, war der Erfolg in ihrem Kampf gegen die APA weniger einer politischen Einschüchterung der Psychiater zu verdanken als vielmehr den stichhaltigen Ergebnissen, zu denen Wissenschaftler wie Havelock Ellis, Magnus Hirschfeld, Alfred Kinsey, Cleland Ford, Frank Beach, Evelyn Hooker, Thomas Szasz und Judd Marmor in den vorangegangenen Jahrzehnten gekommen waren.[1] Diese Wissenschaftler hatten aufgedeckt, daß viele psychologische Gemeinplätze über Homosexualität nicht mit der Wirklichkeit übereinstimmen. Sie hatten daher begonnen, für sich selbst das zu formulieren, was sich dann zu der wichtigsten Einsicht der politischen Schwulenbewegung verdichtete, nämlich die Erkenntnis, daß das übermächtige soziale Stigma, Homophobie genannt, das Schwulen bzw. Menschen, die sich sexuell zum gleichen Geschlecht hingezogen fühlen, anhaftet, mit Sicherheit schädlicher ist als die Homosexualität selbst.

Es ist faszinierend zu sehen, wie und warum die APA diesen revolutionären Schritt getan hat, denn darin zeigt sich sehr deutlich, daß die Psychiatrie die Rolle eines Handlangers bei der Schaffung soziokultureller Werte spielt und wie sehr sie sich zum Verfechter dieser Werte macht. Die Entscheidung von 1973 war richtungweisend; aber zum Abschluß gekommen ist diese Entwicklung erst vor kurzem, als in der neusten Ausgabe des *Diagnostic and Statistical Manual of Mental Disorders* der APA auch die «ich-dystone Homosexualität», d. h. Homosexualität, die dem Individuum unerwünscht ist und als störend empfunden wird, von der Liste der geistigen Störungen gestrichen wurde.

Die weitreichendste Folge des Kinsey-Reports und der Entscheidung der APA, jede Form der Homosexualität von der Liste der geistigen Störungen zu streichen, ist, daß die Homosexualität ein für allemal depathologisiert wurde und sich dadurch auch das psychologische Denken über diese Form menschlichen Sexualverhaltens unwiderruflich verändert hat. Die gängigen Einstellungen gegenüber der Homosexualität befinden sich daher historisch und psychologisch an einem entscheidenden Punkt in einem Prozeß radikaler Veränderung. Was man früher über die Homosexualität dachte und was heute auch noch vielerorts aufrechterhalten wird, nämlich daß Homosexualität eine Krankheit ist, ein Abweichen von der Heterosexualität, die einzig als reifer Ausdruck sexuellen Verhaltens angesehen wird, wird also, und zwar erfolgreich, durch eine neuere Strömung in Frage gestellt, die die Homosexualität als eine normale Spielart menschlicher Sexualität sieht und Schwule und Lesbierinnen als normale Individuen betrachtet, die, wenn überhaupt, unter ungerechtfertigter Bigotterie und sozialen Vorurteilen leiden.

Wir befinden uns also mitten in einem Umschwung, gefangen zwischen Altem und Neuem, denn in der öffentlichen Meinung und bei den sozialen Werten in den USA hat sich der bedeutsame

Einstellungswandel zweifelsohne noch nicht durchgesetzt, der im Bereich der Psychologie schon stattgefunden hat. Obwohl es in jeder größeren amerikanischen Stadt eine große, lautstarke und politisch aktive Schwulenszene gibt, hat der Oberste Gerichtshof noch vor kurzem bestätigt, daß der Staat Georgia das Recht habe, Analverkehr für illegal zu erklären und strafrechtlich zu verfolgen. Es gibt zwar sehr viele Menschen, die angesichts der erschütternd großen Anzahl von schwulen Männern, die derzeit den entsetzlichen Aidstod sterben, Mitgefühl empfinden und praktische Hilfe leisten, aber daneben gibt es noch immer jene Stimmen im Fernsehen und in den Zeitungen, die diese tödliche Krankheit als eine Geißel und Strafe bezeichnen, als eine Plage, die Gott den Schwulen für die Sünde der Homosexualität auferlegt hat. Obwohl sich Schwule und Lesbierinnen heute in den Vereinigten Staaten und der ganzen Welt erstmalig öffentlich zu ihrer Homosexualität bekennen, mußten die Kalifornier sich 1988 zum zweiten Mal mit einem Vorschlag der Regierung befassen, bei dem es darum ging, Vorkehrungen für eine Massenquarantäne für die Risikogruppe der mit dem Immunschwächevirus (HIV) Infizierten zu treffen, das bei der Entstehung von AIDS eine Rolle spielt. Der soziale Wandel vollzieht sich offensichtlich weitaus langsamer als der Wandel im psychologischen Denken, durch den Homosexualität endgültig depathologisiert wurde.

Meine Motivation zu diesem Buch war es herauszufinden, wie einer der größten psychologischen Wissenschaftler dieses Jahrhunderts, C. G. Jung, in seinen Schriften und seiner praktischen Arbeit mit Homosexualität umgegangen ist, und ich hoffe, in dieser Zeit des sozialen und psychologischen Wandels einen Weg zwischen dem Alten und dem Neuen aufzeigen zu können. Jung und die Homosexualität ist ein besonders reizvolles Thema, da sich Jung wenig mit Sexualität, und schon gar nicht mit Homosexualität, beschäftigt hat. Wie dieses Buch zeigen wird, hat Jung tatsächlich nie eine zusammenhängende Theorie über Homosexualität aufgestellt, aber trotzdem hat er sich an verschiedenen

Stellen in seinen *Gesammelten Werken,* in zahlreichen Briefen und Interviews, in den lange Zeit nicht erhältlichen und erst kürzlich veröffentlichten Seminaren über *Traumanalyse* und schließlich in seiner Autobiographie *Erinnerungen, Träume, Gedanken* klinisch und theoretisch zur Homosexualität geäußert.

Mein historisches Interesse an diesem Buch führte mich zu der Frage, inwiefern Jung und die Jungianer etwas zu dieser veränderten Auffassung von Homosexualität in der Psychologie beigetragen haben. Mein wissenschaftliches Interesse, wenn es denn als solches bezeichnet werden kann, führte mich dazu, anhand einer eingehenderen Untersuchung dessen, was Jung über Homosexualität geschrieben hat, zu versuchen, die falschen Vorstellungen und abwegigen Einschätzungen zu korrigieren, die man häufig von analytischen Psychologen zu diesem Thema hört – zum Beispiel, daß Jung zur Homosexualität nur wenig zu sagen hatte, daß das, was er sagte, unbedeutend sei oder daß er nur eine ganz bestimmte Theorie oder Einstellung zu ihr hatte. Die folgende, gründliche Betrachtung von Jungs Äußerungen über Homosexualität wird zeigen, daß er durchaus eine differenzierte Auffassung von Homosexualität hatte und eine Reihe von theoretischen Ansätzen dazu entwickelte, die uns eine neue und tiefere Sicht der Seele, die das Herzstück der Psychologie Jungs bildet, ermöglichen. Bei dieser Untersuchung werden wir sehen, daß Jungs Sicht der Homosexualität, die auf den ersten Blick begrenzt, engstirnig und sogar pedantisch zu sein scheint, tatsächlich aber ein ganzes Spektrum von Aspekten umfaßt, von politischen, sozialen und interkulturellen bis hin zu geistigen, theoretischen und archetypischen. Diese Arbeit soll Aufschluß darüber geben, wie Jung über Homosexualität dachte; und durch die genauere Beschäftigung mit einem Teilbereich seines Denkens erschließt sich nicht nur Jungs Denken als Ganzes, sondern es wird auch deutlich, welchen unschätzbaren Beitrag Jung zu der Art, wie wir denken, fühlen, erleben und auf unsere innere Stimme reagieren, geleistet hat.

Neben meinem historischen und wissenschaftlichen Interesse an diesem Thema gab es für mich noch eine andere, vielleicht sogar noch stärkere Motivation, die die Jungianer das Streben nach Ganzheit nennen würden. Es ist kaum wahrscheinlich, daß man durch trockenes wissenschaftliches Interesse oder eine eindeutig historische Neugier zu Jungs Denken oder zu einer jungianischen Analyse findet. Die Analytische Psychologie ist im Bereich der Psychologie vielleicht einzigartig wegen der Art und Weise, wie die Jungianer Jungs Erkenntnisse über Wesen und Dynamik der Psyche aufnehmen und daraus ein Instrumentarium entwickeln, das wie ein Mandala Denken, Fühlen, Intuition und Empfindung umfaßt, also die Ganzheit menschlichen Erlebens, und nicht nur ein einzelnes isoliertes Teil davon. In diesem Buch werden die Arbeiten derjenigen genau untersucht, die nach Jung kamen und ihn noch persönlich kannten, also die der Analytiker der «ersten Generation», und die Arbeiten der Analytiker der sogenannten «zweiten Generation». Es ist mein Ziel, das jungianische Denken über Homosexualität in seiner ganzen Tiefe und Vielfalt wirklich zu erfassen. Will man dem Bedürfnis nach Ganzheit wirklich Rechnung tragen, so kann der Versuch, einen umfassenden Überblick über die jungianische Literatur zu geben, als Ausdruck des Individuationsprozesses dieses Buches verstanden werden, als Streben nach einer einzigartigen und zusammenhängenden Sicht eines Phänomens von großer Bedeutung und erstaunlicher Vielfalt.

Die Analytische Psychologie ist Tiefenpsychologie im wahrsten Sinne des Wortes und zielt konsequent darauf ab, eine Ebene der menschlichen Existenz zu beleuchten, die in der modernen Welt häufig in Vergessenheit gerät: die Ebene des kollektiven Unbewußten, des symbolischen Lebens, der Seele, diesem dunklen Ort in jedem Individuum, wo mythische, ursprüngliche menschliche Erfahrungen fließen und unsere bewußte Tagespersönlichkeit formen, wo leidenschaftliche Träume und seltsame Figuren unser Denken und unser Fühlen bewohnen, die dann manchmal zu merkwürdigen Gefährten auf einer Straße werden, die zur Verwirklichung führt, einem Ziel, das noch in Nebelschleier gehüllt ist, zu dem wir aber trotzdem unerbittlich hingezogen werden. Die jungianische Psychologie ist das Gegenmittel, das wir dringend benötigen angesichts der Hypertechnologisierung der beiden großen psychologischen Schulen in den USA, der Psychoanalyse Freuds und dem Behaviorismus Skinners, weil die Analytische Psychologie uns nämlich immer wieder vor Augen führt, daß jeder von uns ein einzigartiges Individuum ist und zugleich mit allen anderen Menschen eine gemeinsame und uns alle nährende Lebensquelle teilt, das kollektive Unbewußte. Ich möchte untersuchen, wie Jungianer die Homosexualität sehen und mich mit dem ganzen Spektrum von Fragestellungen befassen, die Jung und die Jungianer durch ihre Auseinandersetzung mit Homosexualität und Homoerotik erhellt haben. Meine Hoffnung ist, daß dieses Buch uns zu einem tieferen und individualisierteren Verständnis der Stellung der Homosexualität in der Sexualität eines jeden von uns verhilft. Wenn mir das gelingt, so wird durch meine Untersuchung die Bedeutung der Homosexualität auf der Ebene der archetypischen Wirklichkeit verdeutlicht und etwas Einzigartiges und Entscheidendes darüber enthüllt, was ich das Leben des Eros nenne, des Gottes, der menschliche Leidenschaft knüpft und löst. Auch wenn Psyche selbst ihm gegenüber anfangs blind gewesen sein mag, werden wir das Schicksal herausfordern und versuchen, einen Blick auf diesen Gott in all seinen vielfältigen Verkörperungen zu werfen.

Zu diesem Zweck werde ich mich im letzten Teil dieses Buches der großen Fülle jungianischer Theorien über Homosexualität aus den letzten 60 Jahren zuwenden und anhand dieser Theorien die heutige amerikanische Schwulenszene aus archetypischer Sicht untersuchen, was so selten geschieht, aber doch so wichtig ist. Da das psychologische Denken in Amerika seit langem von Freud und B. F. Skinner beherrscht wird, wird Homosexualität dementsprechend in erster Linie als ein äußeres Problem behandelt, als soziokulturelles Phänomen bzw. als politische Bewegung einer unterdrückten Minderheit. Die politischen Aktivitäten der Schwulen in den Vereinigten Staaten sollen in keiner Weise abgetan oder geschmälert werden, dennoch ist es eine Tatsache, daß Homosexualität als Form menschlicher Beziehungen und als Ausdruck sexueller Leidenschaft schon seit Beginn der Menschheitsgeschichte vorkommt, und zwar in jeder Kultur. Sie ist nicht über Nacht bei den Stonewall-Unruhen aufgetaucht, der Rebellion der Queens [Transvestiten] in Greenwich Village, die 1969 das Signal für den Beginn der Schwulenbewegung setzte. Diese Untersuchung über Jung, die Jungianer und die Homosexualität wird Fragen aufwerfen, die über die im Grunde äußerlichen Anliegen eines sozialen und politischen Aktivismus hinausgehen:

Welche archetypischen Themen kommen in einer so weit verbreiteten und mit so leidenschaftlichen Gefühlen verbundenen Form menschlicher Beziehungen, wie der Homosexualität und Homoerotik, zum Ausdruck?
Was zieht einen Mann zu einem Mann hin und eine Frau zu einer Frau, und welche individuellen Bedeutungsinhalte finden ihren bestmöglichen Ausdruck in homoerotischen Sehnsüchten und homosexuellen Beziehungen?
Unterscheiden sich schwule Menschen psychologisch, klinisch oder auf der Ebene der Symbole von Heterosexuellen? Könnte es nicht allgemeingültige archetypische Motive geben, die der Verkörperung des Eros in der Homosexualität zugrundeliegen oder sogar jedem erotischen Verhältnis mit einem anderen Menschen, Mann oder Frau, ob gleichen oder anderen Geschlechts?

Wenn ich die heutige Schwulenszene auf archetypische Motive hin untersuche und dabei die Erkenntnisse der Analytischen Psychologie nutze, versuche ich schließlich auch der letzten wichtigen Motivation, die zum Entstehen dieses Buches geführt hat, Genüge zu tun, nämlich dem theoretischen Interesse, d. h. dem Bedürfnis, etwas zu entwickeln, das bisher in der Analytischen Psychologie gefehlt hat: eine kohärente Theorie der sexuellen Orientierung auf einer archetypischen Grundlage, die sich empirisch belegen läßt, psychologisch fundiert ist und neue geistige Dimensionen eröffnet. Auch wenn dieses Buch nur ein erster Beitrag zu einer solchen Theorie sein kann, ist durch die Fülle weitgehend ungeordneter jungianischer Theorien über Homosexualität ein solcher Ansatz zu einer einheitlicheren und synthetischeren Sicht der Homosexualität längst überfällig und bitter nötig. Dieser Versuch, eine archetypische Theorie der sexuellen Orientierung aufzustellen, hat für Schwule eine besondere Bedeutung, weil es ihnen zu etwas verhilft, das in der Rhetorik der politischen Schwulenbewegung häufig fehlt, das aber das Herzstück der jungianischen Psychologie ist, nämlich ein tiefes, individuelles Empfinden dafür, wer man selbst ist. Dieses innere Empfinden ist natürlich doppelt wichtig geworden im Zeitalter von AIDS, wo die Schwulenszene tagaus tagein ganz real mit Tod und Erlösung konfrontiert ist. Eine archetypische Theorie der sexuellen Orientierung ist jedoch für Heterosexuelle offensichtlich genauso wichtig, die überrascht sein mögen, wenn durch eine genaue Betrachtung der Homosexualität aus einer archetypischen Perspektive Facetten ihrer eigenen Männlichkeit oder Weiblichkeit ans Licht kommen, die zu lange ignoriert, verdrängt oder abgelehnt wurden.

Wie aus dieser Einleitung wahrscheinlich klargeworden ist, setzt dieses Buch voraus, daß der Leser mit der Analytischen Psychologie vertraut ist. Da Jungs Theorien und seine genaueren Ausführungen dazu nur mit Hilfe neuer Begriffe beschrieben werden konnten, werden die Leser, die mit Jungs Psychologie nicht vertraut sind, vielleicht eine der vielen Einführungen in sein Werk zu Rate ziehen wollen. Da sich mein eigenes Leben grundlegend verändert hat, als ich Jung gelesen habe und nicht als ich *über* ihn gelesen habe, würde ich den Lesern, die Jungs Schriften noch nicht kennen, empfehlen, statt eines Überblicks über seine Theorien mein Buch *A Guided Tour of the Collected Works of*

C. G. Jung zu lesen, das nach einer kurzen Einführung in Jungs Werk eine Anleitung für das direkte Studium seiner Schriften bietet.[2]

Beim Schreiben benutze ich gerne meine Denkfunktion, und hauptsächlich daraus erklärt es sich, daß dieses Buch logisch aufgebaut ist und daß ich chronologisch vorgehe. Ein solches Vorgehen erleichtert nämlich manches, zumal wenn man sich mit einem Thema wie der Homosexualität befaßt, das in den Schriften von Jung und den Jungianern so unpräzise bleibt und in so vielen unterschiedlichen Zusammenhängen auftaucht. Zunächst werde ich untersuchen, wie Jung sich im Laufe der Jahre zur Homosexualität geäußert hat; am Ende dieses Überblicks werde ich Jungs Haltungen und Theorien zur Homosexualität zusammenfassen und kritisch beleuchten. Ich werde mich dann mit dem auseinandersetzen, was die Jungianer, die ich die «erste Generation» nenne, zur Homosexualität geschrieben haben, und erst danach in meiner Untersuchung auf die anderen Autoren eingehen, die wichtige Beiträge zur Homosexualität aus einer jungianischen Perspektive veröffentlicht haben. Wenn das jungianische Denken dann in seiner ganzen Fülle vor uns ausgebreitet liegt, will ich versuchsweise eine Theorie der sexuellen Orientierung aufstellen, durch die die vielen Stränge jungianischen Denkens zusammengebracht werden. Dann werde ich meinen Blick auf die heutige Schwulenszene in den Vereinigten Staaten richten und versuchen, archetypische Motive im kollektiven und persönlichen Leben dieser schwulen Menschen zu erkennen. Dies werde ich tun, um zu zeigen, daß meine archetypische Theorie sexueller Orientierung nicht einfach nur von wissenschaftlichem oder theoretischem Interesse innerhalb der Analytischen Psychologie ist, sondern daß sie durchaus dazu beiträgt, das Leben, das schwule Menschen heute in den USA führen, in seiner ganzen Vielfalt zu sehen und zu verstehen. Nachdem ich die Situation theoretisch umrissen habe und die Schwulenszene vorgestellt habe, werde ich dann in meinem letzten Kapitel diese Kenntnisse nutzen, um einen Schritt nach vorn zu tun: Ich werde – vielleicht zum ersten Mal in der Analytischen Psychologie – aufzeigen, wie eine synthetische, verständliche und archetypisch fundierte Theorie der sexuellen Orientierung, die gleichzeitig Jungs Erkenntnissen und der empirischen Realität der heutigen Schwulen gerecht wird, dafür genutzt werden kann, Sexualität als Ganzes tiefer zu verstehen.

C. G. Jung und Homosexualität

Wir stehen jetzt vor der Aufgabe, Jung zu lesen, was er über Homosexualität gesagt hat und was er nicht gesagt hat, welche Ideen er im einzelnen entwickelt hat und was bloße Andeutung geblieben ist. Wie jedoch schon viele festgestellt haben, ist es nicht immer so einfach, Jung zu lesen. Jung, der sehr produktiv war, hat so viel geschrieben, daß ein Laie angesichts dieser Fülle leicht entmutigt sein kann. Seine eigentümliche Terminologie kann einem Verständnis eher abträglich als förderlich sein, und sein breites Wissen hat im allgemeinen zur Folge, daß seine Herangehensweise, gleichgültig welcher Problematik er sich zuwendet, höchst indirekt und intuitiv und zeitweise sogar unsystematisch ist. Die Bezeichnung «zirkumabulatorisch» drängt sich auf, wenn man an diese Besonderheit von Jungs Schriften denkt; meist umkreist Jung ein Thema viel mehr, als daß er es systematisch, logisch und direkt angeht und bearbeitet.

Wer mit Jungs Schriften vertraut ist, weiß jedoch, daß es Jung nie wirklich daran gelegen war, eine umfassende und lineare Theorie der menschlichen Psyche aufzustellen. Da er viel stärker daran interessiert war, die Fakten, die sich ihm darboten, zu beschreiben und zu deuten, als theoretische Positionen vorzubringen, findet man in Jungs Schriften nie sehr viele eindeutige Äußerungen zu einem Thema, und schon gar nicht zur Homosexualität. In den achtzehn Bänden seiner *Gesammelten Werke* wird Homosexualität nicht viel öfter als ein dutzend Mal erwähnt; eine dieser Textstellen ist nur die Wiederholung einer Fallbesprechung, und in allen anderen Fällen gilt das Hauptinteresse anderen Themen als der Homosexualität.

Zweifelsohne spiegelt die Tatsache, daß Jung Homosexualität

in seinen Schriften so selten erwähnt hat, wider, daß er ihr auch in seinem Denken keine besondere Bedeutung zugemessen hat. Das sollte betont werden, bevor wir fortfahren und uns ansehen, was er zu diesem Thema tatsächlich geschrieben hat. Jung hat sich sicherlich auch deswegen nicht ausführlich mit Homosexualität auseinandergesetzt, weil sein psychologisches Hauptinteresse ja nach innen gerichtet war. Wie die Gesamtheit seiner Werke zeigt, untersuchte Jung fast ausschließlich das innere Wirken der menschlichen Psyche, ihre Bilder, Symbole und Prozesse. Er betrachtete jegliches menschliche Verhalten, ob es sich dabei um Homosexualität, soziale Rituale oder die beiden Weltkriege handelte, immer aus der Position eines Psychologen, der sich fragt, welche innere Bedeutung dieses Verhalten für die Individuen haben könnte. Das heißt natürlich nicht, daß Jung sich niemals wertend über menschliches Verhalten geäußert habe, sondern vielmehr, daß die Wertung einer Verhaltensweise für Jung immer erst an zweiter Stelle stand: sein vorrangiges Anliegen war, nach den Grundsätzen einer wissenschaftlichen Untersuchung den Menschen als Ganzes zu verstehen, und zwar innerlich und äußerlich.

Ein anderer Grund dafür, daß Jung der Homosexualität wenig Beachtung geschenkt hat und sich insofern in seinen Werken auch nur wenig zu diesem Thema findet, liegt daran, daß Jung, nachdem er sich von Freud getrennt hatte, der Sexualität als solcher kaum noch Bedeutung beigemessen hat. Jung stand zwar am Beginn seiner Laufbahn in engem Kontakt zu Freud, sah sich selbst offensichtlich aber nicht als Schüler von Freud an. Jung schrieb 1934, als er eine nicht ganz korrekte Vorbemerkung zu einer seiner Arbeiten richtigstellte:

«Ich bin nicht von Freud ausgegangen, sondern von Eugen Bleuler und Pierre Janet, die meine unmittelbaren Lehrer waren. Ich hatte bereits eine allgemein bekannte wissenschaftliche Stellung, die ich mir durch meine von Freud unabhängigen Assoziationsforschungen und die darauf basierende Komplextheorie geschaffen hatte, als ich mich öffentlich für Freud einsetzte. Meine Mitarbeiterschaft vollzog sich unter dem Vorbehalt eines prinzipiellen Einwandes gegen die Sexualtheorie und dauerte bis zu dem Moment, wo Freud Sexualtheorie und Methode prinzipiell miteinander identifizierte» (Jung, GW 10, S. 592 f.[3]).

Diese Äußerung sagt nicht, daß Jung Sexualität für völlig unwichtig gehalten oder sich niemals mit sexuellen Fragen beschäftigt habe (die folgende Untersuchung darüber, wie Jung Homosexualität sah, zeigt zur Genüge, daß er sich sexuellen Fragen ausführlich widmete). Es ist vielmehr so, daß Jung bezeichnenderweise vermieden hat, sich auf die Sexualität als Grundelement der menschlichen Psyche und als einzigen Schlüssel für ein Verständnis der Psyche zu konzentrieren.

Neben der Tatsache, daß Jungs Aufmerksamkeit auf das Innere gerichtet war und er die Bedeutung der Sexualität relativiert hat, spielt seine bekannte Abneigung gegen das, was er Dogma nannte, eine Rolle, wenn man verstehen will, warum sich in seinen Schriften keine eindeutigen Äußerungen über Homosexualität (oder viele andere Fragen) finden:

«... denn ein Dogma, d. h. ein indiskutables Bekenntnis, stellt man ja nur dort auf, wo man Zweifel ein für alle Mal unterdrücken will. Das hat aber mit wissenschaftlichem Urteil nichts mehr zu tun, sondern nur noch mit persönlichem Machttrieb» (Jung, Erinnerungen, S. 155).

Es bleibt jedoch eine Tatsache, daß Jung im Laufe der Jahre häufig Gelegenheit hatte, Homosexualität in seinen Schriften zu thematisieren, daß er homosexuelle Klienten behandelte und daß er natürlich mit der allgemeineren Frage konfrontiert war, welchen Platz die menschliche Sexualität mit all ihren Spielarten im Kontext der Gesamtpersönlichkeit eines Individuums einnimmt.

Für den Leser hat die relativ geringe Beachtung, die Jung der Homosexualität in seinen Schriften anscheinend entgegengebracht hat, sozusagen eine gute und eine schlechte Seite. Das Gute liegt darin, daß es für diesen Überblick nicht nötig ist, die übergroße Anstrengung einer wissenschaftlichen Arbeit auf sich zu nehmen. Wie wir sehen werden, läßt sich bei Jung, obwohl er sich nur sehr selten mit der Homosexualität befaßt hat, eine Genauigkeit des Denkens erkennen, die manchem überraschend erscheinen mag. Das Schlechte daran ist, daß wir von der Quantität, die ja in der westlichen Welt so hoch bewertet wird, Abstand nehmen müssen und uns statt dessen für die Qualität dessen, was Jung gesagt hat, öffnen müssen. Wir müssen also das, was Jung zur Homosexualität gesagt hat, an seinem Wert und nicht an seiner Ausführlichkeit messen. Dies kann manchmal schwierig sein; wie immer muß man sich in Erinnerung rufen, daß Jung niemals ein bedeutender Theoretiker auf dem Gebiet der Homosexualität war oder sein wollte. Man darf in seine Äußerungen auf gar keinen Fall zu viel hineininterpretieren, aber ebenso sollte man sie nicht vorschnell abtun oder unberücksichtigt lassen.

Die relativ geringe Anzahl von Äußerungen zum Thema Homosexualität ermöglicht es, genau und in chronologischer Reihenfolge zu prüfen, was er geschrieben hat: Es gibt fünfzehn Textstellen in den *Gesammelten Werken*, sieben in seiner veröffentlichten Korrespondenz, zwei in seiner Autobiographie *Erinnerungen, Träume, Gedanken* und einige wenige in der *Traumanalyse* und in den in *C. G. Jung Speaking* bzw. *C. G. Jung im Gespräch* veröffentlichten Interviews. Mein Überblick über diese Schriften ist in drei Abschnitte unterteilt, die den drei Phasen in Jungs Werdegang entsprechen. Ich werde zuerst seine frühen Schriften untersuchen, d. h. die Zeit von 1908 bis 1920, eine Periode, in der Jung noch stark von der psychoanalytischen Theorie beeinflußt war, obwohl er bereits 1912 mit Freud gebrochen hatte. In der zweiten Phase seines Schaffens von 1920 bis 1927 begann Jung seine eigenen Erkenntnisse über die Funktionsweise der menschlichen Psyche zu entwickeln; es war dies ein Zeitraum großer theoretischer Komplexität und Konsolidierung. Zuletzt werde ich das untersuchen, was man als Jungs reifes Denken bezeichnen kann, nämlich den Zeitraum von 1936 bis 1950, in dem er seine bisherigen Erkenntnisse auf Bereiche übertrug, für die er sich in seinen späten Jahren besonders interessiert hat. Da ich hier kein streng wissenschaftliches Interesse verfolge, werde ich mich nicht bei weniger wichtigen oder sich wiederholenden Abschnitten aufhalten, sondern mich statt dessen auf die Textstellen konzentrieren, in denen Jung sich auf eine für ihn charakteristische Weise klinisch und theoretisch mit Homosexualität auseinandersetzt. Der Vollständigkeit halber werde ich in meiner Darlegung jedoch auch weniger wichtige Stellen angeben; in den Anmerkungen zu diesem Kapitel findet sich eine vollständige Liste der Textstellen, in denen Jung Homosexualität erwähnt hat, so daß die Leser, die ein mehr wissenschaftliches Interesse an dem Thema haben, auch zu ihrem Recht kommen können.

Die frühen «psychoanalytischen» Schriften
1908–1920

Die ersten Textstellen zum Thema Homosexualität finden wir bei Jung in der Phase seines Lebens, in der er noch stark mit der Psychoanalyse identifiziert war, also während seiner Zusammenarbeit mit Freud und kurz nach seinem Bruch mit ihm, dem Vater der Psychoanalyse, im Jahre 1912. In einer kurzen Rezension des Buches *Homosexualität und Strafgesetz* von Löwenfeld, in dem «eine eingehende Entwicklungsgeschichte des klinischen Befunds der Homosexualität» gegeben wird, zitiert Jung den «gegenwärtigen Stand der Auffassung» aus Löwenfeld:

> «‹Die Homosexualität stellt eine Anomalie dar, die zwar mit Krankheit und Entartung auf körperlichem Gebiet vergesellschaftet vorkommt, in der Mehrzahl der Fälle jedoch eine isoliert bestehende psychische Abweichung von der Norm bildet, die nicht als krankhafter oder degenerativer Natur angesehen werden kann und den Wert des Individuums als Glied der bürgerlichen Gesellschaft nicht herabzusetzen geeignet ist›» (Jung, GW 18 I, § 907).

In dieser Rezension erwähnt Jung kritisch § 175, jenen Paragraphen im deutschen Strafrecht, der Homosexualität zu einem Straftatbestand macht. Er bezeichnet ihn «nicht nur als unnütz und inhuman, sondern auch als direkt schädlich…, indem er Veranlassung gab zur Entstehung eines erwerbsmäßigen Erpressertums mit allen seinen traurigen und widerwärtigen Folgen» (§ 907).

Obwohl diese Rezension sehr kurz ist, und obwohl es nicht um ein psychologisches Thema geht, wird durch diese erste Stellungnahme Jungs klar, daß er, wie viele andere Psychiater seiner Zeit, der Meinung war, Homosexualität dürfe nicht der Rechtsprechung unterliegen. Man muß sich hier klarmachen, daß die Ansicht, Homosexualität sei eine Krankheit und kein Straftatbestand oder eine schockierende, perverse Abweichung von den christlichen Moralvorstellungen, erst vor vergleichsweise kurzer Zeit in der wissenschaftlichen Diskussion über Homosexualität vertreten wird. Am Beginn des 20. Jahrhunderts verstanden sich Psychiater häufig als Retter und Beschützer der Homosexuellen, wenn sie erklärten, Homosexualität sei eine Krankheit und kein Straftatbestand, und hierin wurden sie von den gesellschaftspolitisch aktiven Homosexuellen dieser Zeit bestärkt. Höchstwahrscheinlich teilte Jung diese, für seine Zeit aufgeklärte, Einschätzung der Homosexualität, wie man aus dieser Rezension schließen kann. Die Tatsache, daß die Hälfte der US-amerikanischen Bundesstaaten in ihren Strafgesetzbüchern noch Paragraphen zur Homosexualität hat, die sogar noch heute angewendet werden, um schwule Männer und lesbische Frauen zu verfolgen und ins Gefängnis zu bringen (und das mit Unterstützung des Obersten Gerichtshofes der Vereinigten Staaten), verleiht diesem Zitat und dieser «aufgeklärten» Position eine viel größere Bedeutung, als es auf den ersten Blick scheint.

Ein aussagekräftigeres Beispiel für Jungs frühe Gedanken zu diesem Thema findet sich jedoch in der Arbeit *Versuch einer Darstellung der psychoanalytischen Theorie*, die 1913 auf deutsch veröffentlicht wurde. Dieser ausführliche Aufsatz ist aus einer Reihe von Vorlesungen entstanden, die Jung im September 1912 an der Fordham-Universität in New York gehalten hat; und deshalb ist er, chronologisch und begrifflich betrachtet, in die Zeit kurz nach Jungs Bruch mit Freud einzuordnen. In diesen Vorlesungen wollte Jung die wichtigsten Ideen der Psychoanalyse, so wie sie von Freud dargelegt worden waren, kritisch darstellen und erwähnte dabei Homosexualität in der zweiten Vorlesung über «Die Theorie der kindlichen Sexualität» (Jung, GW 4, §§ 230–250).

Zunächst erläutert Jung hier, was die psychoanalytische Lehre unter Sexualität versteht, und führt dann aus, daß die Psychoanalyse Sexualität als eine «Vielheit von Einzeltrieben» betrachtet, die aus verschiedenen mehr oder weniger festgelegten «Komponenten» besteht. Er stellt dann den Fall eines jungen Mannes vor, dessen anfängliche homosexuelle Neigung schließlich durch ein «normales» Interesse an Frauen ersetzt wird, was allerdings damit endet, daß er nach einer enttäuschenden Zurückweisung durch eine Freundin allmählich «einen Widerstand gegen alle Frauen (bekam), und eines Tages entdeckte er schließlich, daß er wieder homosexuell geworden war, das heißt, daß Jünglinge wieder einen ungemein irritierenden Einfluß auf ihn gewonnen hatten» (§ 247). Über diesen Fall sagt Jung:

> «Betrachten wir nun die Sexualität als aus einer festen heterosexuellen und aus einer ebensolchen homosexuellen Komponente bestehend, so kommen wir in diesem Fall nicht aus; wir kommen mit dieser Ansicht überhaupt nicht aus, indem die Annahme eines Bestehens von festen Komponenten jegliche Veränderung ausschließt. Wir müssen, um gerade dem vorliegenden Fall gerecht zu werden, eine große Beweglichkeit der Sexualkomponenten annehmen; eine Beweglichkeit, die so weit geht, daß die eine Komponente praktisch völlig verschwindet, während die andere breit den Vordergrund beherrscht. Fände zum Beispiel nur eine Vertauschung der Position statt, indem die homosexuelle Komponente mit gleichem Stärkegrad ins Unbewußte tritt, um der heterosexuellen Komponente das Feld des Bewußten zu überlassen, so müßte gefolgert werden nach unserem modernen naturwissenschaftlichen Gewissen, daß dann äquivalente Wirkungen im Unbewußten stattfänden. Diese Wirkungen wären als Widerstände gegen die Betätigung der heterosexuellen Komponente aufzufassen, also Widerstände gegen die Frauen. Davon weiß aber die Erfahrung in diesem Fall nichts» (§ 248).

Jung geht es hier darum, daß die psychoanalytische Vorstellung einer sexuellen Energie oder Libido die Wirklichkeit besser wiedergibt als die veraltete Vorstellung festgelegter Komponenten in der Sexualität.

«Sie sehen also, daß dringende Gründe vorlagen, solche Kulissenwechsel in adäquater Weise zu erklären. *Dazu bedürfen wir einer dynamischen Hypothese.* Denn derartige Umschaltungen sind anders denn als dynamische oder energetische Prozesse nicht zu denken. Ohne eine Veränderung in den dynamischen Verhältnissen anzunehmen, vermag ich mir das Verschwinden einer Funktionsweise nicht zu denken. Diesem Bedürfnis hat die Freudsche Theorie Rechnung getragen, indem der Komponentenbegriff durch einen energetischen Begriff ersetzt wurde. Der Terminus für diesen Begriff ist *Libido*» (§ 250).

An dieser Stelle teilt Jung noch die Auffassung, daß der Begriff der Libido besser dazu geeignet ist, die Funktionsweise der Sexualität zu erklären als die Vorstellung von festgelegten, statischen Komponenten. Er läßt aber später die psychoanalytische Vorstellung von der Libido als etwas rein Sexuellem weit hinter sich und verwendet diesen Begriff schließlich als umfassende Bezeichnung für jede Form psychischer Energie.

Jung versucht sich in verschiedenen Erklärungen, wie eine homosexuelle Komponente verschwinden kann, «ohne wirksame Spuren zu hinterlassen», und bemerkt dann, daß die homosexuelle Komponente bewußt heterosexueller Männer

> «sich besonders gerne in einer eigentümlichen Gereiztheit, einer besonderen Empfindlichkeit anderen Männern gegenüber zeige. Nach meiner Erfahrung hat dieses charakteristische Verhalten, von dem uns die Gesellschaft täglich Beispiele liefert, anscheinend seinen Grund in einer nie fehlenden Störung im Verhältnis zu den Frauen, wo eine besondere Form der Abhängigkeit aufzufinden ist... (Natürlich ist dies nicht der wirkliche Grund. Der wirkliche Grund ist der Infantilzustand des Charakters.) (§ 249).

Jung meint vielleicht tatsächlich «Gereiztheit» im üblichen Sinne von ‹Verärgertsein›, da eine solche Gereiztheit psychoanalytisch als Abwehr gegen die Angst erklärt werden könnte, die durch unbewußte homosexuelle Impulse hervorgerufen wird. Bei dem Fallbeispiel des Mannes, dessen Homosexualität nach einer Zurückweisung wieder auftauchte, benutzte Jung das

Wort «irritierend», und das legt nahe, daß ‹Erregbarkeit› [excitability] vielleicht eine genauere, zeitgemäße Übersetzung sein könnte. Wie vieldeutig seine Begrifflichkeit hier auch sein mag, an einem Punkt in diesem Abschnitt äußert sich Jung sehr klar: Homosexualität entsteht aus einer «nie fehlenden» gestörten Abhängigkeitsbeziehung zu Frauen, die aus psychischer Unreife erwächst.

Zu der Zeit, als dieser Aufsatz erschien, fühlte Jung sich noch eng mit der psychoanalytischen Bewegung verbunden, und im Vorwort zur ersten Ausgabe dieser Arbeit schrieb er, daß er sich mit dieser Bewegung sogar identifizierte. In seinen eigenen Worten stellt diese Arbeit einen Versuch dar, der «Pflicht» genüge zu tun, «eine gerechte, auf Sachkenntnis beruhende Kritik selber anzuwenden. Es scheint mir, daß die Psychoanalyse dieser inneren Ausbalancierung bedürfe» (Jung, GW 4, S. 110). Seine Sichtweise der Homosexualität steht hier also noch im Einklang mit einer grundlegenden Vorstellung der Psychoanalyse, nämlich daß Homosexualität bei Erwachsenen ein Ausdruck psychischer Unreife, eine Fixierung oder Hemmung in der psychosexuellen Entwicklung und somit eine Störung sei.

Im Gegensatz zu diesem theoretisch sehr dichten Abschnitt findet sich der nächste Verweis auf Homosexualität in einem Fallbeispiel aus seiner Praxis, nämlich in Zusammenhang mit einer Traumdeutung, von der Jung in dem Essay *Über die Psychologie des Unbewußten* berichtet. Diese Arbeit war 1912 zuerst unter dem Titel *Neue Bahnen der Psychologie* veröffentlicht worden. Jung überarbeitete sie dann so grundlegend, daß er sie 1917 noch einmal unter einem neuen Titel veröffentlichte, mit der ursprünglichen Fassung als Nachwort. Jung hat diesen Aufsatz für jede Neuausgabe in den Jahren 1918, 1926, 1936 und 1943 überarbeitet, da er jeweils seine neueren Erkenntnisse miteinbeziehen wollte, schließlich wurde dann *Über die Psychologie des Unbewußten* zusammen mit *Die Beziehung zwischen dem Ich und dem Unbewußten* unter dem Titel *Zwei Schriften über Ana-*

lytische Psychologie (GW 7) veröffentlicht. Nach Ansicht von Read, Adler und Fordham, den Herausgebern der *Collected Works*, stellen diese beiden Arbeiten «einen Wendepunkt in der Geschichte der Analytischen Psychologie dar, denn sie offenbaren die Fundamente, auf die der größere Teil der späteren Werke Prof. Jungs aufbauten» (Coll. Works 7, S. V).

Wie meistens, wenn Jung sich zur Homosexualität äußert, erwähnt er sie in der *Psychologie des Unbewußten* in Zusammenhang mit einem völlig anderen Thema, nämlich in dem Kapitel «Die synthetische oder konstruktive Methode» (GW 7, §§ 121–140), in dem es um seine Methode der Traumdeutung geht. Um den Unterschied zwischen einer analytischen Traumdeutung, die er als typisch für die Psychoanalyse ansieht, und seiner eigenen Methode zu illustrieren, die er als «synthetisch» oder «konstruktiv» bezeichnet, gibt Jung das folgende Beispiel:

> «Eine Patientin, die gerade am kritischen Grenzpunkt zwischen der Analyse des persönlichen Unbewußten und dem Auftauchen der Inhalte des kollektiven Unbewußten stand, hatte folgenden Traum. *Sie ist im Begriff, einen breiten Bach zu überschreiten. Es ist keine Brücke da. Sie findet aber eine Stelle, wo sie ihn überschreiten kann. Wie sie eben im Begriffe ist, es zu tun, faßt sie ein großer Krebs, der im Wasser verborgen lag, am Fuß und läßt sie nicht mehr los. Sie erwacht mit Angst*» (§ 123).

Daß dieser Traum mit Homosexualität zu tun hat, zeigt sich in den Einfällen der Frau, denn sie bringt ihre Schwierigkeit, den Fluß zu überqueren, mit einem Streit zwischen ihr und einer Freundin in Zusammenhang. Jung sagt über diese Freundschaft:

> «Mit dieser Freundin hat es nämlich eine besondere Bewandtnis. Es handelt sich um eine jahrelange, schwärmerische, an das Homosexuelle streifende Freundschaft. Die Freundin ist der Patientin in vielen Beziehungen ähnlich und ebenfalls nervös. Beide haben ausgesprochene künstlerische Interessen gemeinsam. Die Patientin aber ist die stärkere Persönlichkeit von beiden. Da ihre gegenseitige Beziehung viel zu intim ist und dadurch die andern Möglichkeiten des Lebens zu

viel ausschließt, sind beide nervös und haben trotz idealer Freundschaft heftige Streitszenen zusammen, die auf gegenseitiger Gereiztheit beruhen. ... Faute de mieux war der Streit lange Zeit für beide ein Genußsurrogat, das sie nie gerne missen wollten. Besonders meine Patientin konnte auf den süßen Schmerz des Nichtverstandenseins durch die beste Freundin lange Zeit hindurch nicht verzichten, trotzdem jede Szene sie ‹zu Tode› erschöpfte und sie schon längst eingesehen hatte, daß diese Freundschaft überfällig geworden war und daß sie nur aus falschem Ehrgeiz glaubte, doch noch ein Ideal daraus machen zu können. Die Patientin hatte schon zu ihrer Mutter ein überschwengliches, phantastisches Verhältnis und hat dann nach dem Tode der Mutter ihre Gefühle auf die Freundin übertragen» (§ 127).

Jungs Beispiel für eine analytische oder kausal-reduktive Deutung erklärt, warum die Patientin die Freundschaft aufrechterhält: Sie will von dieser Freundschaft nicht lassen, weil sie den «Infantilwunsch» nicht aufgeben will, bei ihrer Freundin die männliche Rolle zu spielen, ein Wunsch, der von «entsprechenden Sexualphantasien» (§ 128) begleitet ist. Dieser Wunsch ist infantil, weil er aus dem unangemessenen Verlangen erwächst, die Beziehung zu ihrer Mutter wiederherzustellen. Die Einschätzung der Homosexualität, die in dieser kausal-reduktiven Deutung liegt, stimmt wieder mit der orthodoxen psychoanalytischen Position überein: Homosexualität, die in diesem Falle mehr oder weniger unterbewußt ist, resultiert aus dem ungelösten Wunsch, in einer infantilen Beziehung zu einer phantasierten Elternfigur zu verbleiben. Jung distanziert sich theoretisch von diesem reduktiven Ansatz zur Traumanalyse. Er bezeichnet diese Traumdeutung als «arge Entwertung des hochgespannten Freundschaftsideals der Patientin», obwohl die Patientin, die sich ihrer homosexuellen Neigungen schon bewußt war, diese Deutung wahrscheinlich angenommen hätte. Jung sagt in seiner Erörterung unverblümt: «Diese Deutung sagt der Patientin in der Tat nichts Neues; darum ist sie ihr uninteressant und unwirksam» (§ 129).

Widerspricht Jung mit der negativen Bewertung dieser psychoanalytischen Methode auch gleichzeitig dem psychoanalytischen Urteil, daß die homosexuelle Zuneigung der Frau psychisch unreif sei? Leider hilft uns bei der Beantwortung dieser Frage die äußerst ergiebige Traumanalyse, die Jung hier vornimmt, auch nicht weiter. Obwohl Jungs eigene Methode der Traumdeutung erheblich weniger vereinfachend ist als die analytische Deutung und mehr Raum für Kreativität läßt, bleibt Jung im wesentlichen auch hier bei derselben Ansicht über Homosexualität. Da die Frau zu dem Krebs die Assoziation Krebskrankheit hat, und ihr dann eine Frau einfällt, die sie kannte und die nach einer «Reihe von Abenteuern mit Männern» an Krebs gestorben ist, meint Jung, daß die Frau sich an diese problematische Freundschaft klammert, um eine «sehr leichtsinnige Ader» abzuwehren, durch die sie «zu einem unmoralischen Lebenswandel verführt werden» könnte. «Damit hält sie sich auf infantiler, homosexueller Stufe, die ihr aber als *Schutz* dient. (Das ist erfahrungsgemäß eines der wirksamsten Motive zum Festhalten an unpassenden, infantilen Beziehungen.)» (§ 134).

Jung wiederholt seine Ansicht, Homosexualität sei infantil, in derselben Arbeit noch ein drittes Mal, und zwar wieder im Zusammenhang mit einer Falldarstellung. In dem Kapitel «Die Archetypen des kollektiven Unbewußten» (GW 7, §§ 141–191) zeigt Jung anhand des Falles eines jungen Mannes, den er behandelt hat, wie er darauf gekommen ist, sich Archetypen auf der Ebene des Bewußtseins vorzustellen, die unter der persönlichen Ebene liegt und die er kollektives Unbewußtes nannte. Für uns kommt es jedoch darauf an, daß Jung hier einen eigenen Fall vorstellt, bei dem die Homosexualität des Patienten im Mittelpunkt der Behandlung stand.

«Zuerst muß ich den Leser mit der Person des Träumers einigermaßen bekannt machen; denn ohne diese Bekanntschaft kann man sich kaum in den eigentümlichen Stimmungsgehalt der Träume versetzen. ... Der Träumer ist ein etwas über 20 Jahre alter Jüngling von noch gänzlich knabenhaftem Aussehen. Sogar ein Hauch von Mädchenhaftigkeit liegt über seiner Erscheinung und seinen Ausdrucksformen. Letztere lassen eine sehr gute Bildung und Erziehung erkennen. Er ist intelligent mit ausgesprochenen, intellektuellen und ästhetischen Interessen. Das Ästhetische steht stark im Vordergrund. Man fühlt unmittelbar seinen guten Geschmack und ein feines Verständnis für alle Formen der Kunst. Sein Gefühlsleben ist zart und weich, leicht schwärmerisch, vom Charakter des Pubertätsalters, aber von weiblicher Natur. Es findet sich keine Spur von Pubertätsflegelei. Unzweifelhaft ist er zu jung für sein Alter, also offenbar ein Fall von verzögerter Entwicklung. Damit stimmt, daß er mich wegen Homosexualität aufgesucht hat. In der Nacht, bevor er mich zum erstenmal konsultierte, hatte er folgenden Traum: *Ich befinde mich in einem weiten, von geheimnisvoller Dämmerung erfüllten Dom. Es heißt, es sei der Dom von Lourdes. In der Mitte befindet sich ein tiefer, dunkler Brunnen, in den ich hinabsteigen sollte*» (§ 167).

Diese Beschreibung des jungen homosexuellen Mannes gibt uns einen Eindruck davon, mit welcher Besonnenheit und Offenheit Jung ungeachtet seines theoretischen Standpunkts auf Menschen zugegangen ist. Er weist zwar durchaus auf die Unreife des Jungen hin, erwähnt aber auch, daß er über eine gut entwickelte Intelligenz und ästhetisches Feingefühl verfügte und daß er für einen Jugendlichen ungewöhnlich lebenserfahren wirkte. Aufgrund der Einfälle, die der Patient zu diesem Initialtraum hatte, sah Jung den Traum als kompensatorisch an; der Patient löst sich im Traum von seinen persönlichen Eltern, um in eine höhere Form von Männlichkeit eingeweiht zu werden, die im Traum durch die Priesterschaft dargestellt wird. Jung zieht deshalb den folgenden Schluß:

«Für den Patienten bedeutet nach dem Sinne des Traumes der Eintritt in die Behandlung die Erfüllung des Sinnes seiner Homosexualität, nämlich die Einführung in die Welt des erwachsenen Mannes» (§ 174).

Jung ist der Meinung, daß es ursprünglich die Mutter war, die in dem Jungen den Wunsch nach einer männlichen Initiation erweckt hat, aber

> «es hat sich kein priesterlicher Erzieher gefunden, der diesen Anfang weiterentwickelt hätte. Er blieb in den Händen der Mutter. Wohl aber hat sich die Sehnsucht nach dem führenden Manne im Knaben weiterentfaltet, in Form einer homosexuellen Neigung allerdings, welche mangelhafte Entwicklung vielleicht nicht zustande gekommen wäre, wenn ein Mann seine kindliche Phantasie weitergefördert hätte. Die Abweichung zur Homosexualität hat allerdings reichliche historische Vorbilder. Im alten Griechenland waren, wie auch in andern primitiven Kollektivitäten, Homosexualität und Erziehung sozusagen identisch. In dieser Hinsicht ist die Homosexualität der Adoleszenz ein zwar mißverstandenes, aber nichtsdestoweniger zweckmäßiges Bedürfnis nach dem Manne» (§ 173).

Jung bewertet die Homosexualität seines Patienten offenbar keineswegs positiv. Jedoch liegt in seiner Ausdrucksweise auch keine strenge Verurteilung, wenn er nämlich die Homosexualität des Jungen als «mangelhafte Entwicklung» und als ein «mißverstandenes» aber ansonsten «zweckmäßiges Bedürfnis» beschreibt. Auch Jungs Versuch, diese «Abweichung» in einen historischen Zusammenhang zu stellen, der über den engen Rahmen der postviktorianischen Moral des frühen 20. Jahrhunderts hinausgeht, läßt auf eine Neutralität schließen, die für seine Zeit erstaunlich ist.

Jungs Versuch, hinter die Bedeutung der Homosexualität dieses Jugendlichen zu kommen, ist äußerst aufschlußreich. Obwohl er sicherlich davon überzeugt war, daß es schneller zu einer Heilung käme, wenn man die Bedeutung der Symptome erkennen würde und daß dadurch dann auch die Homosexualität des Patienten verschwinden würde, ging er ungeachtet seines eigenen analytischen Urteils davon aus, daß die Homosexualität des Patienten durchaus einen individuellen Sinn *hat*. Die Suche nach der individuellen Bedeutung in der Pathologie eines Patienten ist für Jungs Herangehensweise an psychologische Phänomene charakteristisch, und die vorliegende Falldarstellung ist ein ausgezeichnetes Beispiel dafür, welche besondere Haltung Jung Gesundheit und Krankheit gegenüber eingenommen hat.

Im zweiten Traum des Patienten setzt sich das Thema der Initiation fort:

«Ich bin in einem großen gotischen Dom. Am Altar steht ein Priester. Ich stehe mit meinem Freund vor ihm und halte eine kleine japanische Elfenbeinfigur in der Hand, mit dem Gefühl, als ob sie getauft werden sollte. Plötzlich kommt eine ältere Dame, nimmt meinem Freund den Couleurring von der Hand und steckt ihn sich selber an. Mein Freund hat Angst, er könne dadurch irgendwie gebunden sein. Aber in diesem Moment ertönt wunderbare Orgelmusik» (§ 175).

Jung sieht seine Deutung durch diesen zweiten Traum bestätigt und versteht ihn als Zeichen dafür, daß der Patient dabei ist, seine Homosexualität zu überwinden, deretwegen er sich in Behandlung begeben hatte. Daß ein Priester als Symbol der Männlichkeit anwesend ist, daß der homosexuelle Freund des Patienten der älteren Frau, die ein Bild für die Mutter ist, einen Ring weiterreicht und daß diese Zeremonie von wunderschöner Musik begleitet wird, werden als «Schritt über die Mutter hinaus [auf die Männlichkeit zu] und damit eine teilweise Überwindung der Pubertätshomosexualität» (§ 180) gedeutet, die weiter oben als «relativ kindlicher Zustand» bezeichnet wurde.

Diesen vier Stellen aus Jungs frühen Schriften kann man entnehmen, daß er Homosexualität zu diesem Zeitpunkt seines Werdegangs offenbar als eine Form der Unreife ansah, die zu einem Teil durch eine gestörte Beziehung zu den Eltern, insbesondere zur Mutter, verursacht wird. Diese Ansicht ist ihrem Wesen nach psychoanalytisch, aber es gibt zumindest einen wichtigen Unterschied. Jung sieht offenbar in der Eltern-Kind-Beziehung noch andere Störungen als es die psychoanalytische

Theorie mit ihrem allgegenwärtigen Ödipuskomplex tut. Jung möchte diesen relativ «infantilen» Zustand zwar heilen, teilt aber Freuds tolerante Einstellung zur Homosexualität, die für die Frühzeit der Psychoanalyse typisch ist (tolerant allerdings nur gemessen an den sozialen und religiösen Werten dieser Zeit); sowohl Jungs Versuch, Homosexualität in einer historischen Perspektive zu sehen, als auch die Offenheit und Unvoreingenommenheit, mit der er nach der Bedeutung der Homosexualität des Patienten sucht, sind bemerkenswert. So deutet sich in diesen Textstellen schon an, was später das Kennzeichen der Analytischen Psychologie C. G. Jungs werden sollte.

Theoretische Komplexität und Konsolidierung
1920—1927

Als 1921 die Arbeit *Psychologische Typen* (GW 6) veröffentlicht wurde, ging für Jung eine lange Periode innerer Auseinandersetzungen zu Ende, die 1913 mit seinem offiziellen «Ausschluß» aus den psychoanalytischen Kreisen begonnen hatte. Jung schrieb diese Arbeit, die zum größten Teil zwischen 1913 und 1917 entstand, vor allem, weil er herausfinden wollte, inwiefern sich seine Auffassungen von denen Freuds und Adlers unterschieden (Jung, Erinnerungen, S. 211), und somit ist sie das erste Beispiel für Jungs ureigenes und reifes Denken.

Die Eigentümlichkeit der Begriffe, die Jung in den *Psychologischen Typen* benutzte und die er in einer Phase beruflicher Isolation entwickelt hatte, einer «Zeit der Brache» voll innerer Kämpfe, machte es unumgänglich, am Ende des Buches ein ziemlich langes Kapitel mit «Definitionen» aufzunehmen. In diesem ausführlichen Glossar Jungscher Begriffe erwähnt Jung die Homosexualität in seiner Definition des «Seelenbildes» – das er später Anima bzw. Animus nannte – und er gibt eine Erklärung dafür, wie es zu Homosexualität kommen kann.

> «Als realer Träger des Seelenbildes eignet sich für den Mann am besten eine Frau, wegen der weiblichen Qualität seiner Seele, für die Frau am ehesten ein Mann. Wo immer eine unbedingte, sozusagen magisch wirkende Beziehung zwischen den Geschlechtern besteht, handelt es sich um eine Projektion des Seelenbildes. Da nun diese Beziehungen häufig sind, so muß auch die Seele häufig unbewußt sein, d. h. es muß vielen Menschen unbewußt sein, wie sie sich zu den inneren psychischen Vorgängen verhalten. Weil diese Unbewußtheit immer zusammengeht mit einer entsprechend vollständigen Identifikation mit der Persona, so muß diese letztere offenbar häufig sein....

Immerhin kommt auch der umgekehrte Fall vor, daß das Seelenbild nicht projiziert wird, sondern beim Subjekt bleibt, woraus insofern eine Identifikation mit der Seele hervorgeht, als das betreffende Subjekt dann überzeugt ist, daß die Art und Weise, wie es sich zu den inneren Vorgängen verhält, auch sein einziger und wirklicher Charakter sei. In diesem Fall wird die Persona infolge ihres Unbewußtseins projiziert, und zwar auf ein gleichgeschlechtliches Objekt, eine Grundlage für viele Fälle von offener oder mehr latenter Homosexualität oder von Vaterübertragungen bei Männern und Mutterübertragungen bei Frauen. Solche Fälle betreffen immer Menschen mit defekter äußerer Anpassung und relativer Beziehungslosigkeit, denn die Identifikation mit der Seele schafft eine Einstellung, die sich vorwiegend an der Wahrnehmung innerer Vorgänge orientiert, wodurch dem Objekt der bedingende Einfluß weggenommen wird» (Jung, GW 6, § 888).

In diesen scheinbar so locker formulierten Ausführungen über das Wesen der Anima läßt sich zum ersten Mal ein wichtiger Verständnisansatz Jungs für viele Fälle von Homosexualität erkennen, nämlich Homosexualität als Ergebnis einer Identifikation mit dem gegengeschlechtlichen Archetyp der Anima oder des Animus («Seele» oder «Seelenbild» entsprechend der oben zitierten Definition). Wenn ein Mann sich also mit seiner unbewußten weiblichen Seite identifiziert, führt das dazu, daß er seine Persona, d.h. seine «äußere» Männlichkeit auf einen anderen Mann projiziert. Die gleichgeschlechtliche Anziehung in der Homosexualität entsteht demnach dadurch, daß – wie Jung hier sagt – die Männlichkeit projiziert wird, denn derjenige, der seine Männlichkeit projiziert, wird den, auf den er seine Männlichkeit projiziert hat, als jemanden erleben, der etwas Wesentliches und Unwiderstehliches besitzt, nämlich jenen Teil seiner äußeren männlichen Identität, den er wegen seiner Identifikation mit der inneren weiblichen Seite «weggeworfen hatte». So sind bestimmte Fälle von Homosexualität Beispiele für eine «defekte äußere Anpassung und relative Beziehungslosigkeit», weil derjenige, der seine männliche Persona auf einen anderen projiziert, nicht wirklich mit dem anderen in Beziehung tritt, sondern vielmehr mit einem Teil seiner eigenen Seele, der bislang noch nicht integriert wurde, nämlich mit seiner Männlichkeit.

Dieser Erklärungsansatz ist aus mehreren Gründen äußerst interessant; und zwar erstens in bezug darauf, wie Jung seine eigenen Theorien weiterentwickelte: Jungs Auffassung, die wir aus seinen früheren Schriften kennen, daß Homosexualität eine Form psychischer Unreife sei, die auf unangemessenen Elternübertragungen beruht, wird nämlich durch diese Theorie einer Identifikation mit der Anima nicht verändert. Tatsächlich liefert uns Jungs Vorstellung von Anima und Animus eine Erklärung für Homosexualität *und* für die zuvor festgestellten Vater- und Mutterübertragungen: Bei einem Mann erwächst beides, die Elternübertragungen und seine Homosexualität aus seiner Identifikation mit einer unreifen und unintegrierten Weiblichkeit, seiner Anima.

Zweitens stellt Jung fest, daß homosexuelle Anziehung und heterosexuelle Leidenschaft auf denselben psychischen Mechanismen beruhen, nämlich auf Identifikation und Projektion. Bei der Homosexualität wird die Persona aufgrund einer Animaidentifikation projiziert, bei der Heterosexualität wird die Anima bzw. der Animus aufgrund einer Personaidentifikation projiziert. Es ist weder die Homosexualität noch die Heterosexualität an sich, die Jung hier als Störung begreift, sondern vielmehr die Tatsache, daß die psychischen Inhalte, die hier projiziert werden, nämlich die Archetypen der Anima bzw. des Animus, unbewußt sind, woraus sich erklärt, daß die sexuelle Leidenschaft, ob homosexuell oder heterosexuell, so häufig fehlgeleitet ist.

Drittens beschreibt Jung hier kein universelles Prinzip. Die Animaidentifikation ist lediglich eine Grundlage für viele Fälle «offener oder mehr latenter» Homosexualität. Sie führt weder unweigerlich zu Homosexualität noch liegt sie allen Fällen von Homosexualität zugrunde. Außerdem wird Homosexualität auch nicht nur in einem rein genitalen Sinn verstanden. Homosexualität ist, so wie Jung den Begriff in diesem Abschnitt benutzt, ebensosehr ein psychischer Zustand gleichgeschlechtlicher Anziehung wie auch ein Ausdruck dieser Form sexueller Anziehung auf der Verhaltensebene.

Mittlerweile ist wohl deutlich geworden, daß Jung sich durchaus mit der Homosexualität beschäftigt hat, auch wenn sie in seinen Schriften oder seinem Denken nie im Vordergrund stand. Wir können in diesen Abschnitten verfolgen, wie ein bestimmter Ansatz, eine ganz bestimmte Haltung, eine noch nicht klar umrissene Theorie in bezug auf dieses Phänomen Gestalt annimmt. Wir wissen, daß Jung schon 1918 Patienten hatte, die homosexuell waren oder zumindest homosexuell gefärbte Beziehungen hatten. Wir können verfolgen, wie er die psychoanalytische Begrifflichkeit benutzt und überarbeitet hat, um die gleichgeschlechtliche erotische Anziehung zu erklären, und es wird deutlich, daß mit der Vorstellung vom Seelenbild bzw. von Anima und Animus eine ganz eigene Theorie Jungs entstanden ist.

Jungs Vorlesung über *Das Liebesproblem des Studenten* (GW 10, §§ 197–235), die er im Jahr 1924 vor Studenten der Universität Zürich hielt, wurde erstmals 1928 in englischer Sprache veröffentlicht. In diesem kurzen Aufsatz legt Jung seine Ansichten über den Zusammenhang zwischen Sexualität und Liebe äußerst umfassend dar, und folglich äußert er sich hier auch am ausführlichsten über Homosexualität. Da das Thema der Vorlesung die Liebe ist, beginnt Jung damit, aufzuzählen was mit diesem Begriff jeweils verbunden wird, so unter anderem:

«Man spricht auch von *Knabenliebe,* womit man die Homosexualität meint, die seit der klassischen Zeit Griechenlands allerdings den Schimmer einer sozialen und erzieherischen Institution eingebüßt hat und nur noch als sogenannte Perversität ein kümmerliches und angstbedrohtes Dasein fristet, soweit sie Männer betrifft. In angelsächsischen Ländern dagegen scheint die Homosexualität unter Frauen neuerdings mehr zu bedeuten als sapphische Lyrik, indem sie irgendwie dem Gedanken der sozialen und politischen Organisation der Frauen als fördernde Unterströmung dient, wohl genau wie die Entstehung der griechischen Polis der männlichen Homosexualität wesentliche Unterstützung verdankte» (§ 203).

Wenn Jung hier hervorhebt, daß homosexuelle Beziehungen zwischen Lehrern und Schülern im alten Griechenland einen bedeutenden Platz einnahmen und lesbische Beziehungen heute bei der heutigen gesellschaftlichen und politischen Gleichberechtigung der Frauen eine Rolle spielen, wird wieder deutlich, daß Jung Homosexualität in einem historischen Zusammenhang sieht und sie unvoreingenommen beurteilt. Bemerkenswert ist auch Jungs leicht mißbilligender Ton, wenn er darüber spricht, daß Homosexualität gesellschaftlich und juristisch als «sogenannte Perversität» angesehen wird; diese Mißbilligung entspricht sowohl seinem historischen Blickwinkel als auch seiner Unvoreingenommenheit als Psychiater.

Im weiteren Verlauf der Vorlesung wird jedoch klar, daß Jung hier von den klassischen Formen der Homosexualität, nämlich von Beziehungen zwischen Jugendlichen oder zwischen Lehrern und Schülern spricht. Jung versteht Homosexualität noch als psychische Unreife und schreibt:

«Der Einbruch der Sexualität beim Mann bedingt eine gewaltige Veränderung seiner Psychologie. Er hat bald die Sexualität des erwachsenen Mannes und daneben noch die Seele eines Kindes. ... Die psychische Assimilation des Sexualkomplexes bereitet ihm die größten Schwierigkeiten, auch wenn er sich des Problems nicht bewußt ist. ... In diesem Alter steckt der junge Mann voll von Illusionen, die immer der Ausdruck eines psychischen Gleichgewichtsverlustes sind. Auf lange Zeit hinaus verunmöglichen die Illusionen eine Stabilität und Reife des Urteils. ... Er ist so illusionär, daß er geradezu solcher Irrtümer bedarf, um seines Geschmackes und seines individuellen Urteils überhaupt bewußt zu werden. In diesem Alter *experimentiert* er noch mit dem Leben. Er *muß* damit experimentieren, um sich richtige Urteile bilden zu können. Man macht aber keine Experimente ohne Irrtümer und Fehler. Daher kommt es, daß die meisten Männer irgendein sexuelles Erlebnis hatten, bevor sie in die

Ehe treten. Im Pubertätsalter sind es oft homosexuelle Erlebnisse, die viel häufiger sind, als man gemeinhin annimmt; später sind es heterosexuelle Erlebnisse, nicht immer gerade schöner Art» (§ 217).

Im folgenden Abschnitt findet sich Jungs ausführlichste und überzeugendste Stellungnahme zur Homosexualität:

«Nicht allzuselten gibt es homosexuelle Beziehungen zwischen Studenten, und zwar bei beiden Geschlechtern. Soweit ich dieses Phänomen zu beurteilen vermag, sind diese Beziehungen bei uns und überhaupt auf dem Kontinent seltener als in gewissen andern Ländern, wo die Studenten und Studentinnen in Konvikten leben. Ich spreche hier nicht von jenen Homosexuellen, welche als pathologische Figuren einer wirklichen Freundschaftsbeziehung unfähig sind und daher unter Normalen auch keinen Anklang finden, sondern von mehr oder weniger normalen Jünglingen, die eine schwärmerische Freundschaft in einem solchen Maß für einander empfinden, daß sie ihr Gefühl auch in sexueller Form ausdrücken. Es handelt sich in solchen Fällen nicht um die mutuelle Masturbation, die auf einer früheren Altersstufe in Gymnasien und Konvikten an der Tagesordnung ist, sondern um eine höhere, seelische Form, die im antiken Sinne des Wortes ‹Freundschaft› genannt zu werden verdient. Besteht eine solche Freundschaft zwischen einem Älteren und einem Jüngeren, so ist deren erzieherische Bedeutung nicht abzuleugnen. Ein leicht homosexueller Lehrer zum Beispiel verdankt seiner Abart oft eine glänzende erzieherische Fähigkeit. So kann auch die homosexuelle Beziehung zwischen dem Älteren und dem Jüngeren von beidseitigem Vorteil sein und eine Erwerbung fürs Leben bedeuten. Eine unerläßliche Bedingung für den Wert einer solchen Beziehung ist die Treue und Beständigkeit der Freundschaft. Aber nur allzuleicht läßt diese zu wünschen übrig. Je eindeutiger einer homosexuell ist, desto mehr ist er zur Untreue und zur bloßen Knabenverführung geneigt. Auch wo Treue und wirkliche Freundschaft herrschen, können leicht unerwünschte Folgen für die Gestaltung der Persönlichkeit eintreten. Eine solche Freundschaft bedeutet natürlich einen besonderen Kultus des Gefühls, also des weiblichen Elementes im Manne. Er wird schwärmerisch, seelenvoll, ästhetizistisch, empfindsam, mit einem

Wort: effeminiert. Und dieses weibische Gebaren steht dem Mann nicht an» (§ 220).

Jung geht dann auf Beziehungen zwischen Frauen ein:

«Von der Freundschaft zwischen Frauen lassen sich ähnliche Vorteile hervorheben, nur spielen dort der Altersunterschied und das erzieherische Moment eine geringere Rolle. Sie dient hauptsächlich dem Austausch von Zärtlichkeitsgefühlen einerseits und von Gedanken andererseits. Meistens handelt es sich um temperamentvolle, intellektuelle, etwas männliche Frauen, die in einer solchen Beziehung einen Schutz und ein Übergewicht gegen den Mann suchen. Ihre Einstellung zum Mann ist daher oft von verblüffender Sicherheit und einem gewissen leisen Trotz. Die Wirkung auf den Charakter ist eine Verstärkung der männlichen Züge und ein Verlust des weiblichen Zaubers. Oft entdeckt der Mann ihre Homosexualität durch die Beobachtung, daß ihn eine solche Frau so kalt läßt wie ein Eiskeller.
Die Ausübung der Homosexualität in normalen Fällen präjudiziert eine spätere heterosexuelle Betätigung nicht. Die beiden können sogar zeitweise nebeneinander bestehen. Ich habe eine sehr intelligente Frau gesehen, die ihr ganzes Leben in einer homosexuellen Beziehung lebte und mit fünfzig Jahren in eine normale Beziehung zu einem Manne trat» (§ 221 f.).

Diese Abschnitte beweisen, daß Jung Homosexualität weder diffamiert noch einseitig verurteilt; denn er sieht unvoreingenommen das breite Spektrum von Beziehungen, die der Begriff *Homosexualität* umfaßt und erkennt in jeder Form von homosexueller Beziehung «Vor- und Nachteile», in «höheren, seelischen» und vergeistigten Freundschaften zwischen Jugendlichen, erotischen Beziehungen zwischen Lehrern und Schülern, die zugleich einen erzieherischen und bildenden Wert haben, bis zu Beziehungen zwischen temperamentvollen Frauen, die vom Austausch von «Zärtlichkeitsgefühlen» und «geheimen Gedanken» charakterisiert sind. Allein die Tatsache, daß Jung zwischen diesen verschiedenen Beziehungen unterscheidet und sogar die Vor- und Nachteile solcher «strafbaren Handlungen» sieht, zeigt, daß er eine weit positivere Haltung einnimmt als viele Psychologen, die nach ihm über Homosexualität geschrieben haben. Weiter oben in diesem Aufsatz schreibt Jung, daß er Homosexualität nicht automatisch zu den sexuellen Perversionen zählt, «da sie sehr oft ein Beziehungsproblem ist» (§ 208), und der gerade zitierte Abschnitt, in dem Jung zwischen den verschiedenen Formen der Homosexualität unterscheidet, zeigt, daß er dieses Problem unter dem Gesichtspunkt der Beziehung betrachtet.

Jung heißt jedoch Homosexualität nicht unterschiedslos in all ihren Formen gut und befaßt sich auch offen mit ihren negativen Seiten. Am Ende seiner Vorlesung bemerkt er, daß er «die Sexualität als natürliche Erscheinung nirgends moralisch beurteile, sondern ihre moralische Beurteilung jeweils von dem Geiste ihrer Anwendung abhängig mache» (§ 235). Wie Jung Homosexualität einschätzt, wird ja am Beispiel der Beziehung zwischen einem älteren und einem jüngeren Mann veranschaulicht, einer Beziehung, die in Jungs Augen wertvoll sein kann, wenn sie auf gegenseitiger «Treue und Beständigkeit» beruht. Aber sogar solche Bedingungen wirken sich nicht immer günstig auf die «Gestaltung der Persönlichkeit» aus, wegen der Gefahr einer Identifikation mit der Anima und des sich daraus ergebenden «weibischen Gebarens», das einem Mann nicht anstehe. Genau so vorsichtig schätzt Jung lesbische Beziehungen ein, wenn er anmerkt, daß durch die negative Haltung, die Lesbierinnen Männern gegenüber einnehmen, die «Wirkung auf den Charakter... eine Verstärkung der männlichen Züge und ein Verlust des weiblichen Zaubers» sei.

Obwohl Jung hier Homosexualität ganz eindeutig negativ bewertet, muß man zur Kenntnis nehmen, daß er Homosexualität an sich, als ein natürliches Phänomen *keineswegs* verurteilt. Offenbar bewertet Jung homosexuelle Beziehungen vielmehr danach, ob sie nützliche oder schädliche Auswirkungen auf den Charakter eines Menschen haben, d.h. er versucht herauszufinden, ob in der Beziehung, wie sie sich darstellt, die Integration der Anima bzw. des Animus gefördert oder behindert wird.

Wenn man Homosexualität nach solchen moralischen Kriterien beurteilt, ist damit auch die Vorstellung verbunden, daß die Homosexualität eines Menschen von seinem Charakter getrennt sein kann. Jung vertritt keineswegs die Ansicht, daß es eine homosexuelle Persönlichkeit gibt, die für alle Männer und Frauen mit homosexuellen Neigungen gleichermaßen charakteristisch sei. Jungs Ansicht nach sagt die Tatsache, daß jemand homosexuelle Gefühle oder Beziehungen hat, a priori nichts Positives oder Negatives über diesen Menschen aus, denn in seinen Worten ist Homosexualität einfach eine «natürliche Erscheinung».

Wenn man das Gebiet der reinen Theorie einmal verläßt, kann man hier feststellen, daß Jung bei seiner Arbeit mit homosexuellen Patienten in zwei Schritten vorzugehen schien. Zuerst untersuchte er unvoreingenommen und ohne zu urteilen, wie sich die Homosexualität im Leben des Patienten darstellt, und dann bewertete er sie nach dem Kriterium, wie sie sich auf den Charakter oder, um einen moderneren Begriff zu gebrauchen, auf die Persönlichkeit des Patienten auswirkt. Jung bezweifelte jedoch, daß bestimmte Werte, wie z. B. Treue und dauerhafte Freundschaft, die für eine wirklich positive Beziehung nötig wären, in einer homosexuellen Beziehung Bestand haben können. Nur selten beurteilte Jung eine homosexuelle Beziehung tatsächlich als positiven Faktor in der Persönlichkeit und Entwicklung eines Patienten.

Dieser pessimistische Ton scheint sich aus Jungs Sichtweise der Homosexualität zu erklären, die man als «quantitativ» bezeichnen könnte. Je «eindeutiger» ein Mann homosexuell ist, desto bedeutungsloser scheinen für ihn solche Werte wie Treue und Beständigkeit in Freundschaften zu sein, während ein Mann, der nur «leicht» homosexuell ist, gerade wegen seiner homosexuellen «Abart» oder Disposition ein hervorragender

Lehrer und Erzieher werden kann. Jung erklärt nicht, was er unter einem mehr oder weniger homosexuellen Mann versteht. Eine Möglichkeit wäre, daß Jung sich darauf bezieht, wie häufig sexuelle Affären eingegangen werden. Die Triebhaftigkeit eines Mannes mit homosexueller Veranlagung kann zu Promiskuität führen, wodurch dann Treue und dauerhafte Freundschaft nur schwerlich als Werte beibehalten werden können. Eine andere Möglichkeit liegt darin, daß Jung einen Mann als mehr oder weniger homosexuell charakterisiert, je nachdem wie stark er mit seiner Anima identifiziert ist. Ein Mann, der sehr stark mit seiner Anima identifiziert ist und dessen Homosexualität daher sehr ausgeprägt ist, wird diese unbewußte und deshalb minderwertige Weiblichkeit zum Ausdruck bringen und dann unter den Folgen leiden und sich selbst als überaus «empfindsam» und «schwärmerisch» erlegen, Eigenschaften, die sich nach Jungs Ansicht mit Beständigkeit und Treue nicht vereinbaren lassen. Ein Mann, der jedoch nur leicht mit seiner Anima identifiziert ist und daher weniger homosexuell ist, wird wahrscheinlich eine ziemlich gute Beziehung zu seiner weiblichen Seite haben, und es wird ihm besser gelingen, die Klippen in seinen Beziehungen zu Männern zu umschiffen. Die erste Erklärung ist wahrscheinlich zutreffender als die zweite, denn Animaidentifikation und Homosexualität sind keinesfalls gleichbedeutend, und Jung würde diese Begriffe nicht einfach gegeneinander austauschen. Die seltsame Beurteilung jedoch, wie homosexuell jemand sein kann, ist anscheinend wichtig, weil sie Jung dabei hilft, den Wert der Homosexualität im Leben eines Menschen moralisch zu bestimmen.

Der letzte wichtige Punkt, den ich hervorheben möchte, ist Jungs Feststellung, daß es für Homosexuelle normalerweise nicht ausgeschlossen ist, auch heterosexuelle Beziehungen einzugehen, bzw. daß beide Formen von Sexualität nebeneinander bestehen können. Er erwähnt nicht, ob er den Umkehrschluß auch für richtig hält, nämlich daß Heterosexuelle auch homosexuelle Beziehungen eingehen könnten, obwohl er dem wahrscheinlich nicht widersprechen würde. Trotz der vielen Gerüchte darüber, auf welche Frau sich Jung hier bezieht (zum Beispiel, daß sie eine der bekannten jungianischen Analytikerinnen sein könnte, die von Jung analysiert wurden, in jungianischen Kreisen werden manchmal Marie-Louise von Franz, Barbara Hannah und Esther Harding genannt), mißt Jung dem Begriff *normal* offenbar eher einen qualitativen als einen quantitativen Wert bei, besonders da er den Standpunkt vertritt, daß es auch eingefleischten Homosexuellen gelingen kann, irgendwann eine normale Beziehung einzugehen. Da er sich der äußerst vielfältigen Erscheinungsformen homosexueller Beziehungen bewußt war und es keine andere Erklärung gibt, entsteht der Eindruck, daß Jung unter einer normalen Beziehung die Ehe versteht. Jungs Herangehensweise bleibt aber im wesentlichen gleich: Die Tatsache, daß die Frau homosexuell ist, hat keinen Einfluß auf ihre Intelligenz.

Dieser Abschnitt ist sehr aufschlußreich und gewährt einen tiefen Einblick in Jungs Ansichten über Homosexualität. Indem er Homosexualität nicht als einheitliches Phänomen betrachtet, sondern eher als eine Vielfalt von Beziehungen – mit ihren Vorteilen und Nachteilen –, nimmt Jung die Homosexualität aus dem Bereich der Perversionen heraus und beurteilt sie moralisch im Hinblick auf ihre Wirkung, die sie für die Persönlichkeit hat, die wiederum als unabhängig von den homosexuellen Neigungen angesehen wird. Obgleich er einräumt, daß bestimmte homosexuelle Beziehungen positiv und entwicklungsfähig sein können, sieht er sie im allgemeinen wegen der häufig zugrundeliegenden Anima- bzw. Animusidentifikation als nicht sehr förderlich für das Individuum an. Obwohl er die Ansicht vertritt, daß sexuelle Neigungen und Praktiken sich verändern können, führt er nur das Beispiel einer Lesbierin an, die im Alter von fünfzig Jahren eine normale Beziehung zu einem Mann aufnahm. Jungs frühe, recht einfache Sichtweise der Homosexualität als einer Form psychischer Unreife hat sich ein gutes Stück weiterentwickelt und ist komplexer geworden. Sie stützt sich jetzt auf eine Begrifflichkeit, die für Jungs Denken kennzeichnend ist.

Dem theoretisch weniger interessierten Leser wird es angenehm auffallen, daß Jung seine Ansichten über Homosexualität häufig anhand eines Fallbeispiels darlegt. In der letzten von drei Vorlesungen, die er auf dem Internationalen Kongreß für Erziehung und Bildung in London im Jahr 1924 gehalten hat und die unter dem Titel *Analytische Psychologie und Erziehung* veröffentlicht wurden (GW 17, §§ 127–229), erwähnt Jung den Fall eines dreizehnjährigen Mädchens, um zu verdeutlichen, wie sich psychische Störungen der Eltern häufig im Kind manifestieren.

«Das Kind litt an einem gewaltigen Drang aufgestauter Gefühle. Diese nährten sich mehr von homosexuellen Phantasien als von objektiven Beziehungen. Es bekannte, daß es sich manchmal danach sehnte, von einer bestimmten Lehrerin geliebkost zu werden, und daß es dazu phantasierte, wie ihm dann plötzlich alle Kleider abfielen. Auch konnte es sich oft nicht erinnern, was zu ihm gesagt worden war; daher seine absurden Antworten» (Jung, GW 17, § 221).

Dieser Tochter eines ständig abwesenden Vaters und einer narzißtischen Mutter wird

«auch nicht eine Spur wirklicher Liebe gegeben. Deshalb leidet das Kind an verfrühten Sexualsymptomen auf der einen Seite, wie so viele vernachlässigte und schlecht behandelte Kinder; auf der anderen Seite ist es überschwemmt mit sogenannter natürlicher Liebe. Die homosexuellen Phantasien zeigen deutlich, daß sein Bedürfnis nach wirklicher Liebe nicht befriedigt ist, deshalb verlangt es Liebe von seinen Lehrerinnen, aber in falscher Weise. Wenn dem herzlichen Gefühle nicht billigerweise eine Türe geöffnet wird, dann begehrt der sexuelle Anspruch gewalttätigen Einlaß, denn neben Liebe und Zärtlichkeit braucht das Kind ein wirkliches Verständnis» (§ 222).

In diesem Fall wird erneut veranschaulicht, daß Jung bei der Bewertung homosexueller Neigungen in zwei Schritten vorging. Statt die homosexuellen Phantasien als anormal zu verdammen, versuchte er, die ganze Persönlichkeit des kleinen Mädchens einzubeziehen, und fand heraus, daß ihre sexuellen Phantasien als Ersatz für die wirkliche Liebe, die ihr zu Hause nicht zuteil wurde, dienten.

Dieser Fall bildet ein interessantes Pendant zu der von Jung zuvor erwähnten Möglichkeit, nämlich der einer homosexuellen Beziehung zwischen einem älteren und einem jüngeren Mann, die einen erzieherischen Wert haben kann. Die wesentlichen Merkmale der Beziehung sind hier dieselben: eine potentiell homosexuelle Beziehung zwischen einer älteren Frau und einem jungen Mädchen. Hier steht jedoch die Intensität der sexuellen Dynamik hinter den Phantasien des Mädchens in direkter Beziehung zu ihrem «herzlichen Gefühle», dem wegen der mangelnden Fürsorge ihrer Eltern die «Tür nicht geöffnet» wird. Jungs Ansicht nach sollte bei der Behandlung nicht die Homosexualität des Mädchens, sondern die mangelnde Fürsorge der Eltern im Mittelpunkt stehen: «Richtig wäre natürlich, daß man in diesem Falle die Mutter behandelte» (§ 222).

Diese Falldiskussion zeigt gut, warum Jung so selten definitive Aussagen über Homosexualität gemacht hat. Die Homosexualität ist hier sekundär. Im Vordergrund steht die zugrundeliegende emotionale Dynamik innerhalb der Familie. Würde man zum Beispiel von der Annahme ausgehen, daß das Kind unter unaufgelösten ödipalen Gefühlen leide oder, in jungianischen Begriffen, sogar mit seinem Animus identifiziert sei, um die Abwesenheit seines leiblichen Vaters zu kompensieren, und es deshalb wegen seiner Homosexualität behandeln, würde man Jung völlig mißverstehen. Die homosexuellen Phantasien, die Jung hier beobachtet, werden nach anderen Kriterien bewertet, und zwar insbesondere im Hinblick darauf, ob sich diese inneren Regungen positiv oder negativ auf die ganze Persönlichkeit des Mädchens auswirken. Die mutmaßliche Homosexualität des Mädchens, die noch zu hinterfragen wäre, scheint nebensächlich zu sein für das eigentliche Problem des

Mädchens: eine frühreife Sexualität, die einem tief empfundenen Mangel an Liebe zuzuschreiben ist.

Im folgenden Jahr, 1925, hielt Jung erneut eine Vorlesung vor dem Internationalen Kongreß für Erziehung und Bildung, und zwar dieses Mal in Heidelberg, wobei er wieder den Fall des Jugendlichen erwähnte, der ihn wegen seiner Homosexualität aufgesucht und der den Behandlungsverlauf in seinem Initialtraum von einer Quelle in Lourdes schon vorweggenommen hatte. Obwohl Jungs Denken sich seit der ersten Veröffentlichung des Falles im Jahr 1917 offensichtlich weiterentwickelt hat, wiederholt er seine Interpretation dieses Falles unverändert, häufig sogar wörtlich. Man muß deshalb annehmen, daß Jung neben seinen komplexeren Ansichten über Homosexualität, die er in *Das Liebesproblem des Studenten* ausgeführt hat, in einigen Fällen immer noch an seinem früheren Standpunkt festhält und Homosexualität als psychische Unreife und ungelöste Mutterübertragung begreift. Angesichts der großen Mühe, die Jung darauf verwendet, den etwas weibischen, ästhetizistischen Charakter des jungen Mannes zu beschreiben, ist man ziemlich überrascht, daß er diesen Fall nicht neu und tiefergehend deutet und dabei seine Vorstellung vom Seelenbild, d.h. von der Anima, benutzt, um die Wesenszüge des Jungen, seine Mutterübertragung, seine religiösen Neigungen und auch seine Träume zu deuten. Daß er dies nicht getan hat, ließe sich dadurch erklären, daß er diesen Fall nicht im Zusammenhang mit Sexualität oder Homosexualität vorgestellt hat, sondern vor einem Auditorium von Lehrern und Erziehern als Illustration für seine Methode der Traumdeutung benutzte.

Es gibt Anhaltspunkte dafür, daß Jung sogar noch zu diesem Zeitpunkt seine Theorie aufrechterhielt, Homosexualität sei eine Folge der Bindung an die leibliche Mutter. In demselben Jahr, 1925, gibt er das folgende Beispiel in *Die Ehe als psychologische Beziehung*:

«Die schlimmsten Folgen hat die *künstliche Unbewußtheit* der Eltern. Zum Beispiel kettet eine Mutter, die sich künstlich unbewußt erhält, um den Anschein der guten Ehe nicht zu stören, unbewußt den Sohn an sich, gewissermaßen als Ersatz für ihren Mann. Dadurch wird der Sohn, wenn nicht immer geradewegs in die Homosexualität, so doch in andere ihm eigentlich nicht entsprechende Modifikationen seiner Wahl gedrängt. Er wird zum Beispiel ein Mädchen heiraten, das seiner (des Sohnes) Mutter offenkundig unterlegen ist und so mit der Mutter nicht konkurrieren kann, oder er wird einer Frau von tyrannischem und anmaßendem Charakter verfallen, welche ihn gewissermaßen von der Mutter losreißen soll» (Jung, GW 17, § 328).

Im Jahr 1927 jedoch veröffentlichte Jung seine Arbeit *Die Frau in Europa* (GW 10, §§ 236–275), eine ausführliche Abhandlung über die sich verändernde Stellung der Frauen in der europäischen Gesellschaft aus psychologischer Sicht. Dies ist einer von Jungs bekannteren Aufsätzen und stellt ein ideales Beispiel dafür dar, auf welche Weise sich Jung als «medizinischer», d. h. klinischer Psychologe mit wichtigen gesellschaftlichen Problemen auseinandergesetzt hat. Er erörtert in diesem Aufsatz, welche psychischen Vor- und Nachteile es für Frauen hat, wenn sie in die vornehmlich männlich dominierten Bereiche von Politik und Arbeit vordringen. Einer der Nachteile liegt in der Gefahr, daß sich Frauen, die eine neue, männliche Rolle übernehmen, mit ihrem Animus identifizieren:

«Natürlich brauchen die Dinge nicht so weit zu gehen, aber schon lange vorher hat die seelische Vermännlichung der Frau unwillkommene Folgen. Sie kann zwar ein guter Kamerad des Mannes werden, ohne aber den Zugang zu seinen Gefühlen zu finden. Der Grund dafür ist, daß ihr Animus (eben ihre männliche Verstandesmäßigkeit, beileibe nicht wirkliche Vernünftigkeit!) ihr den Zugang zum eigenen Gefühl verstopft hat. Sie kann auch frigid werden, zur Abwehr eines eher maskulinen Sexualtypus, der ihrem männlichen Verstandstypus entspricht. Oder die Abwehr gelingt nicht, und dann entsteht an Stelle der erwartenden Sexualität der Frau ein aggressiver, dringlicher Sexualtypus, welcher dem Manne eigentümlich ist. Auch diese Reaktion ist eine ‹zweckmäßige› Erscheinung, bestimmt, gewaltsam eine Brücke zu dem allmählich entschwindenden Manne hinüberzuschlagen. Eine dritte, namentlich in angelsächsischen Ländern bevorzugte Möglichkeit ist fakultative Homosexualität in der männlichen Rolle» (§ 246).

Auch hier wird Homosexualität wieder mit Animusbesessenheit identifiziert, auch wenn Jung deutlich macht, daß solch ein vom Animus beherrschter Zustand viele konkrete Formen annehmen kann und eher von sozio-ökonomischen Faktoren herrührt als von persönlichen.

Dem aufmerksamen Leser wird auffallen, daß Jung weiblich mit Frauen und männlich mit Männern gleichsetzt. Weiter oben in diesem Aufsatz erklärt Jung an verschiedenen Stellen, daß

«die Frau im Begriffe ist, mit dem nur weiblichen Sexualschema einer scheinbaren Unbewußtheit und Passivität zu brechen und der männlichen Psychologie eine Konzession einzuräumen, nämlich sich als sichtbares Glied der Sozietät zu begründen» (§ 242). «Niemand kommt um die Tatsache herum, daß die Frauen einen männlichen Beruf ergreifen, in männlicher Weise studieren und arbeiten und damit etwas tun, was ihrer weiblichen Natur zum mindesten nicht ganz liegt, wenn nicht geradezu schädlich ist. Sie tun ja etwas, was ein Mann kaum imstande wäre zu tun, wenn er nicht gerade ein Chinese ist: könnte er sich als Kinderfrau verdingen oder Kleinkinderschullehrerin werden?» (§ 243)

Und an anderer Stelle sagt Jung:

«Da aber der Mensch Männliches und Weibliches in seiner Natur vereinigt, so kann ein Mann Weibliches und eine Frau Männliches leben... Ein Mann sollte [aber] als Mann leben und eine Frau als Frau» (§ 243).

Diese Gleichsetzung von Geschlechterrolle und Geschlecht zeigt sich auch in Jungs Unterscheidung zwischen einer männlichen Rolle und der unausgesprochenen Alternative einer weiblichen Rolle in der gerade erwähnten «optionalen Homosexualität».

Bekanntlich hat sich diese Vorstellung vom Weiblichen und vom Männlichen im Verlauf der weiteren Entwicklung in der Analytischen Psychologie gewandelt, so daß man heute von psychologischen Prinzipien ausgeht, die nicht zwangsläufig mit dem Geschlecht verbunden sind. Hier unterscheidet Jung jedoch nicht zwischen Geschlechterrolle und Geschlecht, und deshalb bleibt seine Einschätzung der weiblichen Homosexualität an diesem Punkt ein Mittelding zwischen einem rein archetypischen Verständnis und der Ansicht, daß Lesbierinnen Möchtegernmänner sind und ihren Wunsch durch frei gewählte [optional] Homosexualität erfüllen.

Genauso wie Jung einräumt, daß es eine Vielfalt homosexueller Beziehungen gibt, die jeweils Vor- und Nachteile haben können, gibt er in dieser Phase seines Schaffens auch eine Vielfalt von Erklärungen und Deutungen für Homosexualität, von denen sich einige auf Faktoren stützen, die Jung als archetypisch bezeichnet hat, etwa Anima und Animus; andere Deutungen beruhen auf Faktoren, die er dem persönlichen Unbewußten zurechnet, nämlich negative Elternkomplexe und ungelöste Mutter- oder Vaterübertragungen.

Die Unterscheidung zwischen der persönlichen Mutter und der archetypischen Figur der Anima in der Seele des Mannes ist eine künstliche, denn nach Jungs Ansicht sind beide untrennbar miteinander verbunden. In einem seiner bedeutendsten Werke, *Wandlungen und Symbole der Libido* aus dem Jahre 1912 – 1952 stark bearbeitet unter dem Titel *Symbole der Wandlung* (GW 5) veröffentlicht – untersucht Jung den Heldenmythos, den Kampf des Helden um die Befreiung von der Mutter und den Prozeß, den ein solcher Kampf mit sich bringt. In dem Kapitel «Die zweifache Mutter» (GW 5, §§ 464–612) weist Jung darauf hin, daß in den Mythen wie auch in den Träumen und Phantasien der Menschen von heute der «Doppelcharakter» des Muttersymbols auf vielfältige Weise bestätigt wird, und zwar sowohl hinsichtlich seines Charakters oder seiner Wertigkeit – also positiv (die individuelle Entfaltung fördernd) oder negativ (die Entfaltung zerstörend) – als auch hinsichtlich des Doppelcharakters des Symbols selbst als zugleich persönlich und archetypisch. Jung stellt die «psychologische Grundregel» auf, daß «die erste Trägerin» des Animabildes «die Mutter ist» (§ 484). Dieser Gedanke ist vernünftig und psychologisch sehr überzeugend.

Wenn man nun das, was Jung in seiner Lebensmitte über Homosexualität geschrieben hat, resümiert, ist das mindeste, was man feststellen muß, daß er ein sehr komplexes Verständnis der Homosexualität entwickelt hat. Jung stellt die Homosexualität in einen kulturellen und historischen Zusammenhang und erkennt die Vielfalt homosexueller Beziehungen durchaus an. Als Kliniker bewertet er die Homosexualität nach moralischen Kriterien und geht dabei in zwei Schritten vor. Zunächst betrachtet er, welchen Stellenwert die Homosexualität eines Patienten in seinem Leben als Ganzes hat und erst dann beurteilt er nach klinischen Gesichtspunkten, ob die homosexuellen Gedanken, Gefühle oder Handlungen des Patienten eine positive oder negative Funktion haben. Er schließt zwar eine positive Beurteilung nicht aus, gibt aber unbestreitbar weit häufiger negative Beurteilungen ab, zumindest in den Arbeiten, die wir bisher untersucht haben. Wie wir gesehen haben, erwähnte er nur Fälle, in denen sich Homosexualität manifestierte, weil anscheinend eine gestörte Beziehung zur Anima bzw. zum Animus oder zu den leiblichen Eltern des Patienten oder sogar zu beidem vorlag, was die Störung dann zu einer komplexen Mischung aus archetypischen und persönlichen Faktoren in der Seele des Individuums werden läßt.

Jungs reifes Denken
1936–1950

Jungs Verständnis der Homosexualität verliert nicht an Komplexität, als er älter wird; in seinen späteren Schriften untersucht er noch andere Faktoren, die mit dem psychologischen Phänomen der Homosexualität zu tun haben. Wer gern glauben möchte, daß Jung zu einer ausschließlich negativen Haltung gegenüber der Homosexualität neigte, dem sollte der folgende Abschnitt aus *Über den Archetypus mit besonderer Berücksichtigung des Animabegriffes* (GW 9I, §§ 111–147), der 1936 erstmals veröffentlicht wurde und 1954 in überarbeiteter Form erschien, zeigen, daß dieser Eindruck falsch ist.

«Jüngere Leute vor der Lebensmitte (die etwa um fünfunddreißig liegt) können ohne Schaden auch den anscheinend völligen Verlust der Anima ertragen. Auf alle Fälle sollte ein Mann es fertigbringen, ein Mann zu sein. Der heranwachsende Jüngling muß sich von der Animafaszination der Mutter befreien können. Es gibt Ausnahmefälle, insbesondere Künstler, wo das Problem oft erheblich anders liegt; sodann die Homosexualität, die in der Regel durch eine Identität mit der Anima gekennzeichnet ist. Bei der anerkannten Häufigkeit dieser Erscheinung ist ihre Auffassung als pathologische Perversion sehr fragwürdig. Nach dem psychologischen Befunde handelt es sich viel mehr um eine unvollständige Ablösung vom hermaphroditischen Archetypus, verbunden mit einem ausgesprochenen Widerstand, sich mit der Rolle eines einseitigen Geschlechtswesens zu identifizieren. Eine derartige Disposition ist nicht unter allen Umständen als negativ zu beurteilen, insofern sie den urmenschlichen Typus, der dem einseitigen Geschlechtswesen bis zu einem gewissen Grade verlorengeht, bewahrt» (§ 146).

Obwohl er sagt, daß «nach der Lebensmitte... dauernder Animaverlust eine zunehmende Einbuße an Lebendigkeit, Flexibilität und Menschlichkeit» bedeute (§ 147), weist Jung in dem oben zitierten Abschnitt doch deutlich darauf hin, daß er eine Identifikation mit der Anima nicht immer als ausgesprochen pathologisch ansieht. Er sieht in dieser Identifikation die psychologische Erklärung dafür, daß Homosexuellen häufig das Stereotyp anhaftet, eine künstlerische Veranlagung zu haben.

Bemerkenswerter ist, daß Jung Homosexualität mit dem Archetyp des Hermaphroditen oder des «ursprünglichen Menschen» [Original Man] in Verbindung bringt, einem Archetyp der psychischen Ganzheit – ja, des Selbst. Wenn Homosexualität aus dem Widerstand gegen eine «einseitige» Sexualität entsteht und wenn sie mit der hermaphroditischen Ganzheit des Selbst verbunden ist, kann sie wohl kaum verurteilt werden. Wenn Jung hier eine Verbindung zwischen der Homosexualität und dem Archetyp des Hermaphroditen herstellt, vereinfacht das nicht einfach sein Bild von der Homosexualität, sondern es wird dadurch komplexer.

Der Archetyp des Hermaphroditen und die Vereinigung der Gegensätze, die er symbolisiert, ist ein treffendes Bild, das uns in diesem Zusammenhang noch beschäftigen wird. Die nächste Textstelle, in der Jung die Homosexualität erwähnt, stammt aus seiner Vorlesung aus dem Jahre 1938 *Die psychologischen Aspekte des Mutterarchetypus* (GW 9I, §§ 148–198), die er 1954 überarbeitet hat und die zeigt, daß Jung Homosexualität positiv und negativ bewertet hat. Jung sieht in der Homosexualität (wie auch im Don Juanismus und «gelegentlich» auch in der Impotenz) eine der typischen Auswirkungen eines Mutterkomplexes und stellt dadurch wieder eine Verbindung zwischen Homosexualität und Anima her, wenn er sagt, daß «in jedem männlichen Mutterkomplex neben dem Mutterarchetypus der des sexuellen Partners, nämlich der Anima, eine bedeutsame Rolle spielt» (GW 9I, § 162). Hier zeigen sich jedoch in seinem Denken viel feinere Unterscheidungen:

«Da ‹Mutterkomplex› ein Begriff der Psychopathologie ist, so ist er immer mit dem Begriff von Schädigung und Leiden verknüpft. Wenn wir ihn aber aus seinem etwas zu engen pathologischen Rahmen herausheben und ihm eine weitere und umfassendere Bedeutung geben, so können wir auch seiner positiven Wirkung Erwähnung tun: beim Sohn ergibt sich neben oder statt der Homosexualität zum Beispiel eine Differenzierung des Eros (in dieser Richtung klingt etwas im *Symposion* des Platon an); ebenso eine Entwicklung des Geschmakkes und der Ästhetik, denen ein gewisses feminines Element keineswegs Abbruch tut; des ferneren erzieherische Qualitäten, denen ein weibliches Einfühlungsvermögen oft höchste Vollendung gibt; ein historischer Geist, der konservativ im besten Sinne ist und alle Werte der Vergangenheit aufs treueste bewahrt; ein Sinn für Freundschaft, die erstaunlich zarte Bande zwischen Männerseelen flicht und sogar die Freundschaft zwischen den Geschlechtern aus der Verdammnis der Unmöglichkeit erlöst; ein Reichtum religiösen Gefühls, welcher eine ecclesia spiritualis zur Wahrheit macht, und endlich eine geistige Rezeptivität, die der Offenbarung williges Gefäß ist» (§ 164).

Wenn man diese Beschreibungen in ihrem Kontext sieht, fragt man sich fast, ob Jung hier über mögliche positive Auswirkungen eines Mutterkomplexes spricht oder über eine gesellschaftliche Klischeevorstellung von Schwulen: Sie haben eine Ader für das Künstlerische und Ästhetische, sind sehr gefühlsbetont und emotional, ihnen ist die Eignung für Dienstleistungsberufe, wie zum Beispiel der Beruf des Lehrers, in die Wiege gelegt und sie hängen sehr an der Vergangenheit. Es mag in diesem Zusammenhang merkwürdig erscheinen, daß Jung Homosexuelle als konservativ charakterisierte, während sich die heutige Schwulenbewegung doch mit politisch liberalen oder fortschrittlichen Zielen identifiziert. Es gibt jedoch ein Stereotyp über Schwule und die Schwulenszene, das mit Jungs Charakterisierung übereinstimmt: Schwule sind angeblich von alten Filmen begeistert und verehren Stars der Vergangenheit wie Judy Garland, Bette Davis, Joan Crawford, Gloria Swanson und andere als Kultfiguren. Schwulen wird gewöhnlich eine Neigung zu exaltierten, dekorativen Stilrichtungen nachgesagt, die auch häufig aus vergangenen Epochen stammen, beispielsweise barocke Ornamentik, Art-deco-Motive und so weiter. In kirchlichen Kreisen ist es ein Gemeinplatz, daß Schwule eine besondere Beziehung zu spirituellen Dingen haben, und zwar besonders in den Konfessionen, bei denen das Zölibat oder pompöse Rituale eine große Rolle spielen, und einen solchen Sinn für das Religiöse bei Schwulen gab es anscheinend auch schon in der Vergangenheit, worauf ich später noch eingehen werde.

Offenbar sieht Jung eine Verbindung zwischen diesen Klischeebildern und dem, was er Mutterkomplex nennt, der seiner Ansicht nach der Homosexualität zugrundeliegt, wenn dieser Abschnitt auch deutlich macht, daß Jung eine positive, wenn nicht sogar eine hohe Meinung davon hat, wie sich ein solcher Komplex auf die Kultur im allgemeinen auswirken kann. Der Grund für seine positive Meinung mag darin liegen, daß er darauf beharrte, den Komplex in wirklich komplexer Weise zu betrachten: nicht einfach als ein eng umrissenes, pathologisches Element in der Seele eines Menschen, sondern vielmehr als eine «gefühlsbetonte Vorstellungsgruppe» (Jacobi, Komplex, S. 7), die potentiell sowohl positiv als auch negativ ist.

Durch diese fast überschwengliche Bewertung der Homosexualität werden die negativen Beispiele und Formulierungen ergänzt, die vorher untersucht wurden. Im nächsten Zitat bringt Jung noch einen anderen Aspekt in sein Denken ein, nämlich die Vorstellung von anlagebedingter Homosexualität. In dem Aufsatz *Zum psychologischen Aspekt der Korefigur* (Jung, GW 9I, §§ 306–383), der erstmalig im Jahre 1940 zusammen mit dem Aufsatz *Zur Psychologie des Kinderarchetypus* veröffentlicht wurde und schließlich zusammen mit den Essays von Karl Kerényi in einem Band mit dem Titel *Einführung in das Wesen der Mythologie* herausgegeben wurde, beschreibt Jung die archetypische Figur des Mädchens. Bei der Untersuchung, welche Funktion diese Figur, die in der zeitgenössischen jungianischen Terminologie *puella aeterna* genannt wird, bei Männern hat, stellt Jung fest:

> «Da die Ganzheit des Mannes, sofern er nicht konstitutionell homosexuell ist, nur eine männliche Persönlichkeit sein kann, so kann die weibliche Figur der Anima beim Manne nicht unter dem Typus der übergeordneten Persönlichkeit subsumiert werden, sondern erfordert eine von dieser verschiedene Wertung und Position» (Jung, GW 9I, § 356).

Es kann gar nicht hoch genug bewertet werden, daß in der Psychologie die Vorstellung von einer anlagebedingten Homosexualität entwickelt wurde – also einer gleichgeschlechtlichen sexuellen Orientierung, die angeboren und nicht erworben ist. Die klinische Behandlung von Homosexuellen und Lesbierinnen würde natürlich einen vollständig anderen Verlauf nehmen, wenn definitiv festgestellt werden könnte, daß es eine solche anlagebedingte Homosexualität gibt. Die Hypothese, daß Homosexualität anlagebedingt ist oder zumindest auf irgendeine genetische Veranlagung zurückgeführt werden kann, wird dadurch gestützt, daß Schwule und Lesbierinnen sich entsinnen können, daß sie sich schon zu einem Zeitpunkt, als ihre Persönlichkeit noch kaum ausgeprägt war, sehr stark zum gleichen Geschlecht hingezogen fühlten. Es erübrigt sich zu sagen, daß es nach wie vor eine psychogenetische Schimäre ist zu glauben, man könne anlagebedingte Homosexualität unwiderlegbar feststellen; um psychosoziales Verhalten erklären zu können, wird immer noch auf die altbewährte Formel von «Natur *und* Erziehung» zurückgegriffen, und unsere empirischen Erkenntnisse bewegen sich immer noch in diesen Grenzen. Trotzdem bleibt die Vorstellung von einer anlagebedingten Homosexualität eine provokante Hypothese und dazu eine, die Jung durchaus in Erwägung zog.

Da Jung diese Möglichkeit nur am Rande erwähnt, bleibt die Frage offen, was er unter anlagebedingt verstanden hat, ob damit ein genetisches Merkmal gemeint ist oder ein Merkmal, das sehr früh in der Entwicklung erworben wurde und dadurch so sehr zu der Persönlichkeit gehört, daß es unveränderlich ist. Auch die Frage, wie sich eine solche anlagebedingte Homosexualität mit der bewußten, in Jungs Worten «männlichen Persönlichkeit» eines Mannes vereinbaren ließe, bleibt offen. Besteht die Ganzheit eines Mannes aus etwas anderem als aus einer männlichen Persönlichkeit, wenn er anlagebedingt homosexuell ist, und wenn dem so ist, woraus besteht sie dann?

Jungs Forschungen über den Symbolismus der Alchemie bilden einen bedeutenden und umstrittenen Teil seiner späteren Schriften, und interessanterweise finden sich bei seinen Ausführungen zum alchemistischen Symbolismus zwei Hinweise auf die Homosexualität. In der Arbeit *Die Psychologie der Übertragung* (Jung, GW 16), die 1946 veröffentlicht wurde, erläutert Jung anhand einer Reihe von alchemistischen Bildern den inneren Prozeß, der durch die analytische Beziehung in Gang gesetzt und zum Abschluß gebracht wird. Jung schreibt:

«Bei der praktischen Analyse hat sich herausgestellt, daß die unbewußten Inhalte zunächst immer als auf objektive Personen und Verhältnisse *projiziert* auftreten. Viele der Projektionen werden durch die Erkenntnis ihrer subjektiven Zugehörigkeit endgültig dem Individuum integriert, andere aber lassen sich nicht integrieren, sondern lösen sich zwar von ihren ursprünglichen Objekten, übertragen sich aber dann auf den behandelnden Arzt. Unter diesen Inhalten spielt die Beziehung zum gegengeschlechtigen Elternteil eine ganz besondere Rolle, d. h. also die Beziehung Sohn–Mutter, Tochter–Vater, daneben auch Bruder–Schwester» (Jung, GW 16, § 357).

In einer Fußnote fügt er hinzu, daß er «die gleichgeschlechtigen Formen wie Vater–Sohn, Mutter–Tochter usw. außer Betracht» lasse. «In der Alchemie wird, soviel ich weiß, nur ein einziges Mal auf diese Abart angespielt.» Jung zitiert anschließend die *Arisleusvision*, einen alchemistischen Text aus Basel aus dem Jahre 1593, wo es heißt: «O Herr, obwohl Du König bist, regierst und herrschest Du schlecht; denn Du hast Männer mit Männern verbunden, obwohl Du weißt, daß Männer nicht gebären» (GW 16, Anm. zu § 357). Denselben Passus aus der *Arisleusvision* bringt Jung später noch einmal, als er den Prozeß untersucht, durch den ein Mensch aus einer infantilen Befangenheit im Selbst auftaucht, ein Prozeß, der in alchemistischen Texten durch den Bruder-Schwester-Inzest symbolisiert wird: «Die Vereinigung von ‹Gleichartigem› in Form homosexueller Verbindungen findet sich in der *Arisleusvision* als Vorstufe des Bruder-Schwester-Inzestes» (GW 16, Anm. zu § 419).

Wie gewöhnlich bei Jungs alchemistischen Schriften, gibt es zunächst mehr Dunkel als Licht. Es geht bei diesen Äußerungen über Homosexualität anscheinend um Entwicklung, denn er machte sie im Rahmen einer Auseinandersetzung mit der alchemistischen Symbolik des Inzests. In dieser Arbeit zeigt Jung anhand der Metaphorik von alchemistischen Texten auf, welche Stadien eine Persönlichkeit in der Analyse auf ihrem Weg zu psychischer Ganzheit durchläuft. So wird das Stadium, in dem eine Vereinigung von «Gleichartigem» stattfindet, als ein Stadium angesehen, das der Vereinigung von «Ungleichartigem» vorausgeht. Mit dieser Aussage, die auf den ersten Blick abstrus erscheinen mag, wiederholt Jung nur etwas, was er an anderer Stelle mit anderen Worten schon einmal gesagt hat: Homosexualität, die Vereinigung von «Gleichartigem», ist ein Vorläufer der wahren Vereinigung der Gegensätze, von «Ungleichartigem», was, wie wir gesehen haben, in der Alchemie durch den Bruder-Schwester-Inzest symbolisiert wird. Auch als Jung die Homosexualität in den *Gesammelten Werken* zum letzten Mal erwähnt, geschieht dies im Zusammenhang mit einer Untersuchung der archetypischen Symbolik des Inzests und ihrer Beziehung zu dem Archetyp des Selbst. In dem Band *Aion: Beiträge zur Symbolik des Selbst*, der im Jahre 1950 veröffentlicht wurde, ist Jung bestrebt, «anhand der christlichen, gnostischen und alchemistischen Symbole des Selbst, die Wandlung der psychischen Situation innerhalb des ‹christlichen Äons› zu beleuchten» (GW 9II,

S. 9). Einfacher gesagt, wollte Jung in *Aion* die psychologische Wandlung des Bewußtseins, die durch die Symbolik des Christentums herbeigeführt wurde, und seine archetypischen Verbindungen mit dem Selbst untersuchen. Zu diesem Zweck legt Jung zunächst seine Vorstellung vom Ich und vom Selbst dar und zeigt anhand seiner Vorstellung von Anima und Animus einen Weg auf, in dem das Ich und das Selbst voneinander getrennt und dennoch in Beziehung zueinander bleiben. Jung stellt jedoch fest, daß das persönliche Gefühl für das Selbst – in seiner Terminologie das Ich – häufig nicht genügend entwickelt ist und «so sieht man auf der psychologischen Bühne einen rückwärtslebenden Menschen, der seine Kindheit und seine Mutter sucht, und vor der bösen kalten Welt, die ihn so gar nicht verstehen will, flieht» (§ 21).

Zu dieser psychologischen Situation führt Jung dann weiter aus:

«Das Stück Welt, das ihm, wie jedem Menschen, immer wieder einmal begegnet, ist nie ganz das richtige, denn es gibt sich nicht, ist nicht entgegenkommend, verhält sich spröde, will erobert werden und unterwirft sich nur der Stärke. Es erhebt Anspruch auf die Männlichkeit des Mannes, auf dessen Inbrunst und vor allem auf dessen Mut und Entschlußkraft, welche den ganzen Menschen auf die Waagschale zu werfen vermag. Dazu würde er eines treulosen Eros bedürfen, eines, der die Mutter vergessen und sich selber wehtun kann, indem er die erste Geliebte seines Lebens verläßt. In Voraussehung dieses schlimmen Wagnisses hat ihn die Mutter sorgsam die Tugend der Treue, der Hingebung, der Loyalität gelehrt, um ihn vor dem drohenden moralischen Einbruch, welcher mit dem Lebenswagnis verbunden ist, zu bewahren. Er hat sie nur zu gut gelernt und bleibt der Mutter treu, vielleicht zu deren größter Sorge (zum Beispiel wenn er ihr zu Ehren sich als homosexuell erweist), und zugleich zu ihrer unbewußten, mythischen Genugtuung. Denn mit letzterer Beziehung erfüllt sich der ebenso hochaltertümliche wie hochheilige Archetypus der Hochzeit von Mutter und Sohn. Was hat schließlich die banale Wirklichkeit mit ihren Standesämtern, Monatslöhnen, Mietzinsen usw. zu bieten, das ein Gegengewicht bilden könnte zu jenen mystischen Schauern des Hierosgamos?» (§ 22)

Jung scheint hier fast zu seinem Ausgangspunkt zurückgekehrt zu sein, wenn er die Homosexualität des Sohnes als ein regressives Phänomen deutet, als eine «mangelnde Anpassung an die Wirklichkeit», ein Zeichen psychischer Unreife. Unbestreitbar ist jedoch, und zwar insbesondere angesichts der gerade untersuchten Zitate aus seinen alchemistischen Schriften, daß Jung eine Verbindung zwischen Homosexualität und dem Mutter-Sohn-Inzest sieht und somit also auch zwischen Homosexualität und dem Selbst als einem Symbol der Ganzheit, dem Ausdruck vollkommener psychischer Reife.

Nach Jungs Ansicht sind die Archetypen des kollektiven Unbewußten immer ambivalent; sie besitzen positive und negative Seiten und haben deshalb eine Kraft, die sich als Segen oder Fluch auf das individuelle Leben auswirken kann. Einerseits kann, wie wir gerade gesehen haben, der Archetyp der Ganzheit, wie er durch den inzestuösen *Hierosgamos* oder die heilige Hochzeit symbolisiert wird, durch ein regressives Festhalten an der kindlichen Symbiose mit der alles-gebenden Mutter auf unangemessene Weise konstelliert sein. Andererseits kann dieser Archetyp auf angemessene Weise konstelliert sein, die den Anforderungen der äußeren Realität und dem inneren Streben nach Einheit, das dem Archetyp eigen ist, gerecht wird; also eine echte und reife Vereinigung von inneren und äußeren Gegensätzen.

Für uns ist es interessant, daß Jung, was Homosexualität betrifft, noch einen Schritt weiter zu gehen scheint; dies klingt schon in *Die Psychologie der Übertragung* an und bestätigt sich hier. Die Homosexualität, von der Jung hier spricht, ist nicht einfach nur das Ergebnis eines Mutterkomplexes, also nicht nur ein Problem des persönlichen Unbewußten, und sie ist auch nicht das Ergebnis einer gestörten Beziehung zu der Anima bzw. dem Animus, also auch nicht nur ein Problem des kollektiven Unbewußten. Hier hat die Homosexualität ihre eigene innere Bedeutung in dem inzestuösen Bild, von dem die Seele eines Menschen beherrscht wird; ein Bild, das seine Kraft aus der Verbindung mit dem Selbst, dem Archetyp der Ganzheit, schöpft. Bei diesem Verständnis der Homosexualität geht es nicht mehr nur um die Anima bzw. den Animus, sondern auch um den dahinterliegenden Archetyp des Selbst. Homosexualität wird also als Versuch verstanden, um jeden Preis psychische Integration zu erreichen, ohne aber persönlich ein Opfer dafür bringen zu müssen.

Mit dieser vielversprechenden Verknüpfung von Homosexualität und dem hermaphroditischen Archetyp des Selbst sind wir am Ende der ersten Etappe unserer Reise angekommen und haben jetzt alle Textstellen zur Homosexualität in den *Gesammelten Werken* untersucht.

Jungs Hinweise außerhalb der Gesammelten Werke

An dieser Stelle ist ein kurzer Exkurs angebracht, da es schriftliche Äußerungen von Jung zur Homosexualität gibt, die sich nicht in den *Gesammelten Werken* finden: in seinen Briefen an Freud, die er am Beginn seiner Laufbahn geschrieben hat, und in den von Gerhard Adler und Aniela Jaffé herausgegebenen Briefen, in dem autobiographischen Buch *Erinnerungen, Träume, Gedanken,* das von Aniela Jaffé geschrieben und auf Jungs Bitte hin nicht in die *Gesammelten Werke* aufgenommen wurde, in dem Seminarband zur *Traumanalyse* und schließlich in den gesammelten Interviews mit Jung unter dem Titel *C. G. Jung Speaking* bzw. *C. G. Jung im Gespräch*. Aus einer Reihe von guten Gründen werde ich bei den meisten dieser Äußerungen darauf verzichten, sie so genau und eingehend wie bisher zu untersuchen. Erstens haben wir hart und ausdauernd gearbeitet und verdienen eine kleine Atempause. Zweitens ist meine Absicht hier nicht wissenschaftlicher Art, und der wissenschaftlich interessierte Leser, der auf Gründlichkeit Wert legt, kann sich anhand der Hinweise am Ende dieses Kapitels eingehender mit den betreffenden Stellen beschäftigen. Drittens findet sich in diesen Stellen nichts, das dem, was wir schon in den *Gesammelten Werken* erfahren haben, widerspricht oder viel Neues hinzufügt. Bestimmte Stellen geben uns jedoch einen etwas persönlicheren Einblick in Jungs Haltung zur Homosexualität als seine anderen Veröffentlichungen, und diese Stellen sind für uns natürlich interessant.

In der Korrespondenz zwischen Freud und Jung aus den Jahren zwischen 1906 und 1914 wird die Homosexualität zum Beispiel einige Male am Rande erwähnt. In dem Brief vom 20. Februar 1910 schreibt Jung an Freud:

«Ein Fall von Zwangsneurose ist mir abgefallen in der Kulmination des homosexuellen Widerstandes. Damit komme ich zu meiner eigentlichen Frage, nämlich: die Reihenfolge und der Wortlaut der Widerstände. ... Wie mir scheint, ist die Homosexualität eine der allerergiebigsten Widerstandsquellen zunächst bei Männern, bei Frauen die Perversitäten oder Variationen der Sexualität sensu proprio (Koitusvariationen etc.). Die Homosexualwiderstände der Männer sind z. T. einfach erstaunlich und lassen auf große Möglichkeiten schließen. Die moralische Erleichterung der Homosexualität wäre als antikonzeptionelles Mittel ganz gewaltig zu fördern. Das ist nämlich ein neues Steckenpferd, das jetzt durch die Kulturhistorie hindurchgeritten wird: die antikonzeptionellen Mittel der Völkergeschichte: Klöster, Selbstkastration (Kastrationssitten der Australneger). Die Homosexualität hätte den gewaltigen Vorteil, daß sehr viele minderwertige Männer, die vernünftigerweise auf der Homosexualstufe, und gerne, stehenblieben, jetzt in die Ehe gezwungen werden. Auch würde sich die Homosexualität für die großen Männerbetriebe (Geschäfte, Universitäten etc.) vorzüglich eignen. Ich glaube, wir verkennen uneinsichtigerweise die biologischen Verdienste, die sich die Homosexuellen durch ihre Verführungslust erwerben. Eigentlich verdienen sie etwas von der Heiligkeit der Mönche.
Ich weiß noch immer nicht, wann ich Militärdienst zu leisten habe, und bin daher gar nicht Herr meiner Zukunft» (Freud/Jung, S. 328 f.).

Da dieser Brief in überspitztem Ton abgefaßt ist und Jung Homosexualität als «eine der allerergiebigsten Widerstandsquellen» bei Männern bezeichnet und dann vorschlägt, homosexuelle Verführer mit der «Heiligkeit der Mönche» zu belohnen, ist es nicht gerade leicht, diesen Brief zu interpretieren. Freuds Antwort auf diesen Brief fehlt in der Korrespondenz, und dadurch wird es noch schwieriger zu beurteilen, ob Jungs Äußerungen hier ernst gemeint sind. Sicherlich liegt Humor, ob nun beabsichtigt oder nicht, in dem Ausdruck «die antikonzeptionellen Mittel der Völkergeschichte» und erst recht darin, daß Jung hier die Bemerkung macht, wie geeignet die Homosexualität für «die großen Männerbetriebe» sei, und direkt danach besorgt auf seine eigene bevorstehende Einberufung anspielt. Dennoch finden wir hier, trotz der offensichtlichen Übertreibung, auch uns schon vertraute Einstellungen Jungs wieder: Er tritt dafür ein, Homosexualität von ihrem Stigma zu befreien, er sieht die positiven und negativen Seiten der Homosexualität für das Individuum und die Gesellschaft, und er betrachtet auch hier die Homosexualität als unreif und minderwertig.

In dem Brief vom 12. September 1929 an Walter Robert Corti, einen jüngeren Erzieher aus der Schweiz, schreibt Jung, «die Jugend» experimentiere «wie junge Hunde»:

«Man wird experimentell leben ohne historische Voraussetzung. Das gibt Reaktionen im Unbewußten, Ratlosigkeit und Sehnsucht nach Erfüllung der Zeiten... Auf der Höhe der Verwirrung kommt neue Offenbarung... Dies geht nach psychologischen Regeln. Wyneken ist auch homo. (Prozeß!) Man kann der Jugend von heute keine Dummheiten verbieten, da sie dadurch die heilsame Konfusion steigert. Menschen wie Sie müssen das alles *anschauen* und darüber *denken* und dem Himmel, der tief in Ihnen wohnt, mitteilen und immer nach innen hören, ob ein Wort kommt. Dazu Ihr äußeres Leben richtig aufbauen, damit Ihre Stimme Gewicht bekommt» (Jung, Briefe I, S. 97).

Ohne Cortis Brief an Jung zu kennen, kann man kaum wissen, was Jung mit seiner Anspielung auf Gustav Wyneken, einen fortschrittlichen Erzieher aus Deutschland, der wegen seiner Homosexualität angeklagt und verurteilt wurde, gemeint hat. Das «auch homo» könnte sich eventuell darauf beziehen, daß Corti Jung Gefühle dieser Art offenbart hatte, oder er könnte es auch einfach so gemeint haben, daß die Homosexualität Wynekens nur ein weiteres Beispiel für die Experimentierfreude der Jugendlichen dieser Zeit ist. Durch den onkelhaften Ton in seinem Ratschlag und seine Aufgeschlossenheit gegenüber der «heilsamen Konfusion» zeigt Jung sich hier von einer persönlichen Seite.

Daß Homosexualität in diesem Zusammenhang erwähnt wird, könnte darauf hindeuten, daß Jung die größere Offenheit, mit der sich Menschen zu ihrer Homosexualität bekannten, als Zeichen dafür wertete, daß sich die Zeiten änderten und damit als Zeichen für eine bevorstehende «neue Offenbarung». Wie wir sehen werden, stellen sich jungianische Theoretiker dieselbe Frage und verstehen die größere Offenheit und Bereitschaft, sich auf homosexuelle Erfahrungen einzulassen, als Teil einer Tendenzwende, durch die patriarchale Muster in den Hintergrund treten und eher matriarchale Werte in das Leben und in die Kultur einbezogen werden.

Der nächste Brief, in dem Jung die Homosexualität erwähnt, wurde annähernd zwanzig Jahre später an R.J. Zwi Werblowsky geschrieben, den Autor von *Luzifer und Prometheus*, einem Buch, zu dem Jung das Vorwort verfaßt hat [vgl. GW 11, §§ 468–473]. In diesem Brief vom 28. März 1951 bezieht sich Jung auf seine ursprüngliche Rezension des Buches und setzt sich ausführlich mit der Homosexualität auseinander.

Jung widerspricht Werblowskys Definition der *Hybris* als einer «hypertrophy of masculinity» [engl. im Orig.] und bezweifelt auch Werblowskys These, daß Homosexualität bei den Griechen auf solch eine überentwickelte Männlichkeit zurückzuführen sei.

> «Es [die Homosexualität] ist vielmehr eine soziale Erscheinung, die sich überall da in Entfaltung befindet, wo es sich um die Zementierung einer primitiven Männergesellschaft handelt, als Vorstufe des Staates. Das ist besonders deutlich in Griechenland» (Jung, Briefe II, S. 221 f.).

Jungs Feststellung, daß Homosexualität bei den Griechen bewußten, politischen Zielen diente, ist ein weiteres Beispiel für seine Bereitschaft, sich mit dem Problem der Homosexualität nicht nur auf einer rein psychologischen Ebene zu befassen. Er fährt fort:

«Man kann auch den Homosexuellen nicht unbedingt eine Verachtung der Frauen nachsagen. Sie sind sehr oft deren gute Freunde, z. B. ist der homosexuelle Junggeselle ein gerngesehener Gast bei Frauen eines gewissen Alters, und er fühlt sich auch in dieser Gesellschaft wohl, da sie ihn mit Müttern umgibt. Die meisten Homosexuellen sind ja suspendierte oder potentielle Männer, die vorderhand noch an der Schürze der Mutter hängen» (S. 222).

Jungs etwas linkische Verteidigung der Homosexualität, mit der er gleichzeitig die Klischeevorstellung, Homosexuelle seien misogyn, angreift, während er trotzdem die «meisten» Homosexuellen als unvollständige Männer charakterisiert, zeigt, daß er sich kein klares Bild von diesem Problem machen konnte. Sogar wenn man innerhalb Jungs eigener Argumentation bleibt, könnte man sich fragen, welches Maß an Versuchung solche «suspendierten oder potentiellen Männer» den Frauen, von deren Bemutterung sie vermeintlich abhängig sind, entgegenbringen.

Aufschlußreicher ist, daß Jung die männliche Homosexualität als Problem mit dem Weiblichen darstellt. Er widerspricht Werblowskys Behauptung, daß der Kastrationskomplex ursprünglich mit Homosexualität verknüpft ist, und sieht vielmehr eine Verbindung zwischen dem Kastrationskomplex und Ritualen, wie der Beschneidung bei den Juden; diese Rituale stellen den Versuch dar, die *concupiscentia*, die menschliche Lust, durch symbolische Kastration im Zaum zu halten, damit die Menschen stärker von göttlicher Gewalt als von sterblichen Mächten abhängig sind. In dem Maße, in dem diese Rituale an Bedeutung verlieren, wird durch die symbolische Kastration nicht länger die religiöse Haltung einer Abhängigkeit von Gott gefördert, vielmehr «regrediert» die «andeutungsweise Kastration... zur Bedeutung einer Abhängigkeit von der Mutter» (S. 222).

«Es ist allerdings richtig, daß die Homosexualität hier indirekt hereinkommt, insofern sie das Resultat eines allmächtigen Mutterkomplexes darstellt. Der muttergebundene Sohn ist stets in Gefahr, wegen seiner ‹aloofness from women› [engl. im Orig.] Autoerotismus und eine gewisse Selbstüberschätzung zu entwickeln. Die für adoleszente Jünglinge charakteristische Überheblichkeit gegenüber dem weiblichen Geschlecht ist eine bloße Schutzmaßnahme gegen eine Unterlegenheit unter der Mutter und kann nicht wohl als Hybris gedeutet werden» (S. 222).

Ein ähnlicher Hinweis auf Griechenland findet sich noch in einem Brief von 1954 an eine junge Griechin, und in einem Brief an Hugo Charteris vom Januar 1960 spielt Jung flüchtig auf Platons Homosexualität an. Dieser Überblick über das, was Jung in seinen Briefen über Homosexualität gesagt hat, zeigt, daß er dort viel zwangloser formuliert, aber im wesentlichen dieselben Gedanken äußert wie in seinen zur Veröffentlichung bestimmten Schriften. Herausragende Bedeutung hat hier die Gleichsetzung von Homosexualität mit einem Mutterkomplex bei Individuen und mit matriarchalem Bewußtsein, was die Kultur betrifft. Zwar teilt Jung nicht bedenkenlos die empirisch ungesicherten Klischees und bewahrt sich einen einigermaßen aufgeschlossenen Blick für die Funktion der Homosexualität (ungeachtet der Hyperbel seines Briefes an Freud), aber er vertritt trotzdem die Ansicht, daß ein Homosexueller seine Persönlichkeitsentwicklung nicht abgeschlossen hat, wenn er auch sieht, daß Homosexualität durchaus auch positive Seiten hat.

Zuletzt möchte ich Jungs Autobiographie *Erinnerungen, Träume, Gedanken* untersuchen. Mehr ein Ergebnis der Zusammenarbeit zwischen Jung und seiner Sekretärin, Aniela Jaffé, als eine Autobiographie im konventionellen Sinn, ist dieses Erinnerungsbuch eine Chronik von Jungs Innenleben und war ein Vorhaben, an dem Jung erst allmählich und nach langem Sträuben Gefallen fand. Deshalb ist es vielleicht das persönlichste Dokument in unserer Untersuchung, und es soll am Schluß unseres Exkurses stehen, da Jung selbst nur wenige Tage vor seinem Tod im Juni 1961 die Überarbeitung des Textes beendete.

In *Erinnerungen, Träume, Gedanken* wird Homosexualität

zweimal erwähnt, und zwar in dem Kapitel «Reisen», in dem Jung seine Reisen in fremde Länder beschreibt; beide Male bezieht er sich auf die Zeit, die er in Afrika verbracht hat. Mit Interesse bemerkte Jung auf seiner Reise nach Nordafrika im Jahre 1920 einige homosexuelle Paare und schrieb:

> «Ich fühlte mich plötzlich in die griechische Antike zurückversetzt, wo diese Neigung den Zement der Männergesellschaft und der in ihr wurzelnden Polis bildete. ...
> Mein Dragoman bestätigte mir die durchgehende Häufigkeit und Selbstverständlichkeit der Homosexualität und unterbreitete mir sofort entsprechende Vorschläge. Der Gute konnte nicht ahnen, welche Gedanken mich wie ein Blitzlicht getroffen und meinen Standort erhellt hatten. Ich fühlte mich um viele Jahrhunderte zurückversetzt in eine unendlich naive Welt von Adoleszenten, die eben anfingen, sich mit Hilfe eines spärlichen Koranwissens dem Zustand der anfänglichen und seit Urzeiten bestehenden Dämmerung zu entziehen und der Existenz ihrer selbst ... bewußt zu werden» (Jung, Erinnerungen, S. 243).

So persönlich diese Beobachtung auch sein mag (obwohl Jung darauf verzichtet, die Gedanken, die ihn «wie ein Blitzlicht» trafen, als sein Führer ihm einen Antrag machte, näher auszuführen), unterscheidet sich seine Ansicht über Homosexualität, wie man sehen kann, nicht von der, die wir schon kennengelernt haben.

Das zweite Mal erwähnt Jung Homosexualität im Zusammenhang mit seiner ausgedehnten Reise durch Kenia und Uganda im Jahre 1925, und hier bewegen sich seine Überlegungen eher auf einer theoretischen Ebene.

> «Ich fragte mich, ob die Vermännlichung der weißen Frau nicht mit dem Verlust ihrer natürlichen Ganzheit (shamba, Kinder, Kleinvieh, eigenes Haus und Herdfeuer) zusammenhänge, nämlich als eine Kompensation für ihre Verarmung, und ob die Verweiblichung des weißen Mannes nicht eine weitere Folgeerscheinung darstelle. Die rationalsten Staaten verwischen den Unterschied der Geschlechter am allermeisten. Die Rolle, welche die Homosexualität in der moder-

nen Gesellschaft spielt, ist enorm. Sie ist teils Folge des Mutterkomplexes, teils natürliches Zweckphänomen (Verhinderung der Fortpflanzung!)» (S. 267).

Durch den nüchternen Ton dieses Abschnittes wird die Vermutung untermauert, daß Jungs Brief an Freud nicht vollkommen ironisch gemeint war und daß Jung der Homosexualität tatsächlich eine empfängnisverhütende Funktion in der Gesellschaft zuschrieb.

Im Gegensatz zu den Schriften, die in den *Gesammelten Werken* enthalten sind, zeigt sich in Jungs Briefen und in seiner Autobiographie sein persönlicher Versuch, sich mit der Homosexualität auf der Ebene einer Psychologie der Kulturen zu befassen. Er bringt hier seine Ideen darüber vor, welche Funktion Homosexualität für die Gesellschaft als Ganzes erfüllt, und konzentriert sich weniger auf die Rolle, die sie für das Individuum spielt. Darüber hinaus führt er aus, welche positiven und negativen Auswirkungen diese Funktionen auf Gesellschaft und Individuum haben können.

Es wäre eine grobe Übertreibung, wollte man behaupten, Jung habe auch nur ansatzweise eine Theorie zur Homosexualität entwickelt. Dennoch werfen die Bemerkungen, die Jung im Laufe seines Lebens zur Homosexualität gemacht hat, ein Licht auf die für ihn charakteristische Art und Weise, in der er sich mit dem Phänomen befaßte, und ebenso auf die charakteristischen Themen, die er mit der Homosexualität auf individueller und kollektiver Ebene verbunden sah. Im nächsten Kapitel werden Jungs Gedanken auf der Grundlage dessen, was wir bisher gelesen haben, geordnet. Wir werden sowohl seine Theorien als auch seine Haltungen zur Homosexualität untersuchen, die von seinen Nachfolgern auf manchmal überraschende Weise weiterentwickelt wurden und werden.

Jungs Einstellungen und Theorien zur Homosexualität

Wenn wir das, was Jung zur Homosexualität geschrieben hat, genau untersuchen, wie wir es im vorangegangenen Kapitel getan haben, scheint sich ein Widerspruch aufzutun. Zum einen liegt dieser Widerspruch darin, daß Jung, der sowieso nie ein großer Theoretiker war, auch kaum eine wichtige Theorie zur Homosexualität entwickelt hat. Bei dem, was Jung zur Homosexualität geschrieben hat, geht es jedoch nicht darum, eine wichtige Theorie zur Homosexualität kritisch zu begutachten, sondern vielmehr darum, zu untersuchen, inwiefern Jung ein *tertium non datur,* wie er es gerne nannte, liefern könnte, einen dritten Weg zwischen verhaltenspsychologischen und psychoanalytischen Theorien zur Homosexualität, und zwar im Zusammenhang mit der «heilsamen Konfusion» in bezug auf die Homosexualität, um seine eigenen Worte zu gebrauchen, von der der gegenwärtige historische Moment gekennzeichnet ist. So kommen wir zur anderen Seite des Widerspruchs. Obwohl Jung sich nur relativ selten und auch nicht sehr eingehend mit Homosexualität beschäftigt hat – wenn man bedenkt, wie viele tausend Seiten seine *Gesammelten Werke* umfassen –, wird in seinen Schriften ziemlich deutlich, daß er sich dem Phänomen der Homosexualität auf eine ihm typische Weise genähert und eine eigene Theorie dazu entwickelt hat. Kurz gesagt werden in meinem Überblick über Jungs Schriften zwei Dinge deutlich, nämlich einmal, daß er nicht sehr viel über Homosexualität gesagt hat, und zum anderen, daß er doch vieles gesagt hat, das von großem Nutzen ist, wenn man sich auf einer individuellen Ebene mit homosexuellen Männern und Frauen oder mit Homosexualität im allgemeinen beschäftigt.

Fünf Grundhaltungen Jungs zur Homosexualität

Es lag nie in Jungs Absicht, unumstößliche Theorien aufzustellen, und wir würden daher seinem Denken nicht gerecht werden, wenn wir uns ausschließlich mit dem beschäftigen würden, was er theoretisch über die Homosexualität geschrieben hat. Obwohl wir in den Schriften, die wir untersucht haben, jeden Ansatz zu einer Theorie beachten sollten, können wir zumindest für den Anfang das, was Jung wirklich gesagt hat, besser begreifen, wenn wir nicht seine theoretischen Überlegungen untersuchen, sondern vielmehr den Aspekt in seinen Schriften, der vielleicht deutlicher hervortritt: seine Haltung zur Homosexualität und zu homosexuellen Individuen. Es lassen sich zumindest fünf unterschiedliche Grundhaltungen Jungs zur Homosexualität ausmachen; einige sind ausdrücklich formuliert, andere sind in seinen Schriften zwar nur implizit enthalten, werden aber in den Arbeiten, die wir untersucht haben, ebenso deutlich. Seine unterschiedlichen Grundhaltungen haben zwar jeweils einen anderen Schwerpunkt, aber sie widersprechen sich nicht, und im Ganzen gesehen können uns vier dieser fünf Grundhaltungen ein gutes Stück weiterhelfen, wenn wir Homosexualität und schwule Individuen heute verstehen wollen.

Homosexualität und Strafrecht

Das erste, was in Jungs verschiedenen Schriften deutlich wird, ist, daß *Homosexualität* seiner Meinung nach *kein Belang der Gerichtsbarkeit sein darf*. Diese Grundhaltung stützt sich offensichtlich auf zwei Überlegungen: erstens, daß Homosexualität als solche nicht den «Wert eines Individuums als Mitglied der Gesellschaft» mindert, und zweitens, daß die Gesetze, die Homosexualität zu einer Straftat machen, nicht nur nutzlos und unmenschlich sind, sondern sogar Verbrechen, wie Erpressung, Vorschub leisten. Man kann Jung zwar nicht gerade als einen Verfechter sozialer Reformen bezeichnen, aber ebensowenig kann man leugnen, daß er eine grundsätzlich tolerante Haltung zur Homosexualität hatte.

Es mag auf den ersten Blick so aussehen, als stimme dies vollkommen mit einer politisch bewußteren Haltung im heutigen psychologischen Denken überein, zu der auch gehört, daß Homosexualität nicht mehr als Krankheit angesehen wird. Jungs Haltung liegen jedoch hauptsächlich utilitaristische Argumente zugrunde; er war nämlich davon überzeugt, daß diese Gesetze nicht durchsetzbar sind und nur dazu führen, daß illegale Handlungen zunehmen. Jung beruft sich hier nicht auf psychologische Theorien, sondern gebraucht den gesunden Menschenverstand. Genausowenig kann man davon ausgehen, daß Jungs Überzeugung, solche Gesetze seien Homosexuellen gegenüber unmenschlich, notwendigerweise darauf zurückzuführen ist, daß er aufgeklärte Ansichten über Homosexualität hatte.

Wie ich schon erwähnt habe, sahen sich Psychiater, wenn sie Homosexualität als Krankheit oder psychische Abweichung bezeichneten, als «Beschützer derjenigen, die von den Normen abweichen und unter gesellschaftlichem Druck und den traditionellen Zwängen sozialer Kontrolle leiden» (Bayer, S. 11). Zu einer Zeit, als die Religion noch einen größeren sozialen und politischen Einfluß hatte, entsprach es sogar dem Wunsch von Homosexuellen selbst, als «krank» eingestuft zu werden und sei es auch nur, um den strengen gesetzlichen Konsequenzen zu entgehen, die es hatte, wenn man als «kriminell» oder «moralisch verkommen» galt.

Wenn man berücksichtigt, zu welcher Zeit Jung geschrieben hat, und auch einige seiner Äußerungen wirklich ernst nimmt, dann kann man nicht davon ausgehen, daß er Homosexualität als nicht krankhaft ansah. Seine Auffassung, daß es sinnlos sei, Homosexuelle strafrechtlich zu verfolgen, stützt sich vielmehr auf die «therapeutische Vision» der Psychiater des frühen 20. Jahrhunderts, denen kaum objektive Daten über das wirkliche Leben von Schwulen und Lesbierinnen und keine stichhaltige politische Analyse der sozialen Rolle von Homosexuellen zur Verfügung standen. Sie konnten daher auch nicht einschätzen, welchen psychischen Schaden diese «positive» Sicht, Homosexualität sei eine Krankheit, hervorrufen konnte. Andererseits kann man auch nicht behaupten, Jung sei politisch naiv oder als Psychiater arrogant gewesen, den es gibt Anzeichen dafür, daß er sich des größeren Zusammenhangs psychischer Störungen in besonderem Maße bewußt war.

Homosexualität – eine historisch-kulturelle Erscheinung

Jungs Toleranz beruht offenbar weitgehend auf seiner zweiten Grundhaltung der Homosexualität gegenüber: *Homosexualität läßt sich am besten verstehen, wenn man sie in ihrem historischen und kulturellen Zusammenhang sieht.* Jung bezieht sich immer wieder auf das klassische Griechenland, in dem Homosexualität eine soziale und politische Funktion erfüllte, und zwar gleichgültig, ob er sich mit individuellen Fällen befaßte, wie im Fall des Jungen, der von der Quelle in Lourdes träumte, oder mit größeren theoretischen Fragestellungen, wie in *Über das Liebesproblem des Studenten* oder in seinem Brief an Werblowsky. Jung sieht Homosexualität nicht nur unter diesem historischen Blickwinkel, sondern stellt sie in einen weitergefaßten kulturellen Zusammenhang, in dem auch die zeitgenössische soziale Funktion der Homosexualität in die Untersuchung einbezogen werden muß, genauso wie alle anderen streng psychologischen Fragestellungen, die durch menschliches Verhalten aufgeworfen werden. Beispiele für diese gesellschaftliche Perspektive finden sich in *Die Frau in Europa,* seinem Brief an Freud und den beiden Anmerkungen zur Homosexualität in *Erinnerungen, Träume, Gedanken*.

Man muß sich auch hier davor hüten, Jung mit heutigen ideologischen Maßstäben zu messen, nur weil seine Ansichten heutigen Auffassungen scheinbar sehr nahe kommen. Tatsächlich ermöglichte es ihm sein historisch-gesellschaftlicher Ansatz, Homosexualität als psychologisches Phänomen umfassender zu sehen, aber das führte keineswegs dazu, daß Jung sich besonders für Homosexuelle eingesetzt hätte. Er setzte sogar im Gegenteil Homosexualität mit «primitiven», psychisch weniger bewußten Gesellschaften gleich, da er sich immer wieder auf die Homosexualität im antiken Griechenland bezog. Obwohl empfängnisverhütende Methoden in der Ethnologie ein «Steckenpferd» von Jung und Freud waren, hat Jung trotz seiner weitergefaßten kulturellen Perspektive Zweifel daran, daß das, was er die «Vermännlichung» der Frauen in der heutigen Gesellschaft nannte, Ausdruck einer positiven Entwicklung sei.

Was die positiven sozialen Funktionen der Homosexualität betrifft, wie homosexuelle Lehrer-Schüler-Beziehungen zwischen älteren und jüngeren Männern oder der offene und vertrauliche Austausch von Gedanken und Gefühlen zwischen «temperamentvollen, intellektuellen» Frauen, ist Jung offenbar pessimistisch und fragt sich, ob Homosexuelle überhaupt diese positiven Werte innerhalb der Gesellschaft bewahren können.

Es geht offensichtlich nicht darum, ob Jungs Vorstellungen dem Stand der aufgeklärten Schwulenbewegung entsprechen oder nicht. Obwohl Jung ideologische Beweggründe für seine Haltung gehabt haben wird, die bestenfalls unklar sind, ist sein Ansatz, Homosexualität in einen größeren historischen und kulturellen Zusammenhang zu stellen, äußerst hilfreich, wenn man sich mit Homosexualität auseinandersetzen will. Jung sah die Homosexualität nicht als eine Art Anomalie, die für unsere Zeit typisch ist. Seine kluge Feststellung, daß Homosexualität eine Spielart menschlicher Sexualität ist, die es zu allen Zeiten und in allen Kulturen gegeben hat, führt zu einem objektiveren und nicht nur rein individualistischen Verständnis homosexueller Menschen.

Homosexualität und vollständige Persönlichkeit

Jungs dritte Grundhaltung zur Homosexualität zeigt sich darin, daß er *die Homosexualität eines Menschen von anderen Aspekten seiner Persönlichkeit unterschied*. Dieser Ansatz tritt am deutlichsten in den Fallbeschreibungen zutage, in denen Jung nicht bei den homosexuellen Gefühlen und Verhaltensweisen des Patienten stehenbleibt, sondern sich auch anderen Aspekten der psychischen Entwicklung des Patienten zuwendet. Dieser Ansatz findet sich auch implizit in den Schriften Jungs, in denen er sich stärker theoretischen Fragestellungen widmet, so in dem Aufsatz *Die psychologischen Aspekte des Mutterarchetypus*. Hier vertritt Jung die Ansicht, daß ein Mutterkomplex, der zu Homosexualität führt, auch die Entfaltung anderer positiver und negativer Persönlichkeitsmerkmale fördern kann.

Diese Haltung wird von mehr als bloßer Güte oder Ablehnung getragen. Sie ist vielmehr Ausdruck davon, daß Jung streng empirisch arbeitete und sich einem Maximum an therapeutischer Objektivität verschrieben hatte; d. h., alle theoretischen Überlegungen müssen (soweit das bewußt möglich ist) so lange reine Vermutung bleiben, bis alle Fakten zusammengetragen und ausgewertet sind. Diese Haltung scheint auch zu einem Grundsatz in Beziehung zu stehen, der zwar weniger auffällig, aber nicht weniger wichtig ist und der für Jung und die Analytische Psychologie bezeichnend ist: der Grundsatz, die Gesamtpersönlichkeit eines Menschen höher zu bewerten als irgendeinen Einzelaspekt. Durch diese empirische Objektivität und dadurch, daß der Mensch grundsätzlich als Ganzes gesehen wird, wird der Homosexualität eines Menschen weniger Bedeutung beigemessen, und dadurch wird sie im richtigen Verhältnis zu anderen Aspekten im Leben eines Menschen gesehen.

In der Atmosphäre, die im frühen 20. Jahrhundert im klinischen und sozialen Bereich herrschte, zog Jung aus dieser Unterscheidung unschätzbaren Nutzen. Anstatt für alle anderen Aspekte eines homosexuellen Patienten blind zu sein, besaß Jung die Fähigkeit, die sozialen und klinischen Vorurteile seiner Zeit hinter sich zu lassen und ein echtes Verständnis für die gesamte Psychologie eines Menschen zu entwickeln. Seine Fallbeschreibungen von der Frau, die von dem Krebs träumte, und von dem Jungen, der von der Quelle träumte, zeigen, daß er sich eingehend mit den wesentlichen Persönlichkeitsanteilen dieser Individuen beschäftigt hat, die den Klinikern entgehen, die sich ausschließlich auf die Homosexualität konzentrieren.

Da heute im sozialen und klinischen Bereich in Frage gestellt wird, ob Homosexualität überhaupt krankhaft oder anormal ist, ist Jungs Unterscheidung zwischen der sexuellen Orientierung eines Menschen und anderen Aspekten seiner Persönlichkeit vielleicht nicht mehr notwendig und vielleicht auch nicht mehr sinnvoll. Wenn heute akzeptiert wird, daß Homosexualität lediglich eine Spielart der Sexualität unter vielen anderen ist, könnten politisch fortschrittliche Psychologen den Standpunkt vertreten, daß eine solche Unterscheidung einem Verständnis homosexueller Menschen letztlich im Wege steht; denn damit zerlegt man die Psyche dieser Individuen in Einzelteile, d. h., man bewertet gesondert erst ihre Homosexualität, dann ihre religiösen Überzeugungen und so weiter, als ob nicht jeder Aspekt mit allen anderen Aspekten in einer Wechselwirkung stünde. Eine solche Unterscheidung ist in einem Klima der Akzeptanz und wachsenden Neutralität gegenüber der Homosexualität überflüssig und irrelevant. Man könnte sogar der Meinung sein, daß man schon gefährlichen Boden betritt, wenn man überhaupt versucht, allgemeingültige Aussagen über die positive und negative Funktion der Homosexualität eines Menschen zu machen.

Eine solche Unterscheidung zwischen der sexuellen Orientierung eines Menschen und den anderen Aspekten seiner Persönlichkeit ist jedoch angebracht, wenn sie, wie bei Jung, eine bestimmte Funktion erfüllt, nämlich zu verhindern, daß man von vornherein davon ausgeht, die Homosexualität sei *das* zentrale Problem dieses Menschen. Diese Unterscheidung mag zwar zuweilen unnötig und irreführend sein, dennoch ermöglicht sie uns, wie auch schon Jung, den Stellenwert, den die sexuelle Orientierung im Leben eines jeden Menschen tatsächlich hat, richtig einzuschätzen. Offensichtlich ist die Homosexualität für einige Menschen ein zentraler Punkt in ihrem Leben, eine Art des In-der-Welt-Seins, ein ordnendes Prinzip. Für andere ist ihre Homosexualität ein Faktor, der nur am Rande Bedeutung hat, da andere Dinge eine wichtigere Rolle in ihrem Leben spielen. Es kann uns nur allen zugute kommen, wenn wir keine Vermutungen über die Homosexualität anstellen und sie statt dessen einfach als einen Aspekt unter vielen anderen in der Persönlichkeit eines Menschen sehen.

Homosexualität hat einen Sinn

Jungs vierte Grundhaltung zur Homosexualität, die sich aus seinen Schriften herauslesen läßt, ist bei weitem die wichtigste und sicherlich auch diejenige, die jungianischem Denken am meisten entspricht: *Homosexualität hat für jeden Homosexuellen eine ganz spezifische Bedeutung, und psychisches Wachstum besteht darin, diese Bedeutung zu erkennen.* Diese Haltung zeigt sich in der Fallbeschreibung des Jungen, der den Traum von der Quelle hatte, und auch in Jungs mehr theoretisch ausgerichtetem Aufsatz *Über das Liebesproblem des Studenten*. Auch diese Haltung scheint damit in Beziehung zu stehen, daß es Jungs Anliegen war, die Psychologie so wissenschaftlich, also so empirisch wie möglich zu machen. Dieses Ziel erforderte es, von unbewiesenen theoretischen Verallgemeinerungen abzusehen und sich mit allen zur Verfügung stehenden Fakten vertraut zu machen, bevor Urteile gefällt oder Theorien aufgestellt werden.

Die Frage nach der Bedeutung eines Phänomens kann als

typisch jungianisch bezeichnet werden, insofern dahinter die Annahme steht, daß die Psyche zweckgerichtet ist und daß alle Aspekte des psychischen Lebens eines Menschen – sogar diejenigen, die nach außen hin regressiv oder krankhaft erscheinen – letztlich dem psychischen Wachstum dienen. Offensichtlich kommt dieses Verständnis der Psyche in gewisser Weise eher einer philosophischen Betrachtung gleich als einer psychologischen Beobachtung, wenn Jung dies auch durch Forschungen über die Struktur und Dynamik des Unbewußten empirisch belegt hat. Gerade der moderne Wissenschaftsbegriff geht von einem rationalen Weltbild aus, und Jung blieb immer bei seinem Grundsatz, daß man scheinbar irrationale Phänomene nur verstehen kann, wenn man sich streng an rationale Methoden hält. In dieser Einstellung zur Homosexualität zeigt sich auch die Individualität, die für Jungs Psychologie charakteristisch ist, da immer die individuelle Seele im Mittelpunkt der psychologischen Arbeit steht. Für Jung als klinischen Psychologen war dieser individuelle Ansatz der einzig mögliche, und deshalb sah er sich selbst auch nie in erster Linie als Theoretiker.

Da Jung von diesen beiden Voraussetzungen ausging, konnte er auch sehen, daß es so viele unterschiedliche Arten von Homosexualität gibt, wie es unterschiedliche Individuen gibt, und daß in jeder Spielart der Homosexualität die Möglichkeit für positives Wachstum und gleichzeitig die Gefahr negativer Auswirkungen auf die Persönlichkeit liegt. Da Homosexualität für jedes Individuum eine eigene Bedeutung hat, muß man die Bedeutung der eigenen Homosexualität entschlüsseln und dann eine moralische Entscheidung darüber treffen, wie man dieser Bedeutung im Alltag Ausdruck verleihen kann.

Diese philosophische Haltung scheint schon fast zu rational, um glaubhaft zu sein, und tatsächlich hat Jung auch, obwohl er erkannt hat, daß Homosexualität positive Seiten haben kann, nur Fälle vorgestellt, in denen die Homosexualität aus einem mißverstandenen, aber ansonsten zweckmäßigen Bedürfnis entstanden ist oder eine rein regressive Bedeutung hat. Außerdem verzichtet Jung keineswegs darauf, theoretische Verallgemeinerungen in bezug auf die Bedeutung der Homosexualität vorzunehmen. Dies hat sich in dem Überblick über seine Schriften gezeigt, und wir werden dies auch im folgenden feststellen, wenn wir seine Theorien über die Homosexualität untersuchen.

Ob Jung seinen eigenen philosophischen Überzeugungen treu blieb oder nicht, ist nicht der Punkt, um den es jetzt geht. Jung ging, wie gesagt, davon aus, daß Homosexualität eine individuelle Bedeutung hat, und dies ist sicherlich seine entscheidendste Erkenntnis in bezug auf homosexuelle Patienten und Homosexualität im allgemeinen. Durch diese Erkenntnis können Schwule, ungeachtet der Leiden oder der Erfüllung, die sie durch ihre Homosexualität erfahren haben, in ihrer eigenen Geschichte einen Sinn, ein Ziel und eine Richtung finden. Diejenigen von uns, die Schwule persönlich oder beruflich kennen, können demnach davon ausgehen, daß deren Homosexualität nicht einfach ein kosmischer Unfall ist, sondern daß sie ganz genauso wichtig ist, wie die eigene sexuelle Orientierung. Den Homosexuellen selbst stellt sich damit auch eine sehr schwierige psychologische Aufgabe, die letztlich nicht einfach durch politische Aktionen oder soziale Agitation gelöst werden kann: Jeder einzelne Schwule und jede einzelne Lesbierin muß sich über den Grund und die Bedeutung der eigenen Homosexualität klarwerden. Homosexuelle werden auch dann noch vor dieser Aufgabe stehen, wenn man für AIDS ein Heilmittel gefunden haben wird, wenn Homosexualität in jedem Staat der USA legal sein wird und wenn soziale Vorurteile aus den Herzen und Gedanken der Menschen auf dieser Welt völlig verschwunden sein werden.

Dieser individuellen Bedeutung in unserem Leben Ausdruck zu verleihen, ist die geistige Aufgabe, die Jung zum Kernpunkt seiner Psychologie machte. Deshalb ist es wichtig herauszufinden, wie dieser Kernpunkt jungianischer Psychologie, diese auf Selbstverwirklichung gerichtete Haltung, auch in das Leben und die Liebe heutiger homosexueller Menschen Eingang finden könnte.

Jede dieser vier Grundhaltungen Jungs zur Homosexualität, nämlich soziale Toleranz, Betrachtung des Phänomens in seinem historischen und kulturellen Zusammenhang, die Unterscheidung zwischen der Homosexualität eines Patienten und anderen Aspekten seiner oder ihrer Persönlichkeit und insbesondere die Annahme, daß Homosexualität eine individuelle Bedeutung hat, hat vieles, was für sie spricht. Obwohl Jung sich anscheinend nur sehr wenig mit der Homosexualität beschäftigt hat, ist es erstaunlich, wie selten eine so vernünftige und nüchterne Haltung in der heutigen politischen Diskussion über die Homosexualität eingenommen wird, in der mitunter ein schriller Mißton vorherrscht, der zugleich abstoßend und unangebracht ist. Wir haben also viel gewonnen, wenn wir die Qualität über die Quantität stellen; um heutige Ansichten über die Homosexualität kritisch zu überprüfen, ist es viel wichtiger zu sehen, *was* Jung sagte, als zu sehen, *wieviel* er sagte.

Homosexualität und psychische Reife

Aber Jung hatte fünf Grundhaltungen zur Homosexualität und nicht nur vier. Seine fünfte Grundhaltung ist, daß *Homosexualität eine Folge psychischer Unreife und deshalb anormal und krankhaft ist.* Diese Haltung beruht anscheinend teilweise auf einem ganz bestimmten Verständnis, das viele Psychiater, wie schon erwähnt, von ihrer therapeutischen Aufgabe hatten. Ihre Maxime war: besser krank als kriminell, besser kindisch als krank. Doch die Ansicht, Homosexualität sei ein Zeichen psychischer Unreife, ist nicht nur auf ein fehlgeleitetes Verständnis von der therapeutisch sozialen Funktion der Psychiatrie zurückzuführen. Sie stützt sich auch auf die Voraussetzung, man könne den Grad psychischer Reife objektiv bestimmen, und, was das allerwichtigste ist, Heterosexualität sei Ausdruck dieser psychischen Reife.

In Anbetracht dessen, daß Freuds Theorie über die universellen psychosexuellen Entwicklungsstadien auf dem Hintergrund der westlich religiösen Ideologie, die der Heterosexualität den absoluten Vorrang einräumt, entstanden ist, ist es absurd, in dieser Theorie Freuds die einzige Grundlage für diese Einschätzung der Heterosexualität zu sehen. Zutreffender ist vielmehr, daß Freud, ohne es zu merken, Vorstellungen über die menschliche Sexualitätsentwicklung in psychologische Begriffe gefaßt hat, die nicht auf wissenschaftlichen Erkenntnissen beruhten, sondern auf religiösen Überzeugungen. Es war dann auch im wesentlichen die wissenschaftliche Auseinandersetzung mit den Begriffen Normalität und Reife, die dazu führte, daß Homosexualität in der psychologischen Theorie neu erfaßt werden mußte.

Kinseys bahnbrechende Untersuchung über die menschliche Sexualität, die von dem Institut für Sexualforschung, das er gegründet hatte, immer wieder neu aufgelegt wird, beweist, daß es in der menschlichen Sexualität unzählige Spielarten gibt, und zwar sowohl auf der psychologischen als auch auf der Verhaltensebene, und daß die genitale heterosexuelle Orientierung nur eine von diesen vielen Möglichkeiten ist.[4] Die Forschungen von Ford und Beach aus den 40er und 50er Jahren über das Verhalten von Tieren zeigten, daß es zwischen ausgewachsenen Affenmännchen zu homosexuellen Kontakten mit Anzeichen von Erregung und Befriedigung kam, und dies sogar in Gegenwart von verfügbaren Weibchen. Die zahlreichen Aufsätze von Evelyn Hooker und ihre Forschungsarbeit über Homosexuelle, die nicht in therapeutischer Behandlung waren, zeigen, daß Homosexuelle keineswegs immer verhaltensgestört sind, und werfen die Frage auf, ob Schwule und Lesbierinnen wirklich aufgrund ihrer Homosexualität krank werden oder, was viel wahrscheinlicher ist, aufgrund der schweren sozialen und moralischen Vorurteile, mit denen sie konfrontiert sind. Diese empirischen Untersuchungen und auch viele andere, die ich hier nicht anführe, führten dazu, daß der Normalitätsbegriff in der Psychoanalyse überdacht und neu gefaßt wurde; der bekannte Analytiker

Judd Marmor zum Beispiel war einer der ersten, der annahm, daß Heterosexualität eine kulturell festgelegte Norm und kein biologisch festgelegter Imperativ ist.

Das Ideal des genitalen heterosexuellen Verhaltens ist sicherlich für viele Psychiater und Psychologen noch immer Ziel ihrer Behandlung, vielleicht nicht mehr mit der Begründung, daß Heterosexualität biologisch festgelegt sei, wie man früher glaubte, sondern weil Heterosexualität eben immer noch die herrschende gesellschaftliche Norm ist und jede Abweichung von einer herrschenden gesellschaftlichen Norm immer ein Quentchen psychischen Leidens mit sich bringt. Diese Psychologen handeln in dem guten Glauben, es sei ihre Aufgabe, dieses Leiden zu vermindern und Homosexuellen zu helfen, sich den herrschenden sozialen Normen anzupassen. Da die empirische Forschung heute eine überwältigende Fülle an Material über das Leben und die Entwicklung von Homosexuellen hervorbringt, ist jedoch die These, Heterosexualität sei der Homosexualität überlegen, kaum noch aufrechtzuerhalten. Die Entscheidung der APA, jede Form der Homosexualität, also sogar auch die ungewollte, ich-dystone Homosexualität, von ihrer «Liste der Geisteskrankheiten» zu streichen, hat den Umdenkungsprozeß innerhalb der Psychologie, durch den die Ansicht revidiert wurde, nur Heterosexualität sei normal oder ein Zeichen der Reife, noch unterstützt.

Jungs Einstellung, Homosexualität sei ein Zeichen von psychischer Unreife oder von Infantilität, liegt eine Teleologie zugrunde, die besagt, menschliche Sexualität müsse immer zu genitaler Heterosexualität führen. Diese Auffassung stützt sich nicht auf exakte empirische Untersuchungen und entspricht auch nicht dem heutigen Erkenntnisstand, weil zunehmend deutlicher wird, daß menschliche Sexualität viele normale Spielarten hat. Zu Jungs Verteidigung muß man sagen, daß er im Laufe der Zeit ein sehr viel differenzierteres Verständnis von psychischer Reife entwickelte als das, das sich in den mechanistischen Auffassungen seiner frühen Schriften ausdrückte. In seinem späteren Verständnis der psychischen Entwicklung eines Menschen, bzw. des Individuationsprozesses, um seinen eigenen Begriff zu verwenden, ist die Überlegung, ob Homosexualität auch ein Ausdruck von Reife sein kann, an die Frage geknüpft, welche Beziehung ein Individuum zum persönlich und archetypisch Weiblichen hat. Obwohl Jung nie ein Beispiel von Homosexualität bei einem im hohen Maße individuierten Menschen gibt, muß seine Ansicht, Homosexualität sei an sich infantil, ernsthaft in Frage gestellt werden.

Ich habe diese letzte, höchst fragwürdige Haltung Jungs gegenüber der Homosexualität ans Ende meiner Erörterung gestellt, weil sie genau zu dem paßt, was man Jungs wichtigste Theorie zur Homosexualität nennen könnte. Seine Ansicht, Homosexualität sei ein Zeichen von Unreife oder Infantilität stützt sich auf ganz bestimmte theoretische Grundannahmen, die ich jetzt genau untersuchen und kritisch hinterfragen werde.

Drei Theorien Jungs
aus archetypischer Sicht

Bevor ich mich mit Jungs Theorien im einzelnen auseinandersetze, empfiehlt es sich, kurz auf die Rolle der Theorie in der psychologischen Forschung über Homosexualität einzugehen, weil die heutige Situation eine ganz andere ist als zu Jungs Zeiten. Wie ich schon erwähnt habe, ist es zum großen Teil der Schwulenbewegung und ihrer politischen und sozialen Analyse der Homosexualität in der modernen Gesellschaft anzurechnen, daß sich das klinische Denken über die Homosexualität im Vergleich zu der Zeit Jungs stark verändert hat. Anhand der umfangreicheren und empirisch fundierteren Forschung konnten fortschrittliche Psychologen und engagierte Vertreter der Schwulenbewegung zeigen, daß negative soziale Haltungen, ganz besonders der Haß und die Angst vor Homosexualität, also die Homophobie, häufiger die Ursache für psychische Krankheiten bei Schwulen sind als irgend etwas, das in der Homosexualität als solcher begründet wäre. Als der Homosexualität per se einmal das Stigma der Krankheit genommen worden war, stellten die Psychologen fest, daß die Suche nach einer Ursache für die Homosexualität, die bisher im Vordergrund gestanden hatte, irrelevant bzw. zweitrangig ist. Man sucht nur dann nach einer Ursache oder Ätiologie für Homosexualität, wenn es in erster Linie um Heilung und somit darum geht, eine Entwicklung wieder rückgängig zu machen, die als krankhaft angesehen wird.

Weil diese traditionelle Verbindung zwischen Ursache und Heilung aufgegeben und Homosexualität weitgehend depathologisiert wurde, steht die Ätiologie heute nicht mehr im Mittelpunkt der Forschung. Es geht vielmehr darum, das, was man die Phänomenologie der Homosexualität nennen könnte, zu erforschen. Einfacher gesagt: Wir interessieren uns heute weniger dafür, wie jemand schwul *wird,* als vielmehr dafür, wie Schwule als Individuen, als Paare oder Gruppen *sind.* Wenn man es als normal betrachtet, daß es in der Sexualität unterschiedliche Spielarten gibt, darunter zum Beispiel die Homosexualität, dann wird die Suche nach der Ursache bedeutungslos, und wir setzen unsere Energien sinnvoller ein, wenn wir uns mit dem wirklichen Leben von Schwulen und Lesbierinnen beschäftigen. So hat sich also der Schwerpunkt in den psychologischen Theorien über Homosexualität verlagert.

Wie in meinem Überblick über Jungs Schriften deutlich wurde, fühlte sich Jung kaum dazu berufen, ein Heilmittel für die Homosexualität zu finden. Wenn seine Anmerkungen zu diesem Thema überwiegend einen ätiologischen Anstrich haben, so hat man den Eindruck, daß dies eher an seiner wissenschaftlichen Neugierde lag als daran, daß er starr und fest von der unveränderbaren Krankhaftigkeit der Homosexualität überzeugt war. Aber auch dies kann man nicht mit Bestimmtheit sagen, denn in seinen theoretischen Überlegungen konzentrierte er sich vornehmlich darauf, eine mögliche Erklärung für die Ursachen der Homosexualität zu finden.

Jungs Ideen, so irrelevant seine ätiologischen Theorien auch sein mögen, haben die ganze nachfolgende Generation analytischer Psychologen beeinflußt. Da Jung aber nicht nur eine, sondern drei Theorien zur Homosexualität entwickelt hat, ist es besonders interessant, daß nur eine dieser drei Theorien entscheidend weiterentwickelt wurde, während die beiden anderen fast unbeachtet blieben. Es ist in jedem Fall aufschlußreich zu untersuchen, wo Jungs Theorien nützlich und schlüssig sind und wo sie Widersprüche aufweisen. Bei dieser Untersuchung geht es weniger darum, Jungs Theorien in den Himmel zu heben oder in Bausch und Bogen zu verwerfen, sondern vielmehr darum, von seiner Scharfsichtigkeit zu lernen und seine Fehler zu erkennen, damit wir sie selbst vermeiden können.

Homosexualität und die Beziehung zum Weiblichen

Die erste Theorie ist gleichzeitig diejenige, die in der Literatur am stärksten beachtet wurde, und sie besagt, daß *Homosexualität fast immer aus einer besonderen Beziehung zum Weiblichen entstehe.* In seinen frühen Schriften hatte Jung, bevor er seine stärker differenzierte, archetypisch ausgerichtete Theorie entwickelt hatte, die Beziehung der Homosexuellen zum Weiblichen, sowohl bei Männern als auch bei Frauen, vornehmlich mit einer ungelösten Abhängigkeit von der persönlichen Mutter erklärt. Jung erweiterte diese Theorie der Abhängigkeit von der persönlichen Mutter, als er den Begriff der Anima einführte. Im Licht dieser Entwicklung sah Jung dann, daß Homosexuelle anscheinend eine Identifikation mit dem gegengeschlechtlichen Teil ihrer Persönlichkeit ausagieren und ihre Persona auf Menschen gleichen Geschlechts projizieren, um dieser Projektion dann in dem Wunsch nach erotischen Beziehungen mit anderen Männern bzw. Frauen nachzujagen. In seiner historischen und kulturellen Perspektive stellt Jung diese Beziehung zum Weiblichen jedoch in einen größeren Zusammenhang, der über die Anima hinaus auch den Bereich des matriarchalen Bewußtseins umfaßt.

Diese Beziehung, die Jung und die Jungianer zwischen Homosexualität und dem Weiblichen sehen, stellt das einzige dar, was sich eventuell als jungianische Theorie zur Homosexualität bezeichnen ließe. Obwohl sich analytische Psychologen nach Jung nie vordringlich mit Homosexualität beschäftigt haben, erwähnen Jungianer und Jungianerinnen, wie wir im nächsten Kapitel sehen werden, Homosexualität, wenn überhaupt, dann fast immer nur im Zusammenhang mit ihrer Beziehung zum Weiblichen. Mit Sicherheit wollten weder Jung noch die Jungianer, deren Arbeiten wir im nächsten Kapitel untersuchen werden, in ihren Schriften eine Theorie der Homosexualität aufstellen und untermauern. Man muß ihre Ansichten deshalb im größeren Zusammenhang ihres Gesamtwerks sehen, um ihnen gerecht werden zu können; ihre Absicht muß respektiert, ihre Grenzen müssen erkannt und ihre Bemühungen verstanden und gewürdigt werden. Es muß also festgehalten werden, daß für Jung und die Jungianer eine Verbindung zwischen der Homosexualität und einem «Problem mit dem Weiblichen» im Vordergrund steht. Diese Ansicht bzw. jungianische Theorie über Homosexualität weist gravierende Schwächen auf.

Es ist zum einen deshalb problematisch, eine Verbindung zwischen Homosexualität und dem Weiblichen anzunehmen, weil die Homosexualität trotz aller positiven menschlichen Qualitäten, die sich aus einem Mutterkomplex ergeben, trotz Animaidentifikation und unbewußter matriarchaler Psychologie, psychologisch nur als Unreife charakterisiert werden kann, wenn sie auf solche Faktoren zurückgeführt wird. Psychische Eigenständigkeit heißt, der Welt der Mutter zu entwachsen und weder auf persönlicher noch auf kollektiver Ebene eine unlösbare Verbindung auszuagieren. Obwohl Jung und die Jungianer im Ansatz dazu neigen, eine solche Abhängigkeit nicht so streng zu beurteilen, ist die Ansicht, Homosexualität sei das Ergebnis eines Problems mit dem Weiblichen, im Grunde nur eine etwas nettere und subtilere Art, sie als Krankheit zu bezeichnen. Diese Verbindung zwischen der Homosexualität und dem Weiblichen bildet eindeutig die Grundlage für Jungs fünfte Grundhaltung, die wir untersucht haben, nämlich seine Ansicht, Homosexualität sei unreif bzw. infantil.

Zum anderen ist diese Ansicht problematisch, weil man sich natürlich fragen muß, wie sich weibliche Homosexualität erklären läßt, wenn man sie im Rahmen dieser Theorie, die Homosexualität an ein Problem mit dem Weiblichen knüpft, verstehen will. An einigen Stellen sieht Jung offenbar keinen Widerspruch darin, Homosexualität bei Frauen mit einem Mutterproblem gleichzusetzen. Bei den Fallbeispielen von der Frau, die von dem Krebs träumte, und dem jungen Mädchen, das sich sexuell zu seiner Lehrerin hingezogen fühlte, scheint das Mutterproblem, das hinter ihrer Homosexualität steht, in einer mangelhaften und unbefriedigenden Beziehung zu ihren Müttern zu liegen, die sie mit ihren homosexuellen Gefühlen und Beziehungen kompensierten. So gesehen läge bei Lesbierinnen der Mutterkomplex, auf dem ihre Homosexualität beruht, eher in einem Problem der Distanz zu ihrer Mutter als in einer Verstrickung mit ihr, was Jung offenbar bei homosexuellen Männern unterstellt.

Wenn die Homosexualität bei Männern häufig von einer Identifikation mit der Anima herrührt, der ein Mutterkomplex zugrunde liegt, könnte man erwarten, daß Jung die Homosexualität bei Frauen aus einer Identifikation mit dem Animus erklärt, die auf einem Vaterkomplex beruht. Seine Bemerkungen zur weiblichen Homosexualität in *Die Frau in Europa* und in seiner Autobiographie, die beide keine rein psychologischen Schriften sind, weisen darauf hin, daß Jung offenbar wirklich Befürchtungen hatte, die Vermännlichung der Frauen in der modernen Gesellschaft führe zu Homosexualität. Jung schreibt die Vermännlichung der Frauen allerdings nicht unbedingt irgendeinem individuellen Problem mit dem Männlichen zu, sondern führt sie in erster Linie auf sozio-ökonomische Faktoren zurück, die Frauen dazu zwingen, traditionell männliche Rollen im Arbeitsbereich zu übernehmen. Jung erklärt also die weibliche Homosexualität entweder genauso wie männliche Homosexualität, nämlich als eine gestörte Mutterbeziehung, oder, gesellschaftlich gesehen, als eine psychologische Reaktion auf die veränderten Geschlechterrollen. Diese Theorie über die weibliche Homosexualität ist bestenfalls verwirrend. Ist weibliche Homosexualität ein psychisches oder ein kulturelles Phänomen oder beides oder keines von beiden? Schlimmstenfalls widerspricht diese Theorie seiner eigenen Erklärung männlicher Homosexualität, die er ja als Ergebnis einer Identifikation mit der Anima sieht.

Man könnte die weibliche Homosexualität und die Probleme, die sie auf theoretischer Ebene für Jung aufwarf, einfach außer acht lassen, weil Jung schließlich nie den Anspruch hatte, eine Theorie der Homosexualität aufzustellen; und außerdem ist das, was die Psychologie zu den Erfahrungen von Frauen vorzuweisen hat, sowieso nie sehr eindrucksvoll gewesen. Aber auch wenn man männliche Homosexualität vom Weiblichen ausgehend erklärt, ergibt sich eine merkwürdige Situation. Das Verhalten von homosexuellen Männern wird als Ausdruck der inneren Weiblichkeit dieser Männer gesehen und als Ausdruck ihrer Suche nach der Mutter bzw. nach ihrer matriarchalen Psyche. Ein ausschließlich männliches Phänomen wird also mit ausschließlich weiblichen Kategorien erklärt.

Dies sind äußerst sonderbare und letztlich unhaltbare theoretische Überlegungen; hier kommen die verdeckte Geschlechterdefinition und die einseitige Ausrichtung auf Heterosexualität in Jungs Denken zum Vorschein. Problematisch an Jungs Überlegungen zu dieser Frage ist, daß er drei vollkommen unabhängige Variablen sexueller Identität durcheinanderbringt: Geschlecht, sexuelle Orientierung und Geschlechterrolle. Wenn diese drei völlig verschiedenen Merkmale unterschiedslos zusammengewürfelt werden, so ist die traditionelle Definition die Folge, wonach ein Mann ein anatomisch männliches Wesen und heterosexuell zu sein hat und den gesellschaftlichen Anforderungen an Männlichkeit entspricht. Wenn man diese drei Begriffe nicht sauber voneinander trennt, hat dies unweigerlich zur Folge, daß Homosexualität als eine grundlegende Fehlentwicklung im Individuationsprozeß eines Mannes angesehen wird, die ätiologischer Erklärung und psychischer Heilung bedarf: Per definitionem paßt die Homosexualität nicht zu einer Auffassung von Männlichkeit, die einseitig heterosexuell ausgerichtet sein soll. Die einzige Erklärung dafür, Homosexualität als anormal zu betrachten, liegt darin, daß sie den perversen psychischen Wunsch darstelle, eine Frau zu sein; denn die Frau ist natürlich auf ähnliche Weise als anatomisch weibliches Wesen definiert, das heterosexuell ist und den gesellschaftlichen Anforderungen an Weiblichkeit entspricht. Der letzte Teil dieser Definition der Frau liefert scheinbar die ätiologische Erklärung für männliche Homosexualität. Diejenigen, die sich sexuell von Männern angezogen fühlen, sind Frauen, oder, wenn sie keine Frauen sind, müssen sie den unbewußten Wunsch hegen, Frauen zu sein.

Wie wir bereits festgestellt haben, ist seit der Zeit Jungs das Bewußtsein für soziale Zusammenhänge gewachsen, und die politischen Analysen und Methoden der empirischen Forschung in den Sozialwissenschaften sind differenzierter geworden. Es konnte bewiesen werden, daß durch das anatomische Geschlecht weder die sexuelle Orientierung bestimmt wird (sonst gäbe es keine Homosexualität und keine Bisexualität) noch die Geschlechterrollen festgelegt werden. Diese sind im wesentlichen sozial bedingt und keine psychologischen Imperative. Sexuelle Orientierung ist ein Phänomen mit fließenden Grenzen – Kinseys Skala ist Beweis und Ergebnis dieser Erkenntnis –, und dementsprechend unterscheiden sich, im Gegensatz zur anatomischen Festlegung von Männlichkeit und Weiblichkeit, die Geschlechterrollen von Individuum zu Individuum, von Kultur zu Kultur.

Es geht hier nicht darum, ob einige Schwule möglicherweise ein Problem mit dem Weiblichen haben. Für manche trifft das zweifellos zu, genauso wie für viele heterosexuelle Männer; Jungs Äußerungen über die Ursprünge des Don Juanismus bei Heterosexuellen gehen ja auch in diese Richtung. Das eigentliche Problem liegt in der Frage, ob man männliche Homosexualität wirklich ausschließlich als Problem mit dem Weiblichen erklären kann. Kann man den Einfluß des Vaters und seiner Männlichkeit auf die psychische Entwicklung von Schwulen und Lesbierinnen außer acht lassen? Ist es denn wirklich so, daß dieser Einfluß nur negativ sein kann, d. h. von Abwesenheit und Enttäuschung geprägt ist? Ist es nicht auch durchaus vorstellbar, daß männliche Homosexualität das Ergebnis einer Identifikation mit dem Männlichen sein könnte und nicht einfach das Ergebnis einer Identifikation mit dem Weiblichen? Kann man die Männlichkeit mit allen ihren archetypischen Wurzeln ignorieren, wenn man das vielschichtige Phänomen der Homosexualität bei Männern und Frauen untersucht? Alle diese Fragen müssen eindeutig mit nein beantwortet werden.

Homosexualität und der Archetyp des Hermaphroditen

Jung und einige Jungianer haben unbewußt die soziokulturellen Geschlechterrollen auf an sich psychische Phänomene übertragen; wir würden also eine einseitige Theorie der Homosexualität übernehmen, wenn wir dies einfach hinnähmen und nicht nach Wegen suchten, die persönlichen und archetypischen Faktoren zu verstehen, die der menschlichen Sexualität eigen sind. Jungs Annahme, Homosexualität sei das Ergebnis einer besonderen, gestörten und unreifen Beziehung zum Weiblichen, ist nur ein Teilaspekt des Phänomens. Wie das bei Jung oft der Fall ist, dürfen wir diese Annahme nicht mit dem Phänomen als Ganzem oder dem jungianischen Denken überhaupt verwechseln.

Diese Theorie hat zwar für Jung und die Jungianer eine wichtige Rolle gespielt, ist aber nicht die einzige, die Jung vorgetragen hat. Seine zweite Theorie zur Homosexualität findet sich in seinen späteren Schriften, besonders im Zusammenhang mit seiner Erforschung der alchemistischen Bilderwelt. Nach Jung kann die *Homosexualität das Ergebnis einer unvollständigen Loslösung von dem ursprünglichen Archetyp des Hermaphroditen* sein, dem Stadium der Ungebrochenheit, in dem es keine Unterscheidungen gibt und das psychologisch und mythisch gesehen das erste ist.

Diese Theorie über Homosexualität, die weit weniger beachtet wurde als die erste und die in der Analytischen Psychologie fast überhaupt nicht weiterentwickelt wurde, ist weitaus vielversprechender. Jung sieht die Homosexualität zwar auch hier noch als Zeichen für eine unvollständige Entwicklung bzw. für Unreife, zieht aber die Möglichkeit in Betracht, daß Homosexualität eine Reaktion auf eine einseitige Sexualität sein könnte,

d. h. ein Weg, den Archetyp des Androgynen zu leben, der ein Symbol der Ganzheit und somit des Selbst ist. Diese Sichtweise ist ebenso vielversprechend wie das, was Jung in seiner Arbeit *Über den Archetypus mit besonderer Berücksichtigung des Animabegriffes* ausführt. Genauso wie Homosexualität eine gesunde Reaktion auf einseitige Sexualität sein kann, kann es eine gesunde Reaktion auf eine einseitige Sichtweise sein, wenn man Homosexualität als ein Phänomen versteht, das seine Wurzeln in der archetypischen und psychischen Androgynie hat, und sie nicht ausschließlich aus einer Verbindung mit dem Weiblichen erklärt. Angesichts der besonderen Bedeutung, die die Analytische Psychologie der *coniunctio* oder der Vereinigung der Gegensätze in der psychischen Entwicklung beimißt, ist es tatsächlich höchst bedeutsam, daß Jung die Möglichkeit einbezieht, Homosexualität könne eine Form der *coniunctio* sein.

Da Jung sich nur am Rande mit diesem Thema beschäftigt hat und seine Ansichten zu diesem Thema nie weiterentwickelt wurden, kann man sich darüber streiten, ob er Homosexualität und die dazugehörige Identifikation mit dem Hermaphroditen positiv oder negativ bewertete. Jung war sicherlich nicht der erste, der herausfand, daß Menschen im Grunde bisexuell sind, auch wenn er wahrscheinlich der erste war, der die archetypischen Wurzeln der menschlichen Sexualität so klar erkannt hat. Daraus kann man aber kaum schließen, daß Jung jede Form archetypischer Identifizierung als positiven Schritt in der psychischen Entwicklung eines Individuums gesehen hat. Schließlich kann eine Identifikation mit dem Androgynen psychologisch gesehen ebensogut regressiv wie progressiv sein. Vor der Welt ein androgynes Selbst zur Schau zu stellen kann ein Weg sein, in der ursprünglichen Symbiose Zuflucht zu suchen und sich gegen die schmerzliche Differenzierung von Gefühlen und Identität zu wehren, die für die Individuation erforderlich ist. Es kann aber auch ein sichtbarer Ausdruck für psychische und emotionale Integration sein, ein Beweis dafür, daß jemand tatsächlich zu einem wahren und stabilen inneren Selbst gefunden hat und somit die Fähigkeit hat, auf Männer oder Frauen auf allen Ebenen zu reagieren, sei es emotional, geistig oder sexuell, ohne die eigene Seele zu gefährden, Schaden an ihr zu nehmen oder sie zu verlieren. Aus diesen Gründen sind Jungs Ausführungen zur Rolle des Hermaphroditen in der Homosexualität die faszinierendsten und möglicherweise die revolutionärsten von allen seinen theoretischen Überlegungen zu diesem Thema.

Homosexualität – eine genetisch-körperliche Anlage?

Die dritte Theorie über Homosexualität, die Jung einleuchtend erschien, besagt, daß Homosexualität *körperlich bedingt* sein kann, das heißt, daß *sie durch genetische oder biologische Faktoren vorbestimmt ist*. Diese Theorie bildet ein Extrem innerhalb des Spektrums von Theorien, die sich mit dem Einfluß von Natur und Erziehung befassen. Sie wurde allerdings von den Jungianern nahezu ignoriert, da sie im Grunde genommen dem Ethos der klinischen Psychologie zuwiderläuft, das die Möglichkeit von Veränderung voraussetzt. In dem von Feindseligkeit und Unwissenheit geprägten Klima vor dem politischen Aufbruch der 60er Jahre wurde die Vorstellung, Homosexualität könne körperlich bedingt sein, von Homosexuellen begrüßt, weil sie sie vor der moralischen Verurteilung und strafrechtlichen Verfolgung schützte, der sie damals ausgesetzt waren, wenn sie für ihre Sexualität selbst verantwortlich gemacht wurden. Zu dieser Zeit stand die Frage der Ätiologie absolut im Vordergrund und ließ kaum Raum für andere Überlegungen. Aber mit dem Aufkommen der Schwulenbewegung wurde die Frage nach der Ursache für Homosexualität, d. h die Frage, ob sie nun genetisch oder durch andere Faktoren bedingt ist, zu einem weitgehend unerheblichen psychologischen Problem. Also mag Jung zwar mit dieser Ansicht, daß Homosexualität körperlich bedingt sein könnte, einen richtigen Beitrag zu einer Theorie über die Homosexualität geleistet haben, aber dies verhilft uns kaum zu neuen Erkenntnissen.

Der einzige transformative Kern in der Theorie der körperlich- und anlagebedingten Homosexualität ist der symbolische Aspekt dieser Feststellung: Die sexuelle Orientierung eines Menschen ist offenbar so tiefverwurzelt und unveränderbar, daß es den Anschein hat, sie sei biologisch vorbestimmt. Wenn Jung sich auf körperlich bedingte Homosexualität bezieht, scheint er intuitiv zu erfassen, wie tiefverwurzelt die sexuelle Orientierung eines Menschen offenbar ist, besonders dann, wenn er von der widersprüchlichen Beziehung zwischen männlicher Persönlichkeit und körperlich bedingter Homosexualität spricht. Die Metapher von der körperlich bedingten Homosexualität hat jedoch heute nur noch begrenzten Einfluß, weil es in der Psychologie weitgehend akzeptiert wird, daß die sexuelle Orientierung eines Menschen relativ unveränderbar ist.

Wie haben analytische Psychologen nach Jung seine Erkenntnisse genutzt? Was haben Jungianer von den Haltungen und Theorien, die wir uns angesehen haben, übernommen und welche Richtung schlagen sie in ihrem Denken ein, wenn sie mit Schwulen arbeiten oder wenn sie sich mit Homosexualität als einer überall verbreiteten Form menschlicher Beziehungen beschäftigen? Wie gehen Jungianer mit den vielen politischen, kulturellen, sozialen und religiösen Problemen um, die mit der Homosexualität verbunden sind, und inwieweit orientieren sie sich an Jung? Mit diesen Fragen werde ich mich im nächsten Kapitel beschäftigen.

Jungianer und Homosexualität

Bei der Untersuchung, was die Jungianer zur Homosexualität gesagt haben, sind wir mit einer ganz anderen Situation konfrontiert als bei der Untersuchung, wie sich Jung selbst in seinen *Gesammelten Werken* zu diesem Thema geäußert hat. Das Gute lag hier darin, daß es nur so wenige und kurze Textstellen zur Homosexualität gab und man dadurch seinen Gedanken ohne Schwierigkeit folgen konnte. Andererseits war es wegen der Kürze der Textstellen sehr viel schwieriger, das wenige, was Jung gesagt hat, wirklich in der Tiefe zu erfassen.

Jetzt, wo Jungs eigene Grundhaltungen und Theorien uns bekannt sind und wir untersuchen wollen, welche Grundhaltungen und Theorien die Jungianer zur Homosexualität hatten, befinden wir uns in der umgekehrten Situation. Wir sind hier mit dem konfrontiert, was man das Jungsche Erbe nennen könnte (wenn auch «Fluch» das bessere Wort wäre) – dem Fehlen einer theoretischen Linie. Da es Jung in keiner Weise darum ging, eine zusammenhängende Theorie über Homosexualität zu entwikkeln, er sich vielmehr, wie wir gesehen haben, mit sexueller Orientierung nur im Zusammenhang mit anderen Fragen, die ihn interessierten, beschäftigte, blieb den Jungianern nichts anderes übrig, als bei ihren eigenen Vorstellungen über Homosexualität viele, manchmal divergierende, theoretische Richtungen einzuschlagen. Diese Situation ist zwar typisch für jungianische Theoriebildung im allgemeinen – wo übergreifende oder umfassende theoretische Positionen zugunsten von weniger weitgefaßten und individuelleren Standpunkten vermieden werden –; es macht aber unsere Arbeit nicht gerade einfacher. Unglücklicherweise können wir auch nicht davon ausgehen, daß alles, was Jungianer zur Homosexualität gesagt haben, an einem Ort zu finden ist, wie dies bei Jung der Fall war. Wenn wir wissen wollen, wie Jungs Ideen und seine Haltung zur Homosexualität weiterentwickelt wurden, müssen wir an den verschiedensten Stellen suchen, in den großen jungianischen Zeitschriften, in Büchern über Themen, die manchmal nur am Rande mit Homosexualität zu tun haben, und in psychologischen Deutungen von Mythen, Märchen und Legenden, wo Beziehungen zum gleichen Geschlecht im Vordergrund stehen könnten. Während bei Jung das Problem darin liegt, wie wenig er über Homosexualität geschrieben hat, ist man bei den Jungianern mit einem ganz anderen Dilemma konfrontiert, wieviel nämlich an wieviel verschiedenen Orten von wieviel verschiedenen Standpunkten aus geschrieben worden ist. Wir müssen also zusammenfassen und kürzen und müssen sogar viele provokante und hochinteressante Thesen unberücksichtigt lassen, um uns nicht in der Flut von Literatur aus dem Bereich der Analytischen Psychologie zu verlieren.

Angesichts dieser Situation sollte man sich immer wieder vergegenwärtigen, daß sich die folgende Untersuchung unter zwei Aspekten am besten mit der Untersuchung eines lebenden Organismus unter einem Vergrößerungsglas vergleichen läßt. Erstens ist es immer möglich, den Untersuchungsgegenstand noch stärker zu vergrößern und dadurch noch mehr Material zu entdecken und miteinzubeziehen. Mit dem jetzt folgenden Überblick über die Literatur will ich keine minuziöse Untersuchung aller bekannten jungianischen Theorien zur Homosexualität vornehmen, sondern ich möchte darlegen, wie die bekanntesten Jungianer, in erster Linie im englischsprachigen Raum, die Theorien und Einstellungen weiterentwickelt haben, die Jung in seinen eigenen Schriften vertreten hat. Zweitens befindet man sich, wenn man einen Überblick über die Literatur zu einem Thema gibt, genau in der gleichen Situation wie bei der Untersuchung eines lebenden Organismus, der sich ständig verändert und sich in einem kontinuierlichen Prozeß der Höher- und Weiterentwicklung befindet. Diese Untersuchung der jungianischen

Ansichten über Homosexualität ist unglücklicherweise an die Dimension von Zeit und Raum gebunden und existiert nicht in der unsterblichen Sphäre des kollektiven Unbewußten. Also wird das, was heute der letzte Erkenntnisstand zur Homosexualität ist, genauso wie die vielen Ideen, die sich gerade erst bilden, und wie die vielversprechenden Strömungen in der Forschung und im Denken in den kommenden Jahren zweifelsohne weiterentwickelt und erweitert werden. Mit diesem Buch verfolge ich also die Absicht, einen Prüfstein oder Bezugspunkt für die spätere Forschung und Entwicklung im Bereich der Analytischen Psychologie zu schaffen. Ich möchte damit auch die kreative Theoriebildung über die gleichgeschlechtliche Liebe bei Männern oder Frauen, d. h. über ihre Geschichte und ihren Ursprung, ihre Bedeutung und ihren Zweck vorantreiben. Ein Überblick über Literatur, und dieser im besonderen, erfüllt nur dann seinen Zweck, wenn man sich darüber im klaren ist, daß er zwangsläufig verallgemeinernd ist und nach einer bestimmten Zeit überholt sein wird.

Jetzt aber zu der positiven Seite (die interessanterweise auch die Schwierigkeiten, auf die wir stoßen werden, beinhaltet): Analytische Psychologen haben unter unterschiedlichsten Gesichtspunkten sehr viel über Homosexualität geschrieben; manches davon ist sehr aufschlußreich, anderes weniger. Meine Untersuchung der verschiedenen Standpunkte soll zeigen, wie sich Jungianer dem Phänomen der homoerotischen Beziehungen und der Homosexualität nähern. Unter diesem Gesichtspunkt kann es sogar interessant sein, auf weniger aufschlußreiche Überlegungen einzugehen, weil so verdeutlicht werden kann, wie veraltete Begriffe, fehlerhafte Vorstellungen oder Voreingenommenheit bei der Theoriebildung das wahre Gesicht vom Leben und der Liebe schwuler Männer und lesbischer Frauen verdeckt haben. Das Material muß genau durchgesehen werden, damit wir das, was unser Verständnis der Homosexualität vertiefen kann, von dem trennen können, was uns nicht weiterbringt. Wie immer, wenn man Material sichtet, erfordert es viel

Feingefühl, die Spreu vom Weizen zu trennen, und dies trifft insbesondere bei einem Thema zu, das psychologisch, politisch, religiös, geistig, sozial und persönlich so überaus umstritten ist wie das unsere. Es geht bei dieser Untersuchung nicht in erster Linie darum, an den verschiedenen Ansätzen Kritik zu üben; ich möchte vielmehr das charakteristisch Jungianische in der Herangehensweise an gleichgeschlechtliche Liebe ausmachen und untersuchen, wo Jungianer heutige Standpunkte dadurch in Frage stellen, daß sie in ihren Überlegungen über das rein persönliche Verhältnis eines Mannes zu einem Mann oder einer Frau zu einer Frau hinausgehen und versuchen, die archetypischen und transpersonalen Muster zu erkennen, die wir in unserer Leidenschaft für und unserer Hingabe an gleichgeschlechtliche Partner ausdrücken.

Verschiedene Vorgehensweisen bieten sich an, aber vielleicht ist es am sinnvollsten, chronologisch vorzugehen. Daher werde ich mit der ersten Generation jungianischer Analytiker und ihren Gedanken zur Homosexualität beginnen, im zweiten Teil dieses Kapitels dann einen Überblick über die ständig wachsende Literatur geben, die von der zweiten Generation von Analytikern, die mit Jungs Arbeit vertraut sind, zum Thema Sexualität und zwischenmenschliche Beziehungen veröffentlicht wird. Die Aufteilung der Jungianer in zwei Generationen ist natürlich genauso künstlich wie jede andere Vorgehensweise (zum Beispiel die Ordnung nach jungianischen Schulen oder verschiedenen theoretischen Ansätzen zur Homosexualität); denn viele der Analytiker, die Jung noch persönlich gekannt haben, leben und publizieren heute noch. Man kann eigentlich keine echte Trennlinie zwischen den Generationen ziehen. Wie wir sehen werden, orientieren sich die Analytiker, die Jung persönlich gekannt haben oder zu seiner Zeit beruflich tätig waren, häufig ziemlich eng an Jungs Vorstellungen, während die heutigen Analytiker (deren Ansichten ich im nächsten Kapitel untersuchen werde) viele unterschiedliche Theorien über Sexualität und insbesondere über Homosexualität vertreten. Die Gründe für diese unterschiedliche Herangehensweise liegen auf der Hand. Die meisten der Analytiker, die Jung kannten und bei ihm studiert haben, waren Europäer, die im frühen 20. Jahrhundert gelebt haben; viele der heutigen Analytiker, die ihr Interesse Fragen der Sexualität und jungianischer Psychologie zuwenden, sind Nordamerikaner, die die enormen sozialen Veränderungen der 60er und 70er Jahre erlebt haben und mitverfolgen konnten, wie die Bürgerrechtsbewegung, der Feminismus und die Schwulenbewegung unauslöschliche Spuren im psychologischen Denken hinterlassen haben. Trotzdem sollte man nicht allzu strikt zwischen Analytikern der ersten Generation und der heutigen Zeit trennen, denn ich nehme diese Trennung hauptsächlich aus Gründen der Übersichtlichkeit vor, und individuelle Ausnahmen gibt es zuhauf.

Wenn man sich einer Flut von solch hochinteressanten Theorien gegenüber sieht, kommt man einfach nicht umhin, eine gewisse Auswahl zu treffen und dadurch andere, nicht minder interessante Ansätze zu übergehen. Dies mag dann allerdings den Beigeschmack des Reduktionismus haben, gegen den Jung sich so entschieden gestellt hat. Also werde ich neben der Auswahl, die ich treffe, auch hin und wieder versuchen, Theorien zueinander in Beziehung zu setzen, um zu sehen, wie bestimmte Ansichten über Homosexualität durch andere Denkweisen abgerundet werden können, und um herauszufinden, wie die vielen vorläufigen Beobachtungen über das Leben schwuler Männer und lesbischer Frauen durch jungianische Analytiker vollständiger entwickelt werden können und wie die Vorstellungen Jungs, die ein tieferes Verständnis ermöglichen, mit späteren jungianischen Ansichten über Homosexualität zusammengebracht werden können.

Homosexualität und das archetypisch Weibliche im Denken der sogenannten ersten Generation

Erich Neumann

Unter den vielen Schülern Jungs nimmt Erich Neumann einen bedeutenden Platz ein, nicht nur wegen seiner langjährigen Verbindung mit Jung selbst, sondern auch, weil er in seinen Schriften wichtige theoretische Erläuterungen zu Jungs Ideen gibt. In der Literatur der Analytischen Psychologie nimmt Neumanns Werk eine zentrale Stellung ein, weil es von breitem Wissen und tiefen Einsichten zeugt. Neben *Die Große Mutter*, einem Werk, das in seiner Ideenbreite nur als monumental bezeichnet werden kann, ist *Die Ursprungsgeschichte des Bewußtseins* Neumanns bleibendster Beitrag zum jungianischen Denken, und es ist daher interessant festzustellen, daß Homosexualität in dieser Arbeit einmal in einer Fußnote erwähnt wird.

Neumann geht es in diesem Buch darum, die Stadien in der Entwicklung des menschlichen Bewußtseins aus dem Unbewußten zu verfolgen. Dieser Prozeß wird bildlich und mythologisch durch das Entstehen des Ichs aus dem, was Neumann den «Uroboros» nennt, dargestellt. Es ist dies ein ursprünglicher Zustand des Enthaltenseins des Ichs im Unbewußten, was symbolisch durch das Bild der Kreisschlange ausgedrückt wird, die sich in ihren eigenen Schwanz beißt.

Neumann vertritt in dieser Arbeit die These – die sich auf Schöpfungsmythen aus der ganzen Welt gründet und durch seine Erfahrung als Analytiker gestützt wird –, daß das Ich in der Phase, in der das Ichbewußtsein sich vom uroborischen Unbewußten ablöst, diese ursprüngliche Unbewußtheit als lebensspendenden Ursprung seiner Existenz und zugleich als alles verschlingende Bedrohung seiner neu gewonnenen Autonomie zu erleben beginnt. Das entstehende Ichbewußtsein erlebt das Unbewußte ambivalent, was, wie Neumann feststellt, häufig in der ambivalenten Figur der Großen Mutter seinen bildlichen Ausdruck findet, die, da sie die Spenderin allen Lebens ist, auch Leben und Tod, Existenz und Nicht-Existenz in ihren machtvollen Händen hält. Neumann sagt, daß das individuelle Ichbewußtsein daher auf mythologischer Ebene die Dominanz der Großen Mutter abschütteln muß, um wirkliche Autonomie erlangen zu können. Er beschreibt zwei aufeinanderfolgende Stadien, in denen dieser Prozeß stattfindet: erstens das, was Neumann «die Trennung der Welteltern» nennt, in der die Gegensätze von Männlichkeit und Weiblichkeit aus der Matrix der uroborischen Einheit entstehen, und zweitens der «Heldenmythos», in dem sich das Ich mit dem Prinzip des männlichen Helden verbindet, um sich von der Herrschaft des Matriarchats zu befreien.

Auch wenn ich Neumanns detaillierte und überzeugende Arbeit hier vielleicht allzu vereinfacht darstelle, ist es wichtig festzuhalten, daß Neumann die Geburt des Helden innerhalb eines ganz besonderen Kontexts beschreibt, in dem die Große Mutter die Macht hat und aus dem sich das Männliche durch harte Kämpfe und Mühen befreien muß. So schreibt Neumann:

«Männerbünde, männliche Geheimbünde und Freundschaftsbeziehungen in diesen sind ursprünglich den matriarchalen Zuständen nebengeordnet. Sie sind die natürliche Ergänzung zum weiblichen Übergewicht des Matriarchats.» In einer Fußnote merkt er an: «So finden wir heute noch fast regelmäßig bei der männlichen Homosexualität im Unbewußten ein Übergewicht der Großen Mutter und eine matriarchale Psychologie» (Neumann, Ursprungsgeschichte, S. 119).

Diese insgesamt eher unbedeutende Bemerkung über Homosexualität ist an und für sich von geringem theoretischem Interesse. Was Neumann hier über die innerpsychische Situation der meisten homosexuellen Männer aussagt, weist sehr starke Ähnlichkeiten zumindest mit einer von Jungs Theorien über Homosexualität auf. Anscheinend teilt er hier also auch unausgesprochen eine von Jungs Grundhaltungen: Homosexualität als Ergebnis einer Identifikation mit dem archetyisch Weiblichen bedeutet, daß in der psychologischen Entwicklung etwas fehlt, und sie kann damit als unreif betrachtet werden. Diese Fußnote liefert also keine neue Erkenntnis, und dies war auch nicht beabsichtigt.

Was hier aber deutlich wird, ist, daß die Gefahr besteht, eine einzelne Fußnote allzu ernst zu nehmen, ohne alles, was Jung zum Thema der Homosexualität geschrieben hat, zu kennen. Ohne Kenntnis aller Ausführungen Jungs zur Homosexualität wüßte man nicht, daß diese Fußnote von Neumann nur eine von Jungs Theorien (nämlich Homosexualität als das Problem einer unbewußten Identifikation mit dem Weiblichen) und nur eine seiner Grundhaltungen (nämlich Homosexualität als entwicklungsmäßige Unreife) wiedergibt. Wenn man Jung nicht vollständig zu diesem Thema gelesen hat, kann man auch nicht wissen, daß er eigentlich positivere und potentiell fruchtbarere Vorstellungen über die Bedeutung der Homosexualität im Leben eines Individuums hatte. Es ist gefährlich, sich auf eine einzelne Fußnote, einen einzelnen Autor oder sogar einen einzelnen Abschnitt in der Literatur der Analytischen Psychologie zu beziehen; und wie wir bald sehen werden, haben sogar die engsten Mitarbeiter Jungs ein ganzes Kaleidoskop unterschiedlicher Ansichten vertreten.

Jolande Jacobi

Jungs langjährige Mitarbeiterin Jolande Jacobi schreibt in ihrem Buch *Weg zur Individuation* folgendes:

«Der Einfluß der zu geistiger Eigenständigkeit und Unabhängigkeit gereiften Frau, die damit zu einer stark dominierenden weiblichen Macht wurde und die väterliche Autorität oft in den Hintergrund drängte, kann sich auf das Kind, vor allem auf den Knaben, als gewaltige Belastung auswirken. Mann kennt zahlreiche Fälle, wo dieser Einfluß ihn unbewußt und ungewollt an der Entfaltung seines männlichen Ich zu freier Selbstverantwortung gehindert hat. Es kann dazu kommen, daß der Mann auf der Stufe des Pubertierenden fixiert wird, nicht selten zu Homoerotik neigt und – häufig zeitlebens – ein puer aeternus, d. h. ein ewiger Jüngling, ein infantiler Erwachsener bleibt» (Jacobi, Weg, S. 39).

Sie schließt sich offenbar Jungs Auffassung an, nach der eine unangemessene männliche oder weibliche Persona eine Dynamik von Schattenprojektionen hervorrufen kann, wenn sie dann schreibt:

«Im Traum können die Schattenzüge personifiziert auftreten. Auch erscheinen sie oft in der Projektion, z. B. als Eigenschaften äußerer Objekte und Menschen, zu denen eine entsprechend positive oder negative Bindung besteht. Am häufigsten werden sie auf Personen des gleichen Geschlechts projiziert, wie es z. B. bei Geschwistern, bei Freundespaaren (besonders augenfällig auch in homoerotischen Beziehungen) beobachtet werden kann» (S. 50).

Bei ihrer Erläuterung des Jungschen Symbolbegriffs in ihrem Buch *Komplex Archetypus Symbol in der Psychologie C. G. Jungs* stellt Jolande Jacobi Homosexualität erneut als ein Problem dar, das von inadäquater Männlichkeit bzw. Weiblichkeit herrührt:

«Oder ziehen wir ein anderes, heute besonders brennendes Problem, die Homosexualität, als Beispiel heran. Wird sie nicht konkret, sondern symbolisch aufgefaßt, dann läßt sich in ihr das Suchen nach Vereinigung mit einem gleichgeschlechtlichen Wesen, d. h. eigentlich mit der eigenen zu wenig oder gar nicht gelebten, verdrängten psychischen Seite erkennen. Denn erst durch diesen ‹Zuwachs› an Gleichgeschlechtlichem gestärkt, fühlt sich ein solcher Mensch in seinem Geschlecht (ob männlich oder weiblich) sicher genug, um an das

Gegengeschlecht herantreten zu können. Sein Verlangen nach einer homosexuellen Beziehung ist also gerechtfertigt, aber aus Mißverständnis anstatt auf der psychologisch-symbolischen auf der biologisch-sexuellen Ebene ersehnt. Indem nämlich diese Sehnsucht auf einen anderen Menschen projiziert wird und als homosexueller Trieb erscheint und gelebt wird, wird sie in ihrem tieferen Sinn mißverstanden. Sie vermag dann nie zu einer wirklichen Erfüllung zu kommen und kann nie, wie das symbolische Verstehen es erlaubt, zu einer inneren Verarbeitung und Auflösung des Konflikts führen» (Jacobi, Komplex, S. 107).

Es hat also den Anschein, als führe Jacobi hier einfach einen Gedanken zu Ende, der schon in Neumanns Fußnote angeklungen war: Homosexualität als ein Problem, nämlich als fehlgeleiteter Versuch, echte Männlichkeit bzw. Weiblichkeit zu entwickeln, was durch die Dominanz des Matriarchalen mißglückt, also als ein Fall von Schattenprojektion und eine Form unerwünschten Ausagierens. Diese theoretischen Überlegungen finden sich, wie wir wissen, schon bei Jung und zählen in der Tat nicht zum Positivsten, was er über dieses Phänomen gedacht hat. Schon im nächsten Satz schreibt Jolande Jacobi:

«Neben dem geringen Prozentsatz von Individuen, deren Homosexualität eindeutig körperlich bedingt ist, gibt es zweifelsohne gewisse Typen, deren homosexuelle Struktur psychisch schon angelegt ist, wenn sie geboren werden, und die deswegen durch keine Form der Behandlung, ob nun psychotherapeutisch oder anders, geheilt werden können.» (Jacobi, Complex, S. 92 f.[5]).

Diese kurzen Auszüge aus Jacobis Arbeiten sind besonders interessant, da Jacobi einen der wenigen Beiträge aus jungianischer Sicht geschrieben hat, in denen es ausdrücklich um Homosexualität geht, nämlich den Aufsatz *Selbstbegegnung in der Homosexualität*, der in dem Buch *Vom Bilderreich der Seele* veröffentlicht wurde. Auch wenn diese Arbeit bei weitem nicht so oft zitiert wird wie einige andere Beiträge zur Homosexualität, die in jungianischen Zeitschriften veröffentlicht wurden (insbesondere ein Aufsatz von John Layard, auf den ich später eingehen werde), ist sie aus verschiedenen Gründen bemerkenswert. Erstens steht Homosexualität hier im Mittelpunkt der Untersuchung, und das war bisher weder bei Jung noch in der jungianischen Literatur der Fall. Zweitens wird Homosexualität hier sowohl unter theoretischen als auch unter klinischen Gesichtspunkten anhand einer genauen Fallstudie untersucht, in der die Behandlung eines jungen, schwulen Mannes über den Zeitraum von einigen Jahren beschrieben wird. Insofern vermittelt diese Arbeit einen genauen Eindruck davon, wie eine weltbekannte jungianische Analytikerin mit einem homosexuellen Patienten über lange Zeit gearbeitet hat. Drittens, und dies ist, wenn man bedenkt, zu welcher Zeit diese Arbeit veröffentlicht wurde, vielleicht am interessantesten, spiegelt sich in der Zuwendung und dem Verständnis, das Jolande Jacobi ihrem Analysanden entgegenbrachte, und in ihren theoretischen Überlegungen zur Homosexualität das wider, was so einzigartig und eindrucksvoll in Jungs eigener klinischer und theoretischer Herangehensweise ist.

Jacobi schließt sich Jung in vielen Punkten an. Im ersten Absatz ihrer Fallstudie wiederholt sie Jungs Vermutung, Homosexualität sei «ein Versuch der Natur zur Regulierung des Geburtenüberschusses» (Jacobi, Selbstbegegnung, S. 151). Wie Jung geht sie kurz auf Homosexualität im alten Ägypten, auf Kreta, in Griechenland, in Rom und im christlichen Mittelalter ein, stellt das Phänomen also in einen geschichtlich-kulturellen Zusammenhang, was ja auch für Jung selbst so kennzeichnend ist. Sie geht in dieser Beziehung jedoch weiter als Jung. Als sie diese Arbeit schrieb, standen ihr schon einige der empirischen Untersuchungen zum menschlichen Sexualverhalten zur Verfügung, durch die die alten Vorstellungen über Sexualität und Homosexualität erschüttert worden waren. Jacobi ist im besonderen vertraut mit der Untersuchung von Ford und Beach über sexuelle Verhaltensmuster, mit der englischen Übersetzung von Magnus Hirschfelds Arbeit über «Geschlechtsanomalien und Perversionen» (die veraltete Sprache täuscht etwas über Hirschfelds recht vorurteilsfreie Herangehensweise an Homosexualität und andere Spielarten der Sexualität hinweg) und außerdem mit dem berühmten Kinsey-Report *Das sexuelle Verhalten des Mannes*. Aus dem Kinsey-Report zitiert sie die statistischen Angaben, daß «37% aller Männer in den USA irgendwann homosexuelle Erfahrungen hatten» und daß «bei den meisten Jugendlichen im Pubertätsalter (60 Prozent nach Kinsey) die Homosexualität weit verbreitet ist, doch zumeist mit dem Reifwerden des Menschen vergeht». Auf der Grundlage dieser Untersuchung widerspricht sie dem weitverbreiteten Vorurteil, Homosexualität entstehe durch Verführung in der Pubertät:

> «Meiner Ansicht nach – und viele Autoren bestätigen sie –, haben sogenannte ‹Verführungen›, denen Jugendliche ausgesetzt sind, nur dann einen dauernden Effekt, wenn der Junge schon von sich aus homosexuell veranlagt war» (Jacobi, Selbstbegegnung, S. 153).

Auch hier fühlen wir uns wieder an Jung erinnert, denn auch Jacobi teilt die Ansicht, Homosexualität könne anlagebedingt sein, und auch sie betrachtet das Phänomen, ohne vorschnelle Urteile zu fällen.

Wenn man das, was Jolande Jacobi geschrieben hat, als ein Beispiel dafür nimmt, was analytische Psychologen nach Jung über Homosexualität gedacht haben, ist wirklich viel Positives hervorzuheben. Sie hat sowohl die heutige empirische Forschung in ihrer Arbeit berücksichtigt als auch einige von Jungs positiveren Ansichten und Theorien aufgegriffen, wie zum Beispiel die, daß Homosexualität potentiell eine nützlich biologische Funktion erfüllt, daß es zu allen Zeiten homosexuelle Beziehungen gegeben hat und daß die Homosexualität bei manchen Individuen von ganz grundlegender Natur ist.

Es sollte allerdings auf gar keinen Fall der Eindruck entstehen, Jolande Jacobi sei eine Fürsprecherin der Schwulenbewegung. In dem Teil der Arbeit, der auf die Einleitung folgt, setzt sie ein Gegengewicht zu ihrer anfänglich recht positiven Auffassung; sie beschäftigt sich dort mit den «Ursachen» der Homosexualität und stellt dabei hauptsächlich Erklärungen in den Mittelpunkt, die nur als negativ bezeichnet werden können. Wie wir gesehen haben, sind ätiologische Theorien zwangsläufig negativ gefärbt, weil sie an die medizinische Methode anknüpfen, eine Krankheit durch Feststellung ihrer Ursache zu heilen. Obwohl Jacobi offensichtlich durchaus wohlwollend war, liest sich ihr Überblick über die ätiologischen Theorien ihrer Zeit wie eine Auflistung psychischer Krankheiten. Zu den Faktoren, die ihrer Erfahrung nach «entscheidend» zur Homosexualität «beitragen», zählt Jacobi psychisch belastete Familien, gestörte Beziehungen zu den Eltern (vor allem relativ starke Mütter und das Fehlen des Vaters oder ein streng ablehnender Vater), Angst vor Frauen oder Sexualität, etwas, das sie eine «allgemeine Angst vor dem Leben zumeist bei noch infantilen Erwachsenen» nennt, und schließlich das Fehlen von «weiblicher Gesellschaft», wie etwa im Gefängnis oder beim Militär. Sie erwähnt dann zunächst Freuds psychoanalytisches Verständnis der Homosexualität, demzufolge Homosexualität eine neurotische Störung ist, eine Beziehung zur Paranoia aufweist und Homosexuelle unter komplexen Ichstörungen leiden. Dann geht sie auf Medard Boss' existentielle Sichtweise ein, die besagt, daß Homosexualität eine «Verengung des ganzen menschlichen Daseins» und das Ergebnis eines schwachen Ichs ist.

Sie zitiert eine persönliche Mitteilung Jungs folgenden Inhalts:

«Nach ihm geht es um ein Schattenproblem, das heißt um ein verdrängtes, ein unterentwickeltes Stück Männlichkeit im Manne und Weiblichkeit bei der Frau, die irrtümlich, anstatt aus der eigenen Seelentiefe psychologisch herausentwickelt zu werden, auf der biologischen Ebene durch ‹Fusion› mit einem anderen Mann beziehungsweise einer anderen Frau gesucht wird. Dies geschieht entweder durch Identifikation mit der Mutter, um vom Vater geliebt zu werden, oder durch Suche nach einer Fusion beziehungsweise Identifikation mit dem Vater, um als starker Mann eine Frau besitzen zu können. Bei den meisten Homosexuellen kommen beiden Formen alternierend vor, weshalb sie im homosexuellen Verkehr je nachdem die weibliche oder die männliche Rolle übernehmen. – Bekanntlich gibt die Integrierung des Schattens, also der fehlenden Männlichkeit, ein Gefühl der Sicherheit und Kraft und daher Mut, sich dem anderen Geschlecht zuzuwenden» (S. 155).

Eine solche Fülle von Erklärungen führt, wie man sehen kann, zu völliger Verwirrung. Bei diesen einseitig negativen Erklärungen für Homosexualität drängt sich die Frage auf, ob solche ätiologischen Theorien nicht einfach einem unbegründeten Psychologisieren entspringen und nur dazu dienen sollen, nochmals zu bekräftigen, welchen gesellschaftlichen Wert die Heterosexualität als sozial akzeptierte Norm hat, während gleichzeitig der Versuch unternommen wird, die Schattenaspekte der Heterosexualität auf die Homosexualität zu projizieren: familiäre Störungen, Angst vor und Haß gegen Frauen in der patriarchalen Gesellschaft und psychologische Unreife, die in einer konventionellen, heterosexuellen Beziehung verborgen bleiben, da diese Beziehungsform gesellschaftlich akzeptiert ist.

Dieser Abschnitt aus Jacobis Arbeit veranschaulicht genau, warum die ätiologische Forschung in letzter Zeit nicht mehr sehr geschätzt wird. Erstens geht man in einer Gesellschaft, in der Heterosexualität die soziale Norm ist, fast zwangsläufig von einem im Grunde negativen Standpunkt aus. Zweitens ist die Wechselbeziehung zwischen Umwelteinflüssen, die sich auf die psychosexuelle Entwicklung auswirken, Geschlechtsidentität und Geschlechterrollen auf der einen Seite und der wie auch immer gearteten konstitutionell bedingten Veranlagung eines Individuums auf der anderen Seite so kompliziert, daß alle Schlußfolgerungen nicht viel mehr als Spekulationen sein können. Freudianer, Existentialisten und Jung und die Jungianer haben jeweils ein eigenes Netz von ätiologischer Mythologie gesponnen, und keine dieser Gruppen kann letztlich beweisen, daß ihre Standpunkte empirisch richtiger sind als die, die in den rivalisierenden anderen Mythologien vertreten werden. Die Erklärungen für Homosexualität, die Jacobi auflistet, widersprechen sich sogar oft. Wenn behauptet wird, Homosexualität können sowohl durch einen abwesenden Vater als auch durch einen zu präsenten, strengen und abweisenden Vater bedingt sein und Homosexuelle suchten sowohl Verschmelzung mit Frauen als auch Verschmelzung mit Männern, wird wohl wenig zur Klärung der wirklichen Ursachen von Homosexualität beigetragen. Mit Sicherheit wird nicht jeder Junge, der einen solchen Vater hat, homosexuell, und auch die Suche eines heterosexuellen Mannes nach Verschmelzung mit Frauen oder sein Kameradschaftsgefühl zu seinen männlichen Mannschaftskameraden bei einem Fußballspiel mit viel Körperkontakt wird im allgemeinen wohl kaum in die Kategorie psychischer Krankheiten eingeordnet. Solche theoretischen Gedankenkonstrukte mögen zwar für die eigene Phantasie recht anregend sein, sie sind aber nicht das Ergebnis einer wissenschaftlichen Untersuchung, und daher sind diese Theorien der Ursachenforschung von geringem Nutzen für die Behandlung. Es ist also sinnlos, überhaupt ätiologische Theorien zu entwickeln.

Man muß Jolande Jacobi zugute halten, daß sie anscheinend selbst den Eindruck hat, die Büchse der Pandora zu öffnen, wenn sie versucht, die Ursachen für ein Phänomen zu benennen, das so kompliziert ist wie das menschliche Sexualverhalten. In dem Kapitel «Prognose und Behandlung» wendet sie sich schnell von diesen widersprüchlichen und irgendwie fabulösen, ätiologischen Theorien ab und betrachtet die Homosexualität unter dem Gesichtspunkt, welche Bedeutung sie für den individuellen Patienten hat. Diese Herangehensweise ist ja auch von jeher die größte Stärke der Analytischen Psychologie gewesen. Sie beschreibt in aller Deutlichkeit und Schärfe, welche psychischen Auswirkungen soziale Vorurteile auf schwule Männer und lesbisches Frauen haben.

«Darum teilen die Homosexuellen in vielen Belangen das psychische Schicksal der Emigranten, der unehelich Geborenen, der Minoritäten, der Outsider aller Art. Sie fühlen sich fast immer abgelehnt, sogar verachtet und haben entsprechende Minderwertigkeitsgefühle. Und weil sie dazu noch von religiösen und moralischen Prinzipien her verurteilt werden, wird in häufigen Fällen auch ihre Seele abnorm» (S. 155⁶).

Sie widmet sich den Problemen mit größtmöglicher Ernsthaftigkeit und kommt zu folgendem Schluß:

«Im Laufe meiner Erfahrungen kam ich zu der Überzeugung, daß es Homosexuelle gibt, die von Anlage her nicht anders sein können, mag diese Anlage angeboren oder erworben sein.» Von dieser Schlußfolgerung aus kommt sie zu der Ansicht, daß es «also nicht verwunderlich ist, daß in Fällen, wo der einst Homosexuelle heiratet, die Ehe auf dem sexuellen Gebiet unbefriedigend ausfällt. ... Daß dies der sich nach Einheit sehnenden Frau keine Befriedigung gibt, läßt sich nicht übersehen. Darum soll man nicht allzuleicht glauben, daß die Eheschließung für Männer mit homosexueller Vergangenheit oder solchen Tendenzen die richtige Lösung darstellt. Sie birgt zu viele Gefahren der Zerrüttung des Ehelebens in sich. Noch weniger natürlich soll eine solche Ehe aus Tarngründen geschlossen werden» (S. 156).

Jolande Jacobi war von «rund sechzig Homosexuellen zu einer Besprechung oder zu einer längeren Behandlung» aufgesucht worden. Ihre Behandlungsziele formuliert sie mit großer Bescheidenheit:

«Die eindeutige Homosexualität läßt sich schon bald in den Träumen dieser Menschen nachweisen; ... So habe ich mich bald dazu entschlossen, mit meinen Analysanden über ihre homosexuellen Neigungen oder Erfahrungen *nicht* zu sprechen, sondern die psychologische Arbeit auf ihre Reifung zu konzentrieren, ohne Rücksicht darauf, ob sie weiter den Mann suchten oder nicht...
Oft sind die Homosexuellen auch künstlerische, geistig begabte Menschen ... Diese schöpferische Seite bei den häufig lebensmüden, unlustigen, sich verfolgt und verachtet fühlenden Menschen zu wekken und zu stärken, um ihrem Leben einen Sinn zu verleihen, sie in einem befriedigenden Beruf zu verankern und ihren Selbstwert zu heben, war mein unmittelbares Ziel.

Dadurch konnten sich viele von den zermürbenden Gelegenheitsbegegnungen auf sexuellem Gebiet, die leider häufig zu den trübsten und schmutzigsten Formen der Homosexualität führen, losreißen und ihre Zuneigung einem einzigen Manne in dauernder, auch geistig fruchtbarer Beziehung schenken. So habe ich immer wieder erleben müssen, daß dort, wo es nicht gelang – und es gelang vielleicht mit Sicherheit nur in zehn Prozent der Fälle –, eine Umstellung auf das Heterosexuelle zu erreichen, zumindest eine saubere Form, eine geistig höherstehende Form erklommen werden konnte, die das Leben wieder sinnvoll und lebenswert machte» (S. 156f.).

Jolande Jacobi bespricht in dieser Arbeit den Fall eines «schüchternen, zarten und blassen Jünglings» namens Werner, der 24 Jahre alt war, als er zum ersten Mal Frau Jacobi aufsuchte. Sie hat ihn im Laufe von annähernd acht Jahren mit unterschiedlich langen Unterbrechungen behandelt. Wie sie es ausdrückt, «wiesen beide Seiten der Familie in ihrer jeweiligen Geschichte schwere psychische Störungen auf», und «es gab kein Familienmitglied, das nicht irgendeine Anormalität hatte».

Was Werner selbst betrifft, so war er ein «Idealist und Träumer – wie so viele Homosexuelle». Im Alter von sechzehn Jahren hatte er in den Ferien eine homosexuelle Erfahrung mit einem Zimmergenossen, und er betrachtete seine Vorliebe für Masturbation und homosexuelle Phantasien als sexuelle «Entgleisung». Da er in seinen Versuchen, mit Mädchen Kontakt aufzunehmen, ständig Enttäuschungen erlebte, «begann er schließlich, alle Frauen zu hassen»; er lebte aber seine Homosexualität nur in der Phantasie aus, ohne irgendwelche körperlichen Erfahrungen zu machen. Er kam zu Frau Jacobi in der Hoffnung, «‹normal› zu werden und sich in eine Frau verlieben zu können». Jacobi berichtet von einer Traumserie, die Werner am Beginn der Behandlung hatte; es waren Träume, die auf einen negativen Mutterkomplex schließen ließen und seine homosexuellen Phantasien in bezug auf einen Nachbarn ausdrückten. In ihren Gesprächen ging es in erster Linie um Jugenderinnerungen und seine Bemühungen um Anpassung an die heterosexuellen Normen. Nach einer Phimoseoperation, nach der er lange Zeit Schmerzen und Blutungen hatte, war Werner, wie sie berichtet, irgendwie weniger in Konflikt mit seinen homosexuellen Wünschen und schämte sich auch weniger für sie. (Nach dem gescheiterten Versuch, die Frau eines Mitarbeiters zu verführen, hatte sich der Patient freiwillig dieser Operation unterzogen. Offensichtlich hatte dies also auch die Funktion einer Sühne, was Frau Jacobi aber nicht beachtete.) Was sie selbst betrifft, sagt sie:

> «Ich bezog keine Stellung und ließ ihn – wenn auch schweren Herzens – seinen Kampf weiterführen, gespannt, wie er ausgehen werde. Er sollte sich frei fühlen, unkritisiert, von mir angenommen, wie er war» (S. 161).

In der Zeit nach der Operation war Werner aktiver, «aus einer Sehnsucht nach platonischen Gesprächen» rannte er Männern nach, und als er begann, unter Schlaflosigkeit zu leiden, ermutigte Frau Jacobi ihn dazu, seine Schlaflosigkeit zu malen. Ihr Vorschlag zu malen bedeutete einen Durchbruch in der Behandlung, da Werner durch das Medium der Kunst zu seinen Gefühlen, dem Leben und den Trieben in Beziehung treten konnte und große innere Befriedigung empfand. Ihre Deutung von Werners vielen Bildern, bei der sie sich weitgehend auf seine eigenen Worte stützt, hat sehr viel mehr mit dem zu tun, was man Werners Individuationsprozeß nennen könnte, durch den er innerlich zentrierter wurde und Frieden mit sich selbst fand, als mit Fragen seiner sexuellen Orientierung, die in seinem äußeren Leben zwischen heterosexuellen Enttäuschungen und einem platonischen Fasziniertsein von Männern schwankte. Eine Äußerung, die als Jacobis Grundeinstellung zu Werners Analyse verstanden werden kann, lautet:

> «Mit großer Geduld, ohne Kritik und Predigt, begleite ich ihn auf seinen Wegen und Irrwegen. Ich zeige ihm die Vor- und Nachteile dessen, was ihm begegnet, und versuche mit echter Anteilnahme den final-prospektiven Aspekt allen Leidens, aller Erfahrungen, hervorzuheben. Er fühlt, daß ich an ihn und an seine Möglichkeiten glaube.

Langsam dämmert es ihm, daß er nicht in der Außenwelt, sondern in seiner eigenen Innenwelt ‹zwischen Frau und Mann› steht, daß er im Grunde ein Homosexueller ist. Seine Beziehung zu den Männern wird unter die Lupe genommen, und er wird gewahr, daß er, *wenn er liebt*, seinen Partner stets mit Eifersucht, Drängelei, Neugierde und Romantik verfolgt, daß er ihm aber zugleich auf rein masochistische Weise zum Opfer fällt; denn er wählt Sadisten zu seinen geliebten Freunden aus.... [Dann] beginnt er sich ernstlich mit seinem ‹Schatten› auseinanderzusetzen. [Dies war im Frühjahr 1951.]» (S. 175 f.)

Jacobi geht in dieser Arbeit ausführlich auf zahlreiche Einzelheiten aus Werners Behandlung und seiner Entwicklung ein, die nicht direkt mit seiner Homosexualität zu tun haben: sein steigendes Interesse an Musik, seine Reiselust, die Fortschritte und Rückschläge in seinem beruflichen Werdegang, seine Trennung und Individuation von seiner Familie, die Entwicklung einer inneren, religiösen Kraft und der Fähigkeit, inbrünstig zu beten. In den Zeiten, in denen Werner nicht bei Frau Jacobi in Behandlung war, blieb er durch Briefe und private Besuche in regelmäßigem Kontakt mit ihr, und die beiden wichtigsten Veränderungen in seinem Leben, von denen Jacobi berichtet, haben nichts mit Sexualität zu tun – seine finanzielle Situation stabilisierte sich, und er wurde fähig, ein «offener, glücklicher und kontaktfreudiger Mensch» zu sein. Nach einer letzten Phase analytischer Arbeit, in der er sich sehr darum bemühte, die Schattenseite seiner Männlichkeit zu integrieren und die Rolle eines Opfers aufzugeben, das sich sadistischen Männern ausliefert, beginnt er, wie Jacobi berichtet, eine erfolgreiche Karriere bei einem Konzert- und Musikhaus. Jolande Jacobi erwähnt dann, daß sie ihn beim Schreiben dieser Arbeit angerufen habe, um zu erfahren, was es bei ihm Neues gibt. Sie berichtet mit seinen Worten:

«Es geht mir ausgezeichnet. Ich bin sehr zufrieden und hätte nie gedacht, daß ich es aushalten könnte, so zu arbeiten und zu schuften, wie ich es jetzt tun muß. Aber es ist schön, dies zu können. Auch mein Privatleben hat sich beruhigt. Ich habe seit zwei Jahren einen lieben Freund, mit dem ich viele künstlerische Interessen teile. Bei ihm habe ich endlich beide Seiten meines Wesens vereinen können. Ich liebe zwar körperlich, aber das steht im Hintergrund; wichtig ist die geistige Beziehung» (S. 180f.).

In ihrer abschließenden Beurteilung bezeichnet Jacobi diesen Fall als einen «relativen Erfolg» und schreibt dann:

«Wenn man, wie ich, so viele Homosexuelle psychologisch betreut hat, wird man bescheiden. ... Diese Menschen brauchen nämlich viel Liebe, Verständnis und Geborgenheit, vielleicht mehr als andere. Denn es sind arme Menschen, doch meistens mit beträchtlichen Begabungen. Gelingt es, diese zu wecken, so stehen die Chancen der Besserung höher; gelingt es aber nicht, so verfallen sie der Depression und der Neurose. Daß Werner sich von ihr befreien konnte, war mir eine große Genugtuung. Konnte ich denn mehr erwarten, als daß er sich zufrieden und schaffensfroh erklärte? Ein großer Schritt ist getan worden; eine beachtliche Reifung wurde erreicht. ... Ob er je zu einer Frau findet, liegt jedoch weiter in Gottes Hand» (S. 181).

Ich habe diese Arbeit so ausführlich besprochen, um herauszustellen, daß sich Jolande Jacobi Jungs Vorbild folgend von allen theoretischen Vorgaben löst und ihrem Patienten dadurch einen Individuationsprozeß ermöglicht, der wirklich sein ureigenster ist. Sie hebt in der Behandlung nicht einfach auf seine Homosexualität ab, sondern beachtet auch alle anderen Bereiche in Werners Leben, die Entwicklung und Konsolidierung brauchen. Auch in bezug auf die Homosexualität bei diesem Fall teilt sie Jungs Ansicht, daß es im Grunde darum geht, in welcher Form sich die Homosexualität zeigt, und nicht um die Homosexualität an sich. Die sadomasochistischen Wünsche und Beziehungen des Patienten werden zum Beispiel nicht als typisch für Homosexualität per se betrachtet, sondern vielmehr als Problem, das aus einem unintegrierten, männlichen Schatten entstanden ist, der mit den bewußten Idealen und der geistigen Entwicklung des Patienten in Beziehung gebracht werden muß. Obwohl sie sicherlich kein Geheimnis daraus macht, welchen Wert sie heterosexuellen Beziehungen beimißt, drängt sich diese Wertsetzung niemals in die Behandlung, und sie ist dann auch sehr froh darüber, daß Werner einen Freund gefunden hat, der ihn glücklich macht.

Aber trotz all ihres Einfühlungsvermögens und ihrer großen Anteilnahme bleibt sie eine Frau ihrer Zeit. Es ist auffällig, daß Jolande Jacobi trotz der Literatur, die ihr zur Verfügung stand, nicht hinterfragt, warum sie der Heterosexualität einen so großen Wert beimißt, und daß sie bei der Charakterisierung von Homosexuellen leicht das Bild einer irgendwie bedauernswerten Art von Menschen entwirft: «Unglückliche», «zart», «zu feminin», «sensibel», «schwach». Die Tatsache, daß sie gerade diesen Fall auswählt, und auch die Art und Weise, in der sie ihn vorstellt, zeigen, daß sie Jungs Vorstellung teilt, Homosexualität entstehe aus einer problematischen, unbewußten Identifizierung mit dem Weiblichen, was dann zu psychosexueller Unreife führe. Trotz des historischen Überblicks, den sie selbst gibt, kommt sie offensichtlich nicht zu dem Schluß, daß Homosexualität eine normale Spielart menschlicher Sexualität sein kann. Sie stellt auch die Verurteilung der Homosexualität seitens der westlichen Kultur nicht in Frage, obwohl sie sieht, daß das geringe Selbstwertgefühl und die neurotischen Symptome, die schwule Patienten aufweisen, dadurch bedingt sein könnten, daß sie den Status von verachteten Außenseitern in der Gesellschaft haben. Jolande Jacobi liegt gewiß jegliche Form von Homophobie fern, und sie ist wirklich darum bemüht, schwulen Männern und lesbischen Frauen in der ihr eigenen Weise dabei zu helfen, zu sich selbst zu stehen, anstatt die Erwartungen anderer zu erfüllen. Da ihr jedoch die kritische soziokulturelle Sichtweise fehlt, durch die sie ihre eigene Einstellung zur Homosexualität ändern könnte, geht es ihr vornehmlich um die Frage, ob sich ihre homosexuellen Patienten verändern könnten oder nicht. In der Analytischen Psychologie fehlt ein soziokultureller Ansatz, durch den dann auch die kulturellen Werte des Analytikers in Frage gestellt werden könnten, und dies scheint die Kehrseite der Analytischen Psychologie und ihrer ausschließlichen und vorrangigen Beschäftigung mit dem Individuum und dem Archetypischen zu sein. Dies wird besonders deutlich, wenn es um Homosexualität geht. Wie diese eigentlich positive Fallstudie zeigt, führt dies dann dazu, daß eine umsichtige und talentierte Analytikerin wie Jolande Jacobi letztlich den Eindruck hinterläßt, etwas herablassend gegenüber den Patienten zu sein, um die sie sich andererseits so ehrlich bemüht und denen sie mit aller Kraft zu helfen versucht.

M. Esther Harding

Das gleiche Problem findet sich in den Arbeiten einer anderen langjährigen Mitarbeiterin von Jung, bei der Analytikerin M. Esther Harding, die sich der Homosexualität mit einer ähnlich positiven Einstellung nähert und sich vornehmlich mit der weiblichen Homosexualität beschäftigt. In der überarbeiteten Fassung ihres Buches *Der Weg der Frau*, einem Buch über die Psychologie der Frau und die weibliche Individuation, wird Homosexualität in dem Kapitel «Freundschaft» dreimal erwähnt. Das erste Mal, als sie sich mit der Beziehung zwischen Eros und Freundschaft bei Frauen befaßt, schreibt sie:

«Sympathien zwischen Angehörigen des gleichen Geschlechts, die durch das Gefühl zueinander hingezogen werden, finden sich ja im jugendlichen Alter sehr häufig, und sowohl Knaben wie Mädchen erleben in diesen Freundschaften ihre engsten Gefühlsbeziehungen. In diesen Jahren machen die Heranwachsenden eine – dann allerdings völlig normale – homosexuelle Phase durch. Im späteren Leben werden diese frühen Liebesbeziehungen durch die Freundschaft und Liebe zu Personen des anderen Geschlechts ersetzt, allein die Entwicklung des Gefühls, das zu jenen Freundschaften den Anstoß gab, beschränkt sich keineswegs auf das Jugendalter. Die triebhafte Liebe, die sich darin äußert, mag im wesentlichen auf eine andere Triebbindung übergehen, die Freundesliebe aber bleibt meist fürs Leben bestehen und nimmt oft einen bedeutenden Raum im Gefühlsleben des einzelnen ein» (Harding, Der Weg, S. 116).

Sie führt dann weiter aus:

«Da in der modernen Zeit die Reifungsperiode junger Menschen um ein beträchtliches verlängert ist, bleibt auch ihre Gefühlsentwicklung häufig entsprechend zurück. ... Eine in diesem Sinne späte Entwicklung kann nun sowohl als Grund für eine Reihe homosexueller Frauenfreundschaften, sicher aber nicht für alle angeführt werden.»

Sie beschreibt dann, daß Freundschaften zwischen Männern in bestimmten Epochen, wie im Griechenland zur Zeit Platons und im ritterlichen Mittelalter, besondere Auswirkungen hatten: «Die männlichen Tugenden nahmen an Stärke und Bedeutung zu, gleichzeitig aber verlor die Beziehung zur Frau als eine rein physische Triebbefriedigung seitens des Mannes an Wichtigkeit» (S. 117).

Dies erinnert sehr stark an Jung. Homosexualität wird weder verurteilt noch allzu vereinfacht und verkürzt dargestellt, sie wird allerdings auch nicht als eine reife Lebensentscheidung betrachtet. Später in diesem Kapitel weist Harding jedoch auf die Ungenauigkeit des Begriffes homosexuell hin und kommt damit einigen von Jungs positiveren Einstellungen nahe:

«Allerdings wird es [das Wort Homosexualität] heute in verschiedenem Sinn gebraucht, so daß man das Thema gleichgeschlechtlicher Freundschaften nicht behandeln kann, ohne genau zu sagen, was mit dem Ausdruck gemeint ist.
Die Gefühlsbeteiligung kann bei einer Freundschaft höchst intensiv sein und dennoch jedes physischen Ausdrucks entbehren. Denn die Liebe zwischen Frauen verlangt nicht unbedingt nach körperlich-sexueller Äußerung. Von einem bestimmten Gesichtspunkt aus braucht sie gar nicht homosexuell genannt zu werden. Bei Frauen jedoch, die sonst in ihrem Leben keine sexuellen Erlebnisse haben, ist es naheliegend, daß der verdrängte Trieb in die wichtigste Beziehung mithineinspielt und ihr diejenige Gefühlsfärbung gibt, die das Kennzeichen erotischer Beteiligung ist. Dabei kann die Freundschaft jedes offenkundigen sexuellen Ausdrucks entbehren, es braucht nicht einmal eine bewußte sexuelle Absicht vorhanden sein. ... In anderen Fällen kann die Liebe der Freundinnen sich sogar in einer spezifisch

sexuellen Form ausdrücken, ohne daß dies als pervers bezeichnet werden darf, solange nämlich wirkliche Liebe hinter diesem Erleben steht.
Leider gibt es kein allgemein gebräuchliches Wort, das den Unterschied zwischen diesen beiden Zuständen genügend verdeutlichte. Hätte das Wort Homosexualität nicht einen so üblen Beiklang, dann wäre diese feine Unterscheidung gar nicht einmal nötig; wir haben aber kein Recht, für beiderlei Art Freundschaft einen Ausdruck zu gebrauchen, mit dem die öffentliche Meinung niedrige Praktiken und kriminelle Fälle verbindet – denn jene Freundschaftsbünde stehen moralisch und ethisch oft auf sehr hoher Stufe. Dennoch müssen wir in Ermangelung eines anderen Ausdrucks das Wort homosexuell gebrauchen.
Bei der Beurteilung einer sexuellen Beziehung, sei sie nun homo- oder heterosexuell, muß vor allem dies eine im Auge behalten werden, daß die Qualität des beteiligten Gefühls viel eher als die begleitende körperliche Gemeinschaft den Wert des Verhältnisses bestimmt. Das Wort Perversion ist nur mit Vorsicht anzuwenden» (S. 125 f.).

Am Ende dieses Kapitels über Freundschaften zwischen Frauen schreibt sie:

«Die Zunahme homosexueller Freundschaften zwischen Frauen muß als ein Durchgangsstadium unserer Kultur betrachtet werden. Vielleicht ist es so, daß die gesamte Frauenschaft hinsichtlich der individuellen Entwicklung jetzt ihre Reifezeit durchmacht. Diese Richtung im menschlichen Gemeinschaftsleben deutet vielleicht auf eine allgemeine Weiterentwicklung, indem jedes einzelne Freundschaftsverhältnis die Partnerinnen durch das Erlebnis selbst zur seelischen Reifung und Weitung führen kann.
Diese großen Menschheitsbewegungen darf man nur vorurteilslos betrachten. Wir müssen ihr psychologisches Ziel, ihre innere Bedeutung, ihren schöpferischen Kern zu erkennen suchen und nicht den A-priori-Maßstab anwenden, mit dem das Neue ja gerade in Widerspruch steht. ... Die Ehe stellt eine Anpassung an den menschlichen Geschlechts- und Fortpflanzungstrieb dar, und fraglos ist sie auf der biologischen Ebene eine sehr reife Anpassungsform. Der Rückschritt

aber hängt, wie wir gesehen haben, mit einer Bewegung zusammen, die auf eine psychologische Entwicklung der Frau und damit auch auf eine bewußte Gestaltung menschlicher Beziehungen hinzielt. Die Bewegung führt biologisch zu einer Regression, psychologisch aber hat sie einen progressiven Sinn. ... Von der psychologischen und kulturellen Seite aus aber ist sie ein ‹reculer pour mieux sauter›: ein Zurückweichen, um neuen Anlauf zu nehmen. Denn durch diesen Schritt ist es bisher schon mancher einzelnen Frau gelungen, sich den Verhältnissen, die sie zur bloßen Gegenspielerin... des Mannes stempeln wollen, zu entziehen... Möglicherweise deutet diese soziale Bewegung darauf hin, daß auch die Frau der Zukunft, ja das ganze weibliche Geschlecht sich dem Zustand psychologischer Einseitigkeit entringen wird, den ihr das bewußte Verhältnis zum Manne auferlegte; vielleicht verheißt diese Wandlung ein freieres Dasein, ein Dasein als bewußtes und selbständiges Individuum» (S. 143 f.).

Diese Äußerungen sind unmißverständlich feministisch gefärbt, und Hardings leidenschaftliches Plädoyer für eine neutrale und vorurteilsfreie Haltung hat zweifelsohne damit zu tun, daß sie selbst Beziehungen zu Frauen hatte, in denen sie den Eros, über den sie geschrieben hat, erlebte. Man findet in diesen Abschnitten jedoch auch das, was wir schon bei Jung festgestellt haben: Sie hat eine außergewöhnlich tolerante Einstellung und ein ausgeprägtes Gespür für das Gute und das Potential, das sogar in «regressiven» Phänomenen liegen kann, aber gleichzeitig klingt an, daß sie Homosexualität in gewisser Weise ablehnt und als unreif, retardiert und pubertär beurteilt. Ein solch undogmatisches Denken läßt zwar genügend Raum für Individualität und positive Entwicklung – dies war Jolande Jacobi und Esther Harding äußerst wichtig und kennzeichnete ja auch Jungs eigene klinische Herangehensweise –, aber die wichtigeren theoretischen Fragen zur Homosexualität bleiben unangetastet. Jolande Jacobi und Esther Harding äußern sich nicht definitiv und machen sich auch kritische Ansichten nicht zu eigen, die aus anderen Fachrichtungen als der eigentlichen Individualpsychologie stammen, und damit erweisen sie sich trotz ihres guten Willens einen schlechten Dienst.

John Layard

In den späten 50er Jahren erschienen im *Journal of Analytical Psychology* drei Aufsätze über Homosexualität bzw. verwandte Themen von jungianischen Analytikern. Der wichtigste und am häufigsten zitierte Aufsatz ist John Layards *Homo-Eroticism in Primitive Society As a Function of the Self.* Wie Layard im ersten Absatz ausführt, stützt sich seine Untersuchung auf die Annahme, die «Organisation der primitiven Gesellschaft [sei] eine externalisierte Form dessen, was wir uns als das Selbst vorstellen», und mit seiner Arbeit will er den «homoerotischen Aspekt» darin herausstellen (S. 101).

Seine These ist, daß die Verwandtschaftsorganisation in den von ihm (in Anlehnung an Jung) als primitiv bezeichneten Gesellschaften ein Beziehungsgeflecht bildet, das als ein «externalisiertes psychisches Mandala» verstanden werden kann, bei dem die innere psychische Ganzheit und Struktur des Individuums durch die äußere, soziale Struktur der Verwandtschaftsbeziehungen dargestellt wird. Er schreibt:

> «Das Innere und das Äußere sind zwei Ausdrucksformen ein und desselben allumfassenden Phänomens der menschlichen Entwicklung, die sich in diesem Fall äußerlich in dem Verwandtschaftssystem und innerlich in der psychischen Organisation jedes Individuums ausdrückt, das an der Ausformung dieses Systems teilhat. Uns geht es hier um das Grundmuster und im besonderen um den homoerotischen Aspekt darin: also darum, worauf sich eine Gesellschaft häufig unbemerkt gründet» (Layard, S. 102).

Layard beschreibt dann, wie in primitiven Gemeinschaften Australiens Eheschließungen arrangiert werden. Zwei Prinzipien müssen dabei befolgt werden: erstens externe Endogamie

(Heirat innerhalb der Gemeinschaft) und zweitens interne Exogamie (Heirat außerhalb der eigenen sozialen Gruppe innerhalb des Stammes), so daß dann jede Heirat gleichzeitig eine Verbindung der patrilinearen und matrilinearen Gegensätze darstellt, wobei verhindert wird, daß es zu einer wirklich inzestuösen Beziehung zwischen Mann und Frau kommt. Layard geht genauer auf ein Muster ein, daß er Beinahe-Inzest nennt, die Doppelhochzeit von Männern aus zwei verschiedenen sozialen Gruppen, die jeweils die Schwester des anderen heiraten, ein Muster, das, wenn es über Generationen weitergeführt wird, zu einem außerordentlich komplexen, mandalaähnlichen Beziehungsgefüge führt und das inzestuöse Paarungen gleichzeitig hervorbringt und verhindert. Zu der Rigidität, mit der dieses Prinzip eingehalten wird, schreibt Layard:

> «Die Gesellschaft, d. h. das Verwandtschaftsmandala, ist also so viel wichtiger als das Individuum, daß Kinder zwar unbeschränkt sexuelle Beziehungen eingehen dürfen, solange sie nicht öffentlich das Inzesttabu verletzen, aber keinerlei Mitsprache bei der Wahl ihres Ehepartners haben.
> Es ist also so, daß die kollektive Gesellschaft als Ganzes, allerdings vertreten durch die Männer, die Funktion einer ‹männlichen Mutter› hat, die von ihren Söhnen absoluten Gehorsam verlangt. Bei dem, was ich im folgenden zu den homoerotischen Beziehungen ausführen werde, die unter solchen Bedingungen entstehen, muß man bedenken, daß sie bei oberflächlicher Betrachtung zwar im psychologischen Sinne des Wortes ‹zufällig› erscheinen mögen, es aber genauso wenig sind wie die pathologischen, homosexuellen Beziehungen in unserer eigenen Gesellschaft, die im Unterschied zu dem Verwandtschaftssystem, in dem die kollektiv dominierende ‹männliche Mutter› konstelliert ist, durch persönliche und unpersönliche Faktoren bedingt sind» (S. 103).

Die homoerotische Beziehung, auf die Layard sich bezieht, ist das Paar von Schwägern, die durch Heirat der gegenseitigen Schwestern miteinander verwandt sind, wobei jeder von ihnen gleichzeitig der Bruder seiner Frau und der Mann seiner Schwester ist. Bezeichnenderweise hat diese sogenannte Homoerotik in der Beziehung der Schwäger sehr wenig mit homoerotischem Verlangen zwischen den beiden Schwägern zu tun, sondern liegt vielmehr unausgesprochen darin, daß

> «jeder der beiden den auf die Schwester bezogenen Inzestwunsch des anderen erfüllt. Zwischen ihnen [den Schwägern] besteht also, abgesehen von allen anderen Gesichtspunkten, eine überaus enge Bindung von allergrößter Ambivalenz. Auf der einen Seite sind sie miteinander verwandte Verbündete, da jeder von ihnen der Bruder der Ehefrau des anderen ist. Auf der anderen Seite (auch wenn dies natürlich verdrängt wird) stehen sie als Ehemänner der Schwestern in der schärfsten sexuellen Konkurrenz zueinander, da jeder stellvertretend für den anderen den auf die Schwester bezogenen Inzestwunsch erfüllt» (S. 105).

Im Kontrast zu dieser fast-inzestuösen, homoerotischen Beziehung steht für Layard die echte homosexuelle Beziehung zwischen älteren und jungen Männern. In sozialen Systemen, in denen die Männer wegen der Polygamie viele Ehefrauen haben, dient die Verlobung ungeborener Kinder dazu, den Männern Ehefrauen sicherzustellen; wenn das Kind nun ein Junge wird, führt dies zu einer «Heirat» zwischen einem Mann und einem Jungen. Layard ist auf die eher «prüden» Beschreibungen englischer Anthropologen aus der viktorianischen Zeit angewiesen, wenn er auf gewisse, nicht genauer bekannte Intitiatiosriten verweist, zu denen analer Geschlechtsverkehr, gegenseitige Stimulierung und der Austausch von Haaren gehörte. Layard berichtet noch von einer anderen Form echt homosexueller Beziehungen, zu denen es zwischen dem «Bräutigam in spe und dem Bruder der zukünftigen Braut» kommen kann, wenn das Mädchen geboren, aber noch nicht heiratsfähig ist».

> «Ein älterer Bruder des Mädchens kann dann der Liebhaber des Mannes werden, und er wird zu seiner eigenen Familie zurückkehren, wenn das Mädchen alt genug ist, um zu heiraten. ... Zwei Männer nehmen also nicht nur wechselseitig ihre Schwestern zu Frauen, sondern unter bestimmten Bedingungen auch deren Brüder.

Hier wird eine zusätzliche Komplikation in der Beziehung dieser Schwäger deutlich: nämlich, daß jeder zwar *nach* der Heirat den Inzestwunsch des anderen erfüllt, da er dessen Schwester geheiratet hat, aber *vor* der Heirat erfüllt er ihn in eigener Person.
Wir finden also in dieser Quelle über die primitiven Verwandtschaftsbeziehungen einen manifesten Beweis für eine in der Psychologie schon lange bestehende Vermutung bezüglich der Funktion homosexueller Beziehungen als Inzestersatz» (S. 107).

Dies führt Layard zu der Überzeugung, daß die Homoerotik oder ausgesprochene Homosexualität solcher Beziehungen «Schattenphänomene» sind, wobei «das inzestuöse Element im männlichen Verlangen von den Frauen auf die Männer verlagert wird und dann die psychische Bindung zwischen den Männern formt, die die Grundlage der Gesellschaft bildet. Dies kann offen sexuelle Beziehungen einschließen oder nicht. In den Gebieten, um die es hier geht, ist dies der Fall» (S. 108). Layard sieht solche Beziehungen als charakteristisch für «primitive» Gesellschaften an, wenn auch nicht als negativ an sich. Er geht dann auf das klassische Griechenland ein, wo Liebesbeziehungen zwischen älteren und jungen Männern institutionalisiert waren und der kulturellen Entwicklung dienten, und stellt anschließend fest:

«Es gibt kaum einen Zweifel daran, daß [die Liebe] in primitiven Gesellschaften nicht heterosexuell zwischen Mann und Frau beginnt, sondern zwischen zwei Männern, in diesem Fall zwischen einem erwachsenen Liebhaber und einem Jungen, der einen Ersatz für seine eigene Schwester darstellt und die Ersatzehefrau des erwachsenen Liebhabers ist.
Erst viel später in der Zivilisationsgeschichte wird diese Form der Liebe (als Gegensatz zu rein sexuellen Beziehungen) auf die Frauen als Ehefrauen zurückverlagert» (S. 110).

Wie in diesem Zusammenhang zu erwarten ist, beschäftigt sich Layard dann ausführlich mit den Initiationssymbolen und der Funktion homosexueller Beziehungen zwischen älteren und jüngeren Männern. Er führt zum Beispiel an, daß mit dem analen

Einführen von Samen die Vorstellung verbunden war, dies fördere Wachstum und Männlichkeit und habe deswegen in primitiven Gesellschaften sowohl eine körperliche als auch eine psychologische Funktion, und er beschreibt, in welcher Weise der ältere Liebhaber mit der Erziehung, Bildung und Sozialisation des jungen Geliebten betraut war, eine Situation, die zu «extremer homosexueller Eifersucht» führen konnte. Wie Layard es ausdrückt, «grenzen solche Fälle offensichtlich ans Pathologische» (S. 110). Die Novizen-Lehrer-Beziehung auf den Small Islands wird genau beschrieben, unter anderem schildert er, wie die Initiierten als Frauen behandelt werden, bis sie nach Ablauf von neun Monaten eine Reihe von Proben bestanden haben; dieser Zeitraum symbolisiert die potentielle psychische Befruchtung mit Männlichkeit, die Layard zufolge das Kernstück der Initiation darstellt. Anale Penetration durch den Geist der Ahnen gehört anscheinend zu diesem Glaubenssystem und bedeutet nicht einfach Befruchtung mit reifer Männlichkeit, sondern auch Befruchtung mit dem kollektiven Geist des Stammes.

Am Ende seines Aufsatzes erzählt Layard einen Mythos aus Neu Guinea über die Entstehung des Analverkehrs, in dem Kambel, ein Vatergott, der männlicher Erzeuger ist und gleichzeitig mit dem Mond identifiziert wird, seinen Sohn Gufa beschläft, um die Entwicklung des Sohnes zu fördern. Layard erörtert den Symbolgehalt dieses Mythos eines göttlichen Inzests zwischen Vater und Sohn und hebt dabei hervor, daß

> «jedes Inzesttabu letztlich nicht nur dazu dient, die Gesellschaft zu vergrößern, sondern auch dazu, innerpsychisch genau das entstehen zu lassen, was äußerlich tabuisiert wird. Beim matrilinearen Inzesttabu ist das die Anima. Die Anima ist für einen Mann hauptsächlich ein Vermittler bzw. eine vermittelnde Funktion für die Verwirklichung seines eigenen ‹Schattens› oder seiner inneren Männlichkeit, was das höchste Ziel seiner eigenen Entwicklung darstellt.
> Das patrilineare Inzesttabu ist tatsächlich das, worum es bei der ganzen Homosexualität geht, und zwar insbesondere, was die Phantasien betrifft... Der Sohn nimmt also den Vater in sich auf, und

gleichzeitig hat er ihn außerhalb seiner selbst, so daß hier in diesem äußerst primitiven Mythos die höchste Doktrin ‹des Vaters in mir und ich in ihm› anklingt, wobei der symbolische Samen dieselbe Funktion erfüllt wie der Heilige Geist (der Geist der Ahnen), der Träger der Liebe zwischen Vater und Sohn ist. Dadurch wird der Sohn befruchtet und gesalbt; er ist die Schattenfigur, die auf den ersten Blick immer so sonderbar, schlecht oder enttäuschend wirkt, die aber bekannterweise unter solcher Verkleidung die Figur des potentiellen Erlösers in sich birgt.
All dies findet sich in der primitiven Mythologie neben dem krassesten Irrglauben und Mißbrauch. Dieses Phänomen gibt es nicht nur in Neu Guinea oder bei primitiven Gesellschaften. Es blüht und gedeiht auch bei uns» (S. 114).

In diesem letzten Abschnitt, in dem eine gewisse Beunruhigung durchklingt, geht es Layard offenbar darum, daß diese Homosexualität besser auf einer rein psychischen Ebene verbleiben sollte, da sie, wenn sie ausgelebt wird, zu «Irrglauben und Mißbrauch» führe. Erstaunlicherweise beendet Layard seine Ausführungen mit einem Zitat aus dem Paulusbrief an die Römer, der Schmährede über die seelischen und geistigen Auswirkungen, die Homosexualität hat, wenn sie tatsächlich gelebt wird und nicht als eine heilige, symbolische Erscheinungsform Gottvaters verstanden wird.
Layards Arbeit zeugt von außerordentlicher Sachkenntnis und besticht durch ihre Klarheit. Sie kann von daher nicht kritisiert werden, aber die Haltung, die Layard gegenüber seinem Forschungsmaterial einnimmt, und die Schlüsse, die er daraus zieht, sind höchst fragwürdig. An einigen Punkten springt geradezu ins Auge, daß er eine Reihe von vorgefaßten Meinungen vertritt. Seine Ausrichtung auf die westlichen Werte zeigt sich besonders deutlich in dem Gebrauch des Wortes «primitiv» bei der Beschreibung dieser Kulturen. Dieser Begriff ist sozusagen zu einem Bestandteil jungianischer Terminologie geworden, was auf Jung selbst zurückgeht, und er wird sogar heute noch recht häufig in der jungianischen Literatur benutzt. In dem Gebrauch

des Wortes «primitiv», auch wenn es nicht wertend gemeint ist, zeigt sich unglücklicherweise eine Haltung, die sich auf ein unfundiertes Entwicklungsmodell stützt, demzufolge nichtweiße, nicht-europäische, nicht-technologische Kulturen weißen, europäischen, technologisch entwickelten Gesellschaften unterlegen sind. Diese Haltung wird bei Layard an einigen Punkten sehr deutlich: zum Beispiel, wenn er in der Homoerotik in diesen Kulturen nur den Ausdruck einer unreifen Entwicklungsphase sieht, nach der dann das sexuelle Begehren auf die Frauen «zurückverlagert» wird, oder wenn er die homosexuellen Initiationshandlungen, die wissenschaftlich nicht belegt sind (wie männliche Befruchtung, Samen, der benutzt wird, um Männlichkeit zu verleihen usw.), «Irrglauben und Mißbrauch» nennt. Es liegt doch zweifelsohne eine Haltung westlicher Überheblichkeit zugrunde, wenn Layard den Paulusbrief zitiert, in dem dieser die heidnischen, sexuellen Praktiken verurteilt und ihnen die christliche Sexualmoral als Beispiel einer überlegenen Moral entgegensetzt. Obwohl diese Haltung bei Layard nicht so deutlich zutage tritt und angesichts der Zeit, in der er diese Arbeit verfaßt hat, vielleicht sogar unvermeidbar war, beeinflußt sie ihn dennoch in seiner Herangehensweise an die Homoerotik, die Thema seiner Untersuchung ist. Wenn er warnend darauf hinweist, daß solche Praktiken nicht nur in «primitiven» Gesellschaften üblich sind, sondern auch bei uns «um sich greifen», dann klingt dabei eine Beunruhigung mit, die einer objektiven Herangehensweise hinderlich ist. Obwohl Layard die besten Absichten hat, drückt er implizit aus, daß Homoerotik und institutionalisierte Homosexualität seiner Meinung nach ein «primitives» Phänomen sind, egal ob es nun in Urgesellschaften oder bei «zivilisierteren» Menschen auftritt.

Wenn man Gesellschaften nicht mehr nach einer Werteskala beurteilt, die von primitiv zu zivilisiert reicht, dann ist es natürlich auch nicht länger gerechtfertigt, institutionalisierte Homosexualität in Urgesellschaften als primitiv und unentwickelt zu charakterisieren bzw. anzunehmen, daß sie auf falschen Vorstellungen beruht, genausowenig wie es gerechtfertigt wäre, andere kulturelle Phänomene, wie zum Beispiel Heirats- oder Essensrituale, primitiv zu nennen, nur weil sie in Urgesellschaften eine wichtige Rolle spielen. Noch viel weniger gerechtfertigt ist es, vorschnell dazu überzugehen, solche Phänomene in der heutigen Gesellschaft danach zu beurteilen, welche Bedeutung sie offensichtlich in Urgesellschaften hatten. Layard äußert das zwar nicht direkt, aber man fragt sich natürlich, welchen Zweck seine Untersuchung über die Homoerotik in Urgesellschaften haben soll, wenn er daraus keine Schlüsse auf die Homoerotik in westlichen Gesellschaften ziehen will. Die Gefahr, die darin liegt, solch einen oberflächlichen Zusammenhang zwischen Urgesellschaften und unserer eigenen Kultur herzustellen, liegt wohl auf der Hand. Auch wenn es offensichtlich archetypische Parallelen zwischen unterschiedlichen Kulturen gibt, sollte man nicht unterschätzen, welchen Einfluß die kulturellen Werte des Forschenden und das kulturelle Milieu der untersuchten Gruppe auf die Ergebnisse haben. Wenn man daran denkt, daß (zu dieser Zeit) die Homoerotik in den westlichen Gesellschaften von der Forschung weitgehend vernachlässigt wurde, ist es bedauerlich, daß Layard und andere Jungianer sich nicht früher der relevanteren Aufgabe zugewandt haben, die archetypischen Inhalte zu untersuchen, die offenbar der heutigen Homoerotik und der schwulen Subkultur der westlichen Welt des 20. Jahrhunderts zugrunde liegen.

Ein anderes Vorurteil Layards, das er, wie wir gesehen haben, mit Jung teilt, liegt in der Annahme, alle Individuen würden heterosexuell geboren und nur Heterosexualität sei die Norm für menschliches Sexualverhalten. Weil Layard von dieser Voraussetzung ausgeht, verwendet er große Mühe darauf, nachzuweisen, daß die institutionalisierte Homoerotik in den von ihm untersuchten Verwandtschaftsbeziehungen, egal ob sie ausgelebt wird oder nicht, eigentlich nur eine Abwehr gegen heterosexuelle Inzestwünsche ist. Damit ordnet Layard die Homosexualität in den Beziehungen der Männer der inzestuösen

Heterosexualität unter, die er voraussetzt. Wenn Layard erklärt, Homosexualität sei die Folge verhinderter heterosexueller Inzestwünsche, mag das zwar für die homoerotischen Schwagerbeziehungen bei den australischen Stämmen, die er untersucht, durchaus zutreffen; es eröffnen sich aber auch andere Interpretationsmöglichkeiten, wenn man sieht, daß Homosexualität eine ganz normale Spielart menschlicher Sexualität ist.

Ist es nicht genausogut möglich, daß die Homoerotik, die Layard in der doppelten Schwagerbeziehung wahrnimmt, eigentlich das primäre Phänomen ist und der Schwesterntausch nur ein sekundäres Phänomen, zu dem es nur deswegen kommt, weil die beiden Männer sich zueinander hingezogen fühlen? Weiter unten in seiner Arbeit stellt Layard fest, daß sich Liebe in Urgesellschaften zuerst auf der homosexuellen Ebene entwickelt und erst später, wenn überhaupt, heterosexuelle Formen annimmt. Es würde ganz genausogut zu der extremen Ambivalenz dieser Verwandtschaftsbeziehung, in der die beiden Männer sowohl als eine Person als auch als stärkste Rivalen gesehen werden (ein Merkmal jeder Liebesbeziehung), passen, in der Homosexualität das primäre Phänomen und in der Heterosexualität das sekundäre zu sehen, und dies hätte auch noch einen weiteren Vorteil: Die Homoerotik wird dann nämlich als das angenommen, was sie ist, und nicht zu einem Derivat der Heterosexualität degradiert. Layards theoretische Verdrehungen entstehen an diesem Punkt aus der Vorstellung, daß alle Menschen heterosexuell geboren werden, und eine solche Vorstellung führt dazu, daß intime Beziehungen zwischen Männern nur als Phänomene beschrieben werden können, die mit Schattenaspekten überladen sind und weniger wertvoll sind als die «echten» Beziehungen, die, wie es das heterosexistische Vorurteil will, nur zwischen Mann und Frau, Bruder und Schwester, Mutter und Sohn, Vater und Tochter vorkommen. Wenn man die einseitige Position vertritt, nur Heterosexualität sei normal, besonders wenn man dies unbewußt und unbedacht tut, so bedingt dies zwangsläufig, daß der Schatten auf sexuelle Abweichungen, wie Homosexualität, projiziert wird. Das Problem, mit dem Layard sogar in dieser kurzen Arbeit konfrontiert ist, liegt in der Frage, was wir mit dieser ganzen Initiationssymbolik machen sollen, die so offensichtlich dazu bestimmt ist, Urgesellschaften zu stärken und ihr Weiterbestehen zu sichern. Kann das nur Schatten sein? Hier scheint Layard zu vergessen, daß die Homoerotik in Urgesellschaften tatsächlich in hohem Maße eine Funktion des Selbst übernimmt, besonders in der Art und Weise, wie kollektive Männlichkeit weitergegeben wird und mittels institutionalisierter homosexueller Beziehungen individuell angenommen und ausgestaltet wird. Warum muß der ganze Reichtum dieser Homoerotik – gerade von einem Jungianer – ausschließlich als Sublimierung, Perversion oder Mißbrauch verstanden werden?

Wenn Layard zeigen will, daß homoerotische Beziehungen zwischen Männern nur eine Inszenierung von Schattenproblemen und ein Zeichen für primitive, minderwertige Männlichkeit sind, dann benutzt er dafür die falsche Sammlung anthropologischer Daten. Bei all den anderen Beispielen institutionalisierter homosexueller Beziehungen, die er später in seiner Arbeit anführt, geht es eindeutig um sehr viel mehr. In diesen Beispielen dienen die Beziehungen zwischen einem älteren und einem jüngeren Mann mindestens ebensosehr dazu, ein Gemeinschaftsgefühl unter den Männern zu schaffen und somit einer positiven, sozial progressiven, Funktion Ausdruck zu verleihen, wie dazu, die jungen Männer vor dem Verschlungenwerden durch das Weibliche zu verteidigen und sie vor ihren mutmaßlichen heterosexuellen Inzestwünschen zu beschützen. Die kreative Symbolik der Initiationsrituale hat mindestens ebensoviel mit der befruchtenden Kraft des Männlichen zu tun, die in den zahlreichen Riten des Samenspendens ihren Ausdruck findet, wie mit der lebenspendenden, aber verschlingenden Kraft des Weiblichen. Kambel, der Vater im Mythos aus Neu Guinea, der Analverkehr mit seinem Sohn hat, wird sowohl mit dem weiblichen Symbol des Mondes als auch, in seiner Rolle als erster Erzeuger und Vater allen Seins, mit dem Prinzip des männlichen Handelns identifiziert.

Layards Forschungsmaterial spricht deshalb eigentlich viel eher gegen die These, Homosexualität sei einfach ein primitiver Rückfall in ein Stadium menschlicher Entwicklung, in dem sich Männer miteinander verbündeten, um die Tyrannei der matriarchalen Großen Mutter abzuwerfen (wie das zum Beispiel in Neumanns Fußnote und dem Zusammenhang, in dem sie steht, impliziert wird), bzw. eine minderwertige Paarung zwischen kindischen, matriarchal dominierten Jünglingen, die ihre eigenen, phallischen Kräfte erst noch finden müssen. Tatsächlich eignet sich Layards Arbeit nur dazu, deutlich zu machen, welche unbewußten Vorurteile hinter solchen Schlußfolgerungen stehen. Wenn er die Urgesellschaft als primitiv charakterisiert und behauptet, Heterosexualität sei die einzig normale Form des menschlichen Sexualverhaltens und das Matriarchat als eine alles verschlingende Größe sieht, gegen die man sich verteidigen muß, hilft uns Layards Arbeit wirklich nicht gerade viel weiter, wenn wir Homosexualität in der heutigen Zeit unter einer archetypischen Perspektive untersuchen wollen.

Was in Layards Arbeit viel deutlicher wird – und dies wird auch von allen neueren kulturvergleichenden Untersuchungen über Homosexualität bestätigt –, ist, daß Urgesellschaften trotz der offensichtlichen Undurchlässigkeit ihrer sozialen Schranken psychologisch und symbolisch nicht so fest umrissene Grenzen zwischen männlich und weiblich, heterosexuell und homosexuell, Bruder und Schwester, Vater und Mutter ziehen, wie das in technologisch höher entwickelten Gesellschaften versucht wird. Deshalb ist der Gebrauch von Begriffen wie homoerotisch eher unangebracht, weil er eine Trennung zwischen homosexuell und heterosexuell und zwischen männlich und weiblich impliziert, die in Urgesellschaften offenbar weder in Wort noch in Tat vorgenommen wird. Ein Beispiel für diese andere Art der Geschlechtskategorien sind die Verwandtschaftsbezeichnungen, auf die Layard den Leser aufmerksam macht, die alle männlich-weibliche Zusammensetzungen sind, bei denen der weibliche Teil den männlichen definiert: Bruder der Frau, Mann der Schwester.

Die homoerotischen Praktiken, die Überzeugungen und Mythen, von denen Layard berichtet, vermitteln sehr eindrucksvoll, wie eng Männlichkeit und Weiblichkeit in diesen Kulturen miteinander verschlungen sind, und zeigen, daß sie sich nicht im entferntesten so fremd und feindlich gegenüberstehen, wie es uns der moderne, westliche, «zivilisierte» Kampf der Geschlechter vermuten lassen könnte. Wenn man es objektiv betrachtet, sollte uns die Durchlässigkeit der Geschlechtskategorien und die Flexibilität der Geschlechterrollen in diesen Gesellschaften zum Nachdenken darüber bringen, wie rigide und repressiv unsere eigene Gesellschaft ist. Zudem stellt sich die Frage, ob unsere Mythen wirklich dazu geeignet sind, junge Männer oder Frauen dabei zu unterstützen, ihre männlichen oder weiblichen Fähigkeiten vollständig zu entwickeln. Layard kann an keiner Stelle belegen, daß Homoerotik eine Abwehr gegen inzestuöse Wünsche oder matriarchale Dominanz ist. Sein Forschungsmaterial deutet vielmehr darauf hin, daß die offenen sexuellen Beziehungen und fließenden Geschlechtsidentitäten in diesen Gesellschaften stärker von einer Beziehung zur Einheit des androgynen Selbst herrühren als von irgendeiner kompensatorischen, vom Schatten bestimmten, männlichen Protesthaltung. Es ist schade, daß Layard diesen Punkt nicht stärker herausgestellt hat, wie es ja der Titel der Arbeit hätte vermuten lassen können.

Ich bin so ausführlich auf die Stärken und Schwächen von Layards Arbeit eingegangen, weil diese Arbeit sehr häufig zitiert wird und es ansonsten nur sehr wenig jungianische Literatur zur Homosexualität gibt. Layards Untersuchung wird dabei insbesondere zur Unterstützung der Behauptung herangezogen, Homosexualität sei ein regressives Phänomen, das mit dem archetypischen Kampf des unreifen Mannes um Befreiung von matriarchaler Dominanz zusammenhängt, bei dem ein Mann sich mit anderen Männern zusammenschließt, um diese «minderwertige» Männlichkeit zu stärken.⁷ Eine genaue Untersuchung dieser Arbeit macht deutlich, daß Layards Darstellung des Forschungsmaterials und seine Schlußfolgerungen aufgrund seiner patriarchalen und heterosexistischen Voreingenommenheit fragwürdig sind.

Die neuere anthropologische Literatur über Homosexualität und homoerotische Beziehungen in nicht-westlichen Kulturen, die aber leider weitgehend unbeachtet geblieben ist, wäre für eine jungianische Sichtweise des Phänomens Homosexualität von weit größerem Nutzen. Sie basiert häufig auf den Erfahrungen schwuler Forscher, die wegen ihrer eigenen sexuellen Ausrichtung Zugang zu Material bekommen, das lange vor weißen heterosexuellen Anthropologen und Psychologen zurückgehalten wurde.⁸ Kreative jungianische Gedanken zur Beziehung zwischen Homosexualität und Homoerotik der primitiven Initiationspraktiken, die dem neuesten Stand der Forschung entsprechen, finden sich aber auch in der ausgezeichneten, von Louise C. Mahdi et. al. betreuten Sammlung von Aufsätzen *Betwixt and Between: Patterns of Masculine and Feminine Initiation*. Im nächsten Kapitel werde ich auf diese an jungianischem Denken ausgerichtete, moderne anthropologische Forschung eingehen und untersuchen, welches symbolische Material diese Anthropologen entdeckt haben, das Layard bedauerlicherweise noch nicht zur Verfügung stand. Wie wir sehen werden, unterscheiden sich paradoxerweise die Erkenntnisse der heutigen Forschung wenig von der Hauptaussage in Layards Aufsatz, nämlich der, daß homosexuelle Beziehungen zwischen Männern eine wichtige und manchmal zentrale Funktion in Urgesellschaften haben.

G. Stewart Prince und Anthony Storr

Bevor ich am Ende meines Überblicks über die Arbeiten, die von Analytikern der ersten Generation zur Homosexualität verfaßt wurden, auf Marie-Louise von Franz und ihre Arbeit über den *puer* eingehe, möchte ich die beiden anderen Arbeiten über Homosexualität, die in den 50er Jahren im *Journal of Analytical Psychology* erschienen sind, kurz erwähnen, obwohl keine von beiden besonders tiefgründig ist oder das Thema erschöpfend behandelt. In dem Aufsatz *The Therapeutic Function of the Homosexual Transference* von G. Stewart Prince, der 1959 in derselben Nummer der Zeitschrift wie Layards Arbeit erschienen ist, beschäftigt Prince sich «mit der Bedeutung einer latenten, homosexuellen Orientierung für die Symptombildung, mit ihrem Einfluß auf die Übertragung und im besonderen mit der Rolle, die sie im therapeutischen Prozeß spielt» (S. 117). Er berichtet über eine Traumserie eines jungen Mannes in den Endzwanzigern und verfolgt dabei genau das Wechselspiel zwischen den idealisierenden und feindlichen Übertragungsgefühlen, die sein Patient für ihn entwickelte. Er untersucht die homosexuellen Untertöne in dieser Übertragung und geht insbesondere darauf ein, wie die verdrängten, homosexuellen Gefühle des Patienten mit analen Aggressionen durchsetzt sind, die dann durch Idealisierung und sexuelle Anziehung abgewehrt werden. Prince gibt hier also keine neue Definition der Homosexualität und betont sogar, daß seine Ansichten weitgehend mit Layards Vorstellung übereinstimmen, homosexuelle Anziehung sei Ausdruck einer primitiven, minderwertigen Männlichkeit, eine vom Schatten diktierte Suche nach «echter» Männlichkeit außerhalb der eigenen Person. Prince berichtet, daß der Patient, nachdem sie das anal-regressive Material durchgearbeitet hatten, eine ziemlich stabile Liebesbeziehung zu einer Frau aufnehmen konnte. Allerdings wurden die homosexuellen Gefühle des Patienten und seine homosexuelle Übertragung auf Prince noch einmal stimuliert, als er zufällig einen Tutor aus seiner Studentenzeit traf, den er sehr idealisiert hatte. Dies geschah genau zu der Zeit, als die Analyse beendet werden mußte, weil der Patient sich entschlossen hatte, eine Arbeit im Ausland anzunehmen. Prince übernimmt freudianische psychoanalytische Formulierungen zur Homosexualität, was sich ganz deutlich zeigt, wenn er die Idee aufgreift, Homosexualität sei eine Abwehr gegen anale Aggressionen, und auch er mißt der Heterosexualität von vornherein einen größeren Wert bei; insofern bildet sein Aufsatz ein passendes Pendant zu der Arbeit von Layard. Eine allzu kurze, aber vielversprechende Auseinandersetzung mit den *verschiedenen* Bedeutungen, die Homosexualität haben kann, findet sich jedoch am Ende des Aufsatzes, wo Prince einen flüchtigen Überblick über die freudianische und die jungianische Literatur gibt, um die Symbolik in den Träumen des Patienten und ihre Bedeutung für seine Ichentwicklung verständlicher zu machen. Trotzdem ist dieser Aufsatz nicht so ausführlich wie die Falldarstellung von Jolande Jacobi, und ihm fehlt auch die etwas umfassendere Sichtweise Layards. So ist auch diese Arbeit letztlich nicht sehr aufschlußreich.

Anthony Storrs Aufsatz *The Psychopathology of Fetishism and Transvestism* handelt nicht von Homosexualität an sich. Bei seiner Untersuchung «sexueller Perversionen und Anomalien» aus dem Bereich des Fetischismus und des Transvestismus bringt Storr verschiedene interessante, aber fragwürdige Argumente zur männlichen Homosexualität vor. Denn er bezieht sich hauptsächlich auf Fälle von männlichen, homosexuellen Patienten, die vielfältige sexuelle Fetische haben, von den eher gewöhnlichen (Fesselung, Kastrationsphantasien, zwanghaftes Interesse an beschnittenen Penissen) bis hin zu den etwas ausgefalleneren (Fetische, die blonde Männer und Kordhosen betreffen). In seiner Besprechung dieser Fälle von «homosexuellem Fetischismus» behauptet Storr, ähnlich wie Strauss und Walker in ihrem Buch *Sexual Disorders in the Male*, daß «viele Fälle von Homosexualität als Phallusfetischismus interpretiert werden können» (S. 157). Storr sieht die Ursache für Phallusfetischismus in dem Gefühl, kein vollwertiger Mann bzw. kastriert zu sein, das einen solchen Fetischismus in seiner charakteristischen Suche nach einem Penisersatz nährt. Obwohl Storr diese minderwertige Männlichkeit kaum auf Homosexuelle begrenzen kann und er ohne weiteres einräumt, daß diese sexuellen Perversionen fast immer als heterosexuelle Phänomene aufgefaßt werden, äußert er sich trotzdem verallgemeinernd über homosexuelle Männer, wie der folgende Abschnitt zeigt.

«Der kultivierte, zarte Typ des Homosexuellen fühlt sich gewöhnlich am stärksten von harten, aggressiven und muskulösen Männern angezogen, die nicht selten aus einer niedrigeren sozialen Schicht stammen als er selbst. ... Es ist häufig das tragische Schicksal von Homosexuellen, sich gerade zu den Menschen stark hingezogen zu fühlen, zu denen sie wahrscheinlich am allerwenigsten eine Beziehung aufbauen können. Dieser Typ des Homosexuellen steht wirklich unter dem Druck, durch Projektion das suchen zu müssen, was er bei sich selbst vermißt. Er weist seinem Liebesobjekt alle Eigenschaften harter Männlichkeit zu, die unbewußt in ihm selbst schlummern» (S. 158).

Hier treffen wir wieder auf ein Stereotyp unter psychologischem Deckmantel: Homosexuelle seien mit der Anima identifiziert und projizierten ihre minderwertige Schattenmännlichkeit, um ihr dann in der für den Fetischismus typischen, zwanghaften Weise nachzujagen. Dieses Stereotyp hat seinen Ursprung in einer unbewußten Gleichsetzung von Männlichkeit mit Angepaßtheit an die vorherrschenden, heterosexuellen Geschlechterrollen. Wenn Storr bestimmte Spielarten der Homosexualität als Phallusfetischismus charakterisiert, ist das zwar sehr interessant, aber auch problematisch und hart an der Grenze des Beleidigenden. Dieser Begriff mag zwar den Zwangscharakter der fiebrigen Suche nach sexueller Befriedigung vieler schwuler Männer zutreffend beschreiben, aber man muß ihn nur darauf übertragen, daß sich ja auch heterosexuelle Frauen sexuell zu Männern hingezogen fühlen, und dann die weibliche Sexualität als Phallusfetischismus bezeichnen, um einen Geschmack davon zu bekommen, welch Problematik dieser Begriff in sich birgt.

Im Gebrauch des Begriffes Fetischismus, der im Grunde genommen eine sexuelle Psychopathologie bezeichnet, liegt zwangsläufig eine negative Einschätzung des betreffenden Phänomens als anormal und pervertiert. Storrs unbewußte Voreingenommenheit gegen die Homosexualität zeigt sich also darin, daß er einen solchen Begriff gutheißt. Außerdem schwingt bei einer solchen Beschreibung etwas unverkennbar Antijungianisches mit, eine ganz bestimmte Art, ein Phänomen verkürzt darzustellen, etwa mit Formulierungen wie: «Es handelt sich hier lediglich um...». Diese Herangehensweise ist natürlich denkbar schlecht dazu geeignet, etwas zu beschreiben, das so komplex und beständig ist wie die Homosexualität. Storr teilt zwar Jungs Ansicht, daß homosexuelle Beziehungen für die Beteiligten eine positive Funktion haben können, besonders was den erzieherischen Wert betrifft, den es in Beziehungen zwischen älteren und jüngeren Männern geben kann, aber er ist trotzdem der Meinung, daß Homosexualität eine Art von Unreife darstellt.

Zu Storrs Gunsten muß man allerdings sagen, daß sich der größte Teil seiner Arbeit auf heterosexuellen Fetischismus und Transvestismus bezieht. Im Gegensatz zu der weitverbreiteten Meinung, Transvestismus sei ein Zeichen von Homosexualität, ist Storr sich durchaus darüber im klaren, daß dieses Phänomen viel weiter bei heterosexuellen Männern verbreitet ist. Er führt auf sehr faszinierende Weise aus, wie die Fetische und der Transvestismus für diese Männer durch Kompensation und Identifikation eine Verbindung zu der archetypischen phallischen Mutter herstellen.

Marie-Louise von Franz

Der letzte wichtige Beitrag von Schülern Jungs zu einer Theorie über Homosexualität ist die Arbeit von Marie-Louise von Franz über den Archetyp des *puer aeternus* oder göttlichen Kindes. Dieses Buch, *Der ewige Jüngling,* geht auf eine Vortragsreihe zurück, die sie in den Jahren 1959 und 1960 am Züricher Jung-Institut gehalten hat. Ich muß hier den gleichen Vorbehalt wie schon bei Jung anmelden. Marie-Louise von Franz untersucht in ihrem Buch den Archetyp des *puer* und setzt sich in diesem Zusammenhang auch mit Homosexualität auseinander. Deshalb stehen alle ihre Äußerungen zur Homosexualität im Zusammenhang mit einer anderen Thematik und können also kaum so verstanden werden, als solle damit etwas so Großartiges wie eine Theorie über Homosexualität entworfen werden. Die Verbindung zwischen dem *puer* und der männlichen Homosexualität ist in jungianischen Kreisen jedoch nahezu ein Klischee geworden, und zwar in erster Linie deshalb, weil diese Ansicht die logische Folge aus Jungs Überzeugung ist, Homosexuelle seien weiblich identifiziert und deswegen psychologisch unreif.

Wie eng die Theorie, Homosexuelle seien mit dem *puer* identifiziert, mit der Theorie zusammenhängt, Homosexuelle seien mit dem Weiblichen identifiziert (wenn eine solche Begrifflichkeit nicht schon in sich eine Übertreibung ist), und wie eine solche Theorie Homosexualität automatisch zu einem Problem macht, wenn man solche Verknüpfungen vornimmt, kann man schon der ersten Seite des Buches von Maire-Louise von Franz entnehmen. Sie beschreibt das Phänomen einer Identifizierung mit dem Archetyp des *puer* als eine Identifizierung, in der der «Mann ... zu lange in der Adoleszentenpsychologie verbleibt, d.h. alle Charakterzüge, die für einen Jugendlichen von siebzehn, achtzehn Jahren normal sind, werden ins spätere Leben übernommen, und dies ist zumeist mit einer zu großen Abhängigkeit von der Mutter gepaart». Sie zitiert dann Jung, der einen Zusammenhang zwischen Don Juanismus und Homosexualität sieht, insofern als sie die «beiden typischen Störungen des Mannes [sind], der einen ausgeprägten Mutterkomplex hat» (von Franz, S. 9). Von Franz führt dies etwas später in einem größeren Zusammenhang weiter aus, wenn sie schreibt:

«Bekanntlich nimmt die Homosexualität immer mehr zu ... und damit wird das Problem des *puer aeternus* zunehmend aktuell. Zweifellos haben die Mütter immer versucht, ihre Söhne bei sich zu behalten, und einige Söhne hatten immer Schwierigkeiten, von ihnen loszukommen und blieben lieber im warmen Nest mit all seinen Annehmlichkeiten. Dennoch ist nicht ganz klar, warum dieses an sich natürliche Problem heute ein so ernstes Zeitproblem zu werden droht.» [Problem der heutigen Zeit?] (S. 13)

Es gibt also mindestens zwei Grundgedanken, die von Franz in ihrer Abhandlung mehrmals wiederholt: erstens, daß die Identifikation mit dem *puer* durch einen zugrundeliegenden Mutterkomplex verursacht wird, was zu psychischer Unreife führt, und zweitens, daß Homosexualität eine Folgeerscheinung dieses Problems ist, das sich nach Ansicht von Marie-Louise von Franz in unserer heutigen Zeit zunehmend ausbreitet. In beiden dieser Grundgedanken gibt es gewisse problematische Aspekte.

Zunächst einmal trifft meine Kritik an Jungs These, Homosexualität sei Ausdruck eines Problems mit dem Weiblichen, auch auf die Theorie von Marie-Louise von Franz zu, Homosexualität sei Ausdruck einer Identifikation mit dem *puer,* weil nicht zu übersehen ist, daß diese beiden Ansätze auf theoretischer Ebene gleichbedeutend sind. Wie Marie-Louise von Franz hervorhebt, entwickelt sich das Phänomen einer Identifikation mit dem *puer* offenbar aus einer ungelösten Abhängigkeit von der Mutter, und zwar auf persönlicher und archetypischer Ebene (Jacobi vertrat einen ähnlichen Standpunkt). Die Schwierigkeit liegt darin, daß Homosexualität in diesem Zusammenhang zu einem Problem wird, weil sie schon von vornherein als Problem *definiert* ist. Wenn in einer Gesellschaft unbewußt schon vorausgesetzt wird, die einzige reife und normale Form der Sexualität sei die Heterosexualität, dann sind alle anderen Formen der Sexualität a priori abweichend, unreif und krankhaft. Diese Theorie über Homosexualität ist also nicht viel mehr als die Wiederholung einer gesellschaftlichen Klischeevorstellung über Schwule, die sich auf die Fehleinschätzung menschlichen Sexualverhaltens stützt und die besagt, daß Homosexualität eine Anomalie ist und nicht eine normale Spielart der Sexualität, die es schon immer gegeben hat und immmer geben wird.

Trotz dieser Kritik soll nicht bestritten werden, daß möglicherweise einige Schwule psychisch mit dem *puer aeternus* identifiziert sind. Aber was heißt das schon, wenn eine solche Identifikation ebensogut bei zwanghafter Heterosexualität, dem Don Juanismus, den von Franz und Jung erwähnen, auftauchen kann? Heißt das nicht, daß Homosexualität an sich eben *nicht* zwangsläufig an eine *puer*-Identifikation geknüpft ist und daß die sexuelle Orientierung an sich, ob nun homo- oder heterosexuell, eben *nicht* zwangsläufig durch diese archetypischen Identifikationen bestimmt wird, sondern sich vielmehr irgendwie unabhängig von Mutterkomplexen und archetypischen Identifikationen dieser Art entwickelt?

Die Erklärung, Homosexualität sei ein Phänomen, das mit dem *puer* in Beziehung steht, ist nur dann brauchbar und überzeugend (besonders im Hinblick darauf, daß Marie-Louise von Franz' Untersuchung des *puer* ein Leitfaden für die klinische Arbeit mit Patienten sein soll), wenn man auch beweisen kann, daß Schwule für eine Identifikation mit dem *puer* anfälliger sind als heterosexuelle Männer und daß man bei schwulen Männern mit dieser archetypischen Konstellation rechnen muß, von der dann ihre sexuelle Orientierung irgendwie festgelegt wird. Offensichtlich behauptet das weder Marie-Louise von Franz noch irgendein anderer Jungianer einschließlich Jung selbst, denn eine solche Behauptung kann gar nicht aufgestellt werden. Wenn also sowohl heterosexuelle als auch homosexuelle Männer mit dem *puer* identifiziert sein können, dann kann, wie Marie-Louise von Franz selbst einräumt, die sexuelle Orientierung kaum durch die Identifikation mit diesem Archetyp festgelegt werden. Wenn der *puer* ein Archetyp des kollektiven Unbewußten ist, steht zu erwarten, daß er in der Psyche *jedes Menschen* auftaucht. Insofern stellt seine bloße Anwesenheit in den Träumen, Phantasien und im symbolischen Selbstbild schwuler Männer nicht notwendigerweise eine Identifikation als solche dar. Außerdem trifft hier eine gängige Kritik der Schwulenbewegung an der Psychologie zu: Patienten in Analyse, die sich ja offensichtlich wegen problematischer Verhaltensmuster und Beziehungen in Therapie befinden, sind nicht repräsentativ für den homosexuellen Teil der Bevölkerung, von der die überwiegende Mehrheit sich wahrscheinlich nie in eine jungianische Behandlung begeben wird. Wer allgemeine Schlußfolgerungen über Homosexualität aus der Arbeit mit Patienten, die eine jungianische Therapie machen, zieht, muß diese zumindest durch Erkenntnisse ergänzen, die durch Kontakte mit Schwulen und Lesbierinnen außerhalb einer analytischen Situation gewonnen werden. Außerdem muß man auch die heutige Schwulen- und Lesbenszene kennen und entsprechend berücksichtigen. In einseitig patriarchalen Gesellschaften, wie denen der industrialisierten westlichen Hemisphäre, wo das Weibliche so stark entwertet und unterdrückt wird und eine Ideologie der Männlichkeit herrscht, kann die weitverbreitete psychologische Unreife, von der das häufige Auftreten einer Identifikation mit dem *puer* bei analytischen Patienten zeugt, kaum als Problem der Sexualität an sich angesehen werden.

Fairerweise muß hier angemerkt werden, daß Marie-Louise von Franz diese Tatsache selbst anerkannt hat. Zu der Frage, welche Beziehung es zwischen einer *puer*-Identifikation und Psychopathologie gibt, stellt sie fest:

> «Sagen wir, jemand hat ein religiöses Problem. Das ist an sich schon ein Problem, aber darüber hinaus kann die Person normal oder ein Psychopath oder schizoid oder hysterisch sein und entsprechend reagieren. Dasselbe gilt für das Problem der Homosexualität, das mit neurotischen Zügen kombiniert oder frei davon sein und zudem mehr oder weniger eng mit dem Zeitproblem [dem allgemeinen Problem der heutigen Zeit?] verbunden sein kann» (S. 20).

An dieser Stelle zitiert Marie-Louise von Franz Jungs Theorie, Homosexualität könnte eine natürliche Form der Empfängnisverhütung sein. In dem Versuch zu erklären, warum Homosexualität, wie sie meint, eine immer stärkere Verbreitung findet, stellt sie die Hypothese auf, daß es «denkbar ist, daß die Natur zu einer solchen List greift, denn Überbevölkerung ist zur Zeit unser größtes Problem» (S. 21^9). Marie-Louise von Franz scheint hier zwei Dinge zu verwechseln: Sie schließt nämlich von der Offenheit, mit der Homosexualität gezeigt wird, auf die Anzahl der tatsächlich existierenden homosexuellen Beziehungen und kommt dann zu der Annahme, daß Homosexualität und Probleme, die mit dem *puer* in Verbindung stehen, in unserer Zeit zunähmen. Ihre Vermutung läßt sich am ehesten damit erklären, daß man sich heute offener zu menschlichen Beziehungsformen bekennt, die man unkonventionell nennen könnte, und auch offener darüber diskutiert. Dadurch fallen sie natürlich auch mehr auf. Später in ihrer Arbeit zitiert sie eine Bemerkung ihres eigenen Vaters, nämlich daß Homosexualität beim österreichischen Militär zu seiner Zeit relativ selten gewesen sei. Dies ist bemerkenswert, denn dahingestellt, ob die Aussage, Homosexualität sei damals selten vorgekommen, zutreffend ist oder nicht, beweist sie, daß es Homosexualität unbestrittenerweise an diesem Ort und zu dieser Zeit gegeben haben muß. Das legt nahe, daß Homosexualität eine allgegenwärtige Form menschlicher Beziehungen ist.

Die Auseinandersetzung mit der Figur des *puer* hat in erster Linie deswegen eine negative Färbung, weil Marie-Louise von Franz Homosexualität offenbar von vornherein als Problem definiert. Dies kann zum einen daran liegen, daß einige ihrer Patienten wegen ihrer homosexuellen Orientierung zu ihr in Therapie kamen; zum anderen kann es darin begründet sein, daß Homosexualität in einer Gesellschaft, die Heterosexualität über alle anderen Formen sexuellen Verhaltens und sexueller Beziehungen stellt, ja tatsächlich als Problem definiert wird. Es ist jedoch wichtig, den *puer aeternus* nicht abwertend zu beurteilen, und man sollte auch nicht den falschen Eindruck gewinnen, Marie-Louise von Franz setze *puer*-Phänomene mit Pathologie gleich. Jungs Aufsatz über das göttliche Kind zeigt, wie wichtig der *puer* für unser psychisches Leben und unser psychisches Wachstum ist. Der *puer* ist Leben, Entwicklungsmöglichkeit, Erneuerung und Spontaneität, und von Franz hebt in ihrem Buch immer wieder hervor, welch belebende und erneuernde Wirkung der *puer* hat, wenn diese symbolische Figur den richtigen Platz in der Psyche eines Individuums einnimmt. Diese positiven Eigenschaften des *puer* können vielleicht in gewissem Maße erklären, warum Schwule und das göttliche Kind in der kollektiven Vorstellung eng miteinander verbunden sind.

In einer patriarchalen Kultur, die psychisches Leben, Entwicklungsmöglichkeit, Erneuerung und Spontaneität bitter nötig hat, können die Mitglieder der Gesellschaft, die von der herrschenden Kultur als minderwertig betrachtet werden und auf die der kollektive Schatten geworfen wird, dazu gezwungen sein, die Eigenschaften des *puer* zu tragen, die unsere starre, industrialisierte Leistungsgesellschaft noch nicht zulassen kann. Man kann also feststellen, daß die Subkulturen in den USA, einschließlich der schwulen und lesbischen Subkultur, häufig diese Eigenschaften des *puer* verkörpern, die so dringend gebraucht und doch so stark herabgesetzt werden. Diese Subkulturen, zu denen auch die schwarzen und lateinamerikanischen Communities gehören, bilden häufig die Speerspitze politischer und kultureller Entwicklungen, und ihre Liebe für Spontaneität, Feste, Sinnlichkeit und Farbenpracht hat oft etwas Kindliches. Durch die sozialen Vorurteile, die von Schattenprojektionen noch unterstützt werden, können schwule Männer und Frauen dazu gezwungen sein, den *puer* zu spielen, und zwar nicht etwa deswegen, weil Homosexualität von Natur aus kindlich ist, sondern weil der Haß und die Angst vor Homosexualität in unserer Gesellschaft schwulen Männern und Frauen die Möglichkeit verwehrt, individuiert *und* schwul zu sein. Also ist eine der wenigen akzeptierten psychosozialen Rollen, die solchen «minderwertigen» Männern und Frauen zugeschrieben wird, die des Kindes, und das erklärt vielleicht, warum sich Schwule und Lesbierinnen in der heutigen Gesellschaft häufig mit dem *puer* identifizieren.

Es bleibt festzuhalten, daß Marie-Louise von Franz nicht den Archetyp des *puer* als pathologisch ansieht, sondern vielmehr feststellt, daß das eigentliche Problem in einer unbewußten Identifikation mit dem *puer* liegt. Wenn Jung *jede* archetypische Identifikation negativ beurteilt, so bezieht sich das weniger auf den Inhalt der Identifikation als darauf, daß eine solche Identifikation ihrem Wesen nach unbewußt ist. Diese Unterscheidung ist wichtig, denn dadurch wird es schwulen Männern und Frauen ermöglicht, die Identifikation mit jeglicher archetypischen Konstellation aufzulösen, die sie aus welchen psychologischen, sozialen, persönlichen oder geistigen Gründen auch immer brauchten oder die sie durch einen subtilen Zwang aufgebaut haben. Dies ist möglich, ohne daß sich dabei notwendigerweise ihre sexuelle Orientierung auch nur im geringsten verändert. Die Fallstudien von Jung, Jacobi und Storr legen nahe, daß archetypische Erkenntnisse besser nicht in einem ätiologischen Sinn genutzt werden sollten, denn ob jemand homosexuell bleibt, scheint nicht viel mit archetypischen Identifikationen zu tun zu haben. Es müßte jetzt klargeworden sein, wie groß die Versuchung ist, dem zu verfallen, was man eine archetypische Verkürzung nennen könnte: Homosexualität sei ein bloßer Mutterkomplex, sei Animaidentifikation, matriarchale Psychologie, *puer*-Identifikation, phallischer Fetischismus, Regression auf eine primitive Psychologie oder welch anderer jungianischer Begriff hier auch immer gewählt wird. Es ist bemerkenswert, daß alle diese Begriffe mit dem archetypisch Weiblichen in Verbindung stehen und Jungs Vorstellung, Homosexualität habe mit dem Archetyp des Androgynen zu tun, fast ganz außer acht lassen und das archetypisch Männliche hier in keinem Zusammenhang je erwähnen (außer bei Storrs Phallusfetischismus, der jedoch als mangelnde psychische Distanz vom Weiblichen angesehen wurde).

Wir haben festgestellt, daß dieser Stand der Dinge offenbar damit zusammenhängt, daß die Jungianer der ersten Generation von bestimmten, unbewußten Voraussetzungen ausgegangen sind, die zumindest hinterfragt werden müssen, nämlich: Heterosexualität sei die einzig normale Form des menschlichen Sexualverhaltens, wobei gleichzeitig unterstellt wird, Homosexualität sei eine Abweichung oder Verirrung; es gebe eine Zunahme der Homosexualität in der heutigen Gesellschaft; sexuelle Orientierung sei klinischer Intervention und Veränderung zugänglich. Zudem wird in positivistischer Sichtweise vorausgesetzt, daß die kulturelle und psychologische Entwicklung in einer klaren und ungebrochenen Linie vom Primitiven zum Kultivierten fortschreitet. Wenn man von solchen Voraussetzungen ausgeht, ist das nicht nur einfach aus Gründen der Logik fragwürdig, sondern auch, weil dabei einige der wichtigsten und genialsten Erkenntnisse und Einstellungen Jungs unbeachtet oder ungenutzt bleiben, besonders die, auf die wir im vorhergehenden Kapitel gestoßen sind: nämlich daß Homosexualität eine individuelle Bedeutung und eine eigene kulturelle und soziale Geschichte hat und daß sie getrennt von anderen Aspekten der Persönlichkeit eines Individuums betrachtet werden muß. Viele der Ansichten, die die Jungianer nach Jung über Homosexualität hervorgebracht haben, sind nicht besonders gut durchdacht und entwickeln Jungs eigenes Denken nicht kreativ weiter. Häufig wirken sie so, als würden gesellschaftliche Stereotypen lediglich in eine jungianische Terminologie übersetzt und gleichen weniger schöpferischen Beiträgen zu einer Psychologie der Homosexualität oder neuen, eigenen Erkenntnissen über den Individuationsprozeß bei homosexuellen Männern und Frauen.

Das vielleicht Bemerkenswerteste an dieser Literatur – und dies sollte unsere Kritik etwas abschwächen – ist, daß es auffällig wenige systematische Arbeiten von Jungianern der ersten Generation über Homosexualität gibt. Eine mögliche Erklärung dafür wäre, daß sich die Homophobie in jungianischen Kreisen eher dadurch ausdrückt, daß dieses Thema weitgehend übergangen wurde und weniger durch eine Haltung des Abscheus oder des Zwangs, alles beurteilen zu müssen. Bei meiner Untersuchung der neueren Arbeiten über Homosexualität aus jungianischer Sicht werden wir sehen, wie sich unterschiedliche Autoren der nächsten Generation in kreativerer Weise mit Homosexualität auseinandersetzen, und wir werden hier auch auf eine größere Meinungsvielfalt treffen.

Heutige Ansichten über Homosexualität aus jungianischer Sicht

Während sich die Analytiker, die Jung noch persönlich gekannt haben, ziemlich eng an bestimmte Haltungen und Theorien Jungs in bezug auf die Homosexualität hielten, lassen sich bei der nachfolgenden Generation jungianischer Analytiker neue Akzente in der Diskussion über die Homosexualität feststellen. Viele, die heute über Homosexualität schreiben, sind keine an Jung-Instituten ausgebildeten Analytiker, sondern vielmehr Autoren, die sich Jungs Einsichten zunutze machen. Insofern können ihr Ansichten über die Homosexualität nicht als repräsentativ für das Denken jungianischer Analytiker angesehen werden. Diese Autoren und Analytiker haben aber in Jungs Schriften eine Reihe von provokativen Ansätzen gefunden und sie zum Ausgangspunkt für eine Sichtweise der Homosexualität gemacht, die über die engen Grenzen des traditionellen jungianischen Denkens hinausgeht – obgleich es, wie wir noch sehen werden, auch heute nicht an traditionellen Ansichten zu diesem Thema mangelt.

Wenn Autoren und jungianische Analytiker heute einen neuen Ton anschlagen und eine andere Haltung zur Homosexualität einnehmen, ist viel davon zweifelsohne bestimmten Veränderungen in den sozialen Einstellungen und psychologischen Theorien außerhalb streng jungianischer Zirkel zuzuschreiben. Feministisches Denken und ein erweitertes Bewußtsein darüber, wie stark die moderne Gesellschaft vom Sexismus durchdrungen ist, haben praktisch zu einer Revolution im psychologischen Denken geführt. Die Vorstellungen von der menschlichen Persönlichkeit, die die erste Generation jungianischer Analytiker noch akzeptierte und die sie in einer unklaren und manchmal unkritischen Weise benutzte, sind dadurch revidiert worden. Besonders auffällig ist, daß der Feminismus die traditionellen Auffassungen von Männlichkeit und Weiblichkeit so nachdrücklich in Frage gestellt hat, daß viele der heutigen Autoren die überlieferten Definitionen von männlich und weiblich nicht mehr als selbstverständlich hinnehmen und neue Wege einschlagen, um sich mit Homosexualität in einer unverfälschten Weise befassen zu können.

Wenn ihre Arbeit überhaupt glaubwürdig sein und etwas bewirken sollte, müßte die Mehrheit der heutigen jungianischen Autoren die Ergebnisse der nahezu dreißigjährigen Forschung über Homosexualität auf den Gebieten der empirischen Psychologie, der Soziologie und der Anthropologie miteinbeziehen. Die Literatur der Analytischen Psychologie wurde durch diese Forschung zumindest an zwei wichtigen Punkten beeinflußt. Erstens wird Homosexualität von der APA [American Psychiatric Association] nicht mehr als eine Geisteskrankheit angesehen. Man kann die Entscheidung aus dem Jahre 1973, Homosexualität aus der Liste der Geisteskrankheiten zu streichen, natürlich in bezug darauf kritisieren, daß sich darin viel mehr die politische Wirklichkeit als eine psychologische Erkenntnis spiegelt; dies ändert jedoch nichts am Ergebnis. Homosexualität kann, selbst wenn der einzelne Homosexuelle sie als störend und unerwünscht empfindet (ich-dystone Homosexualität), nicht länger als Krankheit eingeordnet werden. Zweitens räumt die heutige sozialwissenschaftliche Forschung über Homosexualität mit den versteckten Vorurteilen auf, die in früheren Ansichten über die Homosexualität bestimmend waren, als man davon ausging, Homosexualität sei ein anormales Phänomen, und dann nach ihren Ursachen suchte. Homosexualität wird, wenn sie nicht länger als Krankheit gilt, dann natürlich auch viel eher als normale Spielart menschlichen Sexualverhaltens gesehen, auch wenn die Reaktionen auf diese universelle Form der Sexualität in den verschiedenen Kulturen sehr unterschiedlich sein können.[10]

Aufgrund dieser beiden Änderungen in der Einstellung zur

Homosexualität geben heutige jungianische Autoren ihre vorgefaßten Ideen in bezug auf die Homosexualität zunehmend auf und werden offener für die positiven Aspekte homosexueller Beziehungen und ihrer Bilderwelt. Diese Offenheit gegenüber dem Individuum ist zwar überhaupt das Charakteristikum einer jungianischen Herangehensweise, und Jungs Einstellung zu seinen homosexuellen Patienten war auch von dieser Offenheit geprägt. Wie wir aber gesehen haben, ist es auch den Schülern Jungs, die die besten Absichten hegten, nicht immer gelungen, sich von ihren vorgefaßten negativen Meinungen freizumachen. Die heutige Forschung und kritische Auseinandersetzung mit der Homosexualität bringt überholte Vorurteile ans Licht, wenn sie in der jungianischen Literatur auftauchen.

Wörterbuch Jungscher Psychologie, L. Zinkin, Jerome Bernstein, Melvin Kettner

Auch heute mangelt es in der jungianischen Literatur nicht an Haltungen und Theorien, die von Vorurteilen geprägt sind. Viele der heutigen jungianischen Autoren stehen in der Tradition der Analytiker der ersten Generation, betrachten Homosexualität ausschließlich als Ergebnis eines Mutterkomplexes und sehen sie insofern auch als pathologisch und unreif an. Beispiele dafür, wie Homosexualität hinterrücks verdammt wird, weil man sich mit ihr im Kontext der Psychopathologie auseinandersetzt, finden sich erschreckend häufig in der jungianischen Literatur. In dem kürzlich veröffentlichten *Wörterbuch Jungscher Psychologie* von A. Samuels et al. wird unter dem Stichwort «Homosexualität» Jungs Auflistung der positiven Eigenschaften angeführt, die ein Mutterkomplex für die Persönlichkeit eines Mannes mit sich bringen kann. Der Eintrag endet aber mit einer Unterscheidung zwischen «narzißtischer Homosexualität», die als ein Teil einer umfassenderen narzißtischen Persönlichkeitsstörung und als eine «zwanghafte Suche nach Kontrolle und eine

Furcht vor Anderssein» angesehen wird, und der «ödipalen Homosexualität», die als «selbständige Variante der Geschlechtsidentität [betrachtet wird] und derselben Dynamik folgt wie der heterosexuelle Ödipuskomplex». Weiter heißt es dort, daß «viele der Schwierigkeiten des ödipal homosexuellen Patienten ... kultureller und familiärer Natur» sind. Die unglückliche Wahl dieser Begriffe hinterläßt den Eindruck, Homosexualität sei die Folge einer ödipalen oder präödipalen Störung, die mehr oder weniger problematisch sein kann. Die Vorstellung, daß Homosexualität auch frei von Problemen sein kann, wird nicht einmal in Erwägung gezogen.

Unter derselben Vorgehensweise, die eine Verbindung zwischen Homosexualität und psychopathologischem Phänomen herstellt, leidet die Qualität eines ansonsten vielversprechenden Aufsatzes von L. Zinkin aus dem *Journal of Analytical Psychology;* der Titel ist: *Death in Venice: A Jungian View*. Obwohl Zinkin hier eigentlich Jungs Ideen zum Individuationsprozeß anhand Thomas Manns Novelle untersuchen will, beschäftigt er sich hauptsächlich mit der Faszination des Protagonisten für Tadzio, der *puer*-Figur in der Erzählung, und bringt klinisches Material aus seiner Behandlung Pädophiler mit ein. Unglücklicherweise zieht Zinkin, zuweilen sogar in wirklich übler Weise, Vergleiche zwischen der Romanfigur Aschenbach und seinen pädophilen Patienten, wodurch der Eindruck entsteht, daß Aschenbachs Charakter nicht durch eine Individuationskrise erschüttert wird, sondern unter einer tiefverwurzelten Persönlichkeitsstörung und einem sexuellem Verlangen leidet, die der psychoanalytischen Behandlung bedurft hätten. Zinkin liefert hier eine sehr eingeschränkte Interpretation der Erzählung, und sein Aufsatz scheint eher Thomas Manns Intentionen und Figuren zu pervertieren, als ihren Symbolgehalt wachzurufen. Noch unerfreulicher ist jedoch, daß Zinkin nicht konsequent zwischen Homosexualität und Pädophilie unterscheidet. Er benutzt zum Beispiel den Begriff *homosexuell* an Stellen, an denen pädophil angebrachter wäre. Zieht man in Betracht, mit welch heftigen Gefühlen sich in unserem Kulturkreis die Klischeevorstellung verbindet, Homosexuelle würden Kinder belästigen und verführen, so zeigt Zinkins Nachlässigkeit an diesem Punkt erneut, wie einige heutige Jungianer, ob beabsichtigt oder nicht, daran festhalten, Homosexualität als eine Form psychopathologischer Erkrankungen zu sehen.

Jerome Bernsteins Aufsatz in einem kürzlich erschienen Sammelband von Arbeiten über die Initiation, *Betwixt and Between: Patterns of Masculine and Feminine Initiation*, ist ein weiteres Beispiel dafür, wie sich negative Ansichten über Homosexualität dort einschleichen, wo man sie am wenigsten erwartet. Auf dem Hintergrund der Initiationssymbolik, die Jung und andere bei der männlichen Homosexualität klar erkannt haben, hätte man erwarten können, daß es in Bernsteins Arbeit *The Decline of Masculine Rites of Passage in Our Culture* um die initiatorische Funktion homoerotischer Phantasien und Beziehungen geht. Bernsteins einziger Kommentar zur Homosexualität ist jedoch, daß «Homosexualität ein weiterer Fluchtweg für Männer ist, die die Intimität mit Frauen fürchten» (S. 147), als könne der unerschöpfliche Bereich sexueller Männerbeziehungen einfach auf die Furcht vor Frauen und auf psychosexuellen Eskapismus von unreifen Männern reduziert werden.

Zur Unterstützung seiner These zieht Bernstein eine Arbeit über die Homosexualität von Melvin Kettner, einem Analytiker aus San Francisco, heran: *Some Archetypal Themes in Male Homosexuality*. Wenn Analytiker über Homosexualität schreiben, zitieren sie häufig Kettners Aufsatz, weil er eine der wenigen Arbeiten über die Homosexualität ist, die von einem jungianischen Analytiker verfaßt worden ist. Da Kettners Arbeit jedoch nie veröffentlicht wurde, sondern 1967 als Vorlesung auf der Gesamtkonferenz der Nord- und Südkalifornischen Jungianischen Gesellschaft gehalten wurde, ist sie außerhalb jungianischer Kreise nicht allzu gut bekannt. Kettners relativ abfällige und verkürzende Einschätzung der Homosexualität als regressiven Rückfall in alte phallische Kulte, die der Großen Mutter gewidmet waren, führt dazu, daß er viele Rituale und Umgangsformen aus der Schwulenszene pathologisiert. Auch Kettner sieht männliche Homosexualität als ein Problem mit dem Weiblichen. Er geht aber noch einen Schritt weiter, da er sich hauptsächlich mit einigen eher vom Schatten beherrschten und promiskuitiven Elementen in der Schwulenszene befaßt und in diesen Elementen dann Wesensmerkmale des «homosexuellen Archetyps» sieht. In einem anderen Aufsatz, *Patterns of Masculine Identity*, der in einer Sammlung von Arbeiten mit dem Titel *The Reality of the Psyche* veröffentlicht worden ist, schätzt Kettner die schwule Subkultur in der gleichen Weise ein. In einer Fußnote schreibt er, daß «Lederjackenqueens» in der Schwulenszene versuchen, ihren Mangel an Männlichkeit dadurch zu kompensieren, daß sie sich ein hartes männliches Image zulegen, und damit machen sie sich in Kettners Worten zu «einer seltsamen Karikatur des kollektiven amerikanischen Männlichkeitsideals» (Kettner, Patterns, S. 177).

In all diesen Arbeiten wird Homosexualität auf eine typisch jungianische Weise als Problem mit dem Weiblichen gesehen und dadurch grundsätzlich in den Bereich der Psychopathologie verwiesen. Die theoretischen Überlegungen dieser Autoren zur Homosexualität führen in eine Sackgasse, gleichgültig welche Absichten sie auch immer gehabt haben mögen, ob sie nun von Homophobie geleitet waren oder einfach nur nicht nachgedacht haben. Homosexualität wird von vornherein als psychische Krankheit definiert und behandelt, bevor überhaupt in Erwägung gezogen wird, daß sie auch normal sein und positive Merkmale und einen individuellen Charakter haben könnte. Mit solchen Ansichten stehen diese jungianischen Autoren völlig außerhalb der aktuellen Diskussion, und es entsteht zu Recht der Eindruck, daß ihr Blickwinkel zu eng ist und sie auf die Psychopathologie fixiert sind. Wenn man bedenkt, daß Jungs Kritik an Freud genau an diesen Punkten ansetzte, so ist es aberwitzig, wenn Jungianer solche Ansichten über die Homosexualität vertreten.

Steven Centola und K. Marriott

Es ist wohl sinnvoller, sich auf die Jungianer zu konzentrieren, die weniger voreingenommen sind, die Homosexualität nicht so negativ beurteilen und die offener dafür sind, die Homosexualität als ein positives, individuelles Phänomen zu sehen. Zwei Aufsätze, die diesen Übergang von den Haltungen, die Jungianer früher gegenüber der Homosexualität eingenommen hatten, zu moderneren Ansichten widerspiegeln, sind 1981 in dem *Journal of Analytical Psychology* erschienen: der vielversprechende Aufsatz von Steven Centola, *Individuation in E. M. Forster's ‹Maurice›* und der darauffolgende *Kommentar* zu Centolas Aufsatz von K. Marriott.[11]

Am Beginn seiner Arbeit über Forsters *Maurice* hebt Centola hervor, daß sich seine psychologische Untersuchung der Individuationsthematik in Forsters Initiationsroman auf die Hauptfigur und auf Forster selbst bezieht. Nach Centolas Ansicht war dieser Roman höchstwahrscheinlich auch ein therapeutisches Mittel, um als Homosexueller in einer homophoben Gesellschaft seiner Suche nach Ganzheit Ausdruck zu verleihen. Angesichts dieser doppelten Funktion des Romans, nämlich der therapeutischen und der künstlerischen, erhält Centolas Kommentar ein größeres Gewicht, wenn er sagt:

«Wenn Forster die Leiden des Maurice schildert, drückt er damit auch aus, daß die Suche eines Homosexuellen nach Ganzheit zwar leidvoller ist, sich im Grunde aber nicht von der eines Heterosexuellen unterscheidet. Erst nachdem er sich den dunklen und verborgenen Seiten seiner unbewußten Psyche, die seine Homosexualität symbolisieren, stellt und sie in sein Bewußtsein integriert, gelingt es Maurice, individuelle Ganzheit zu erreichen» (Centola, Individuation, S. 51).

Centola sieht diese «dunklen und verborgenen Seiten ..., die seine Homosexualität symbolisieren», sehr viel unvoreingenommener als andere Analytiker, die sich so leicht von Vorurteilen leiten ließen. Er untersucht, wie Forster die Metaphorik des Dunklen benutzte, um zu beschreiben, wie sich in Maurice andeutet, daß er homosexuell ist. Anstatt die Homosexualität dem Schatten gleichzusetzen, sieht Centola, daß Forster das Dunkle benutzt, um zu zeigen, daß das homosexuelle Verlangen von Maurice unbewußt ist. Da Centola diese feine Unterscheidung trifft, kann er Schritt für Schritt erkennen, wie sich die Schattenmetaphorik der Homosexualität in eine Metaphorik der Ganzheit wandelt, als Maurice den wahren Charakter seiner Leidenschaft entdeckt und in seinen Beziehungen zu Clive und Alec erfährt.

Für Centola ist der Schatten in der Individuation an *unbewußte* Homosexualität und nicht an Homosexualität generell gebunden. Deshalb hat er einen besseren Blick für die positiven Aspekte von Forsters Geschichte über eine homosexuelle Selbstverwirklichung, also für das Coming-out von Maurice, wie man heute sagen würde. Statt die jugendliche Sehnsucht von Maurice nach dem «idealen Freund» als Ausdruck seiner unreifen Männlichkeit oder als Versuch, sich von einem Mutterkomplex zu befreien, abzutun, sieht Centola in Maurice' Suche nach dem Doppelgänger ein «Symbol für die Sehnsucht von Maurice nach der Einheit des Seins» (S. 56). Centola interessiert sich weniger dafür, was in den Begegnungen von Maurice mit dem extravaganten Risley und dem ambivalenten Clive, seinem ersten Liebhaber, abstoßend ist – das heißt, er unternimmt nicht den Versuch, diese Beziehungen in das Schema der Schattenprojektionen zu zwängen. Statt dessen stellt er ganz richtig heraus, wie Risley und Clive die Rolle der archetypischen Führer und Wächter für

Maurice übernehmen und ihm den Weg zu seinem Selbst weisen, einem Selbst, das untrennbar mit seiner sexuellen Orientierung verbunden ist:

> «Maurice spürt für einen Augenblick den Hauch der Ewigkeit, als er seine Homosexualität annimmt, weil er für einen Moment sein wahres Selbst erhascht, ‹die Wurzel, aus der Körper und Seele entspringen, das «Ich», das er zu verstecken gelernt hatte und schließlich doch erkannte.› Er begreift, daß er ‹weder Körper oder Seele noch Körper und Seele ist, sondern «er» selbst, der beides durchdringt›» (S. 58).

Weil Centola sein Augenmerk stärker darauf richtet, wie Maurice zu einem Selbstverständnis als Homosexueller findet, als darauf, ob Maurice schließlich doch heterosexuell werden kann oder nicht, entgeht ihm nichts von der Ironie, die in Maurice' Versuchen liegt, sich durch Hypnose und psychiatrische Behandlung heilen zu lassen. In seiner Interpretation des Romans zeigt Centola anhand der Liebesbeziehung, die Maurice am Schluß des Romans mit dem Arbeiter Alec Scudder eingeht, wie die gesellschaftliche Unterdrückung in Form von Homophobie und Klassenschranken der Individuation von Maurice entgegenarbeitet. Die Gesellschaft stößt Maurice und Alec aus ihrer Mitte aus und verbannt sie in die «grünen Wälder Englands»; damit macht sie es Maurice unmöglich, seine Initiation zum Abschluß zu bringen, was für Centola bedeutet, «daß das Individuum das neugewonnene Wissen um sich selbst in seine Gesellschaft integriert – erst davon gehen die Anregungen aus, die jede Kultur braucht, um sich weiterentwickeln zu können» (S. 61). Centola sieht darin aber eher einen Verlust innerhalb des Zivilisationsprozesses, und im letzten Abschnitt schreibt er:

> «Dennoch findet Maurice, ungeachtet dessen, welches Stadium der Individuation er erreicht, Trost, Glück und, was am wichtigsten ist, psychische Stabilität, weil am Ende die homosexuelle Liebe siegt» (S. 62).

K. Marriotts Kommentar zu Centolas Arbeit bildet einen bemerkenswerten Gegensatz zu dieser feinsinnigen und wohldurchdachten Interpretation des Romans, da Mariott weder begreift, worum es Centola in seinen psychologischen Überlegungen geht, noch was Forster mit seinem Roman ausdrücken wollte. Mariott widerspricht Centolas Auffassung, die Individuation sei eine Festlegung, und fragte sich:

«Wenn die Individuation nicht zu einer Festlegung führt, ist dann nicht auch möglicherweise die Homosexualität nichts Festgelegtes? In den letzten zehn Jahren habe ich drei homosexuelle Patienten analytisch behandelt, die alle überzeugte Homosexuelle waren und *von denen keiner etwa wegen seiner Homosexualität ‹Hilfe› suchte*, dennoch haben sich alle grundlegend verändert» (Marriott, Kommentar, S. 65).

Forster und Centola haben gezeigt, daß die Selbstverwirklichung von Maurice als Homosexueller von grundlegender Bedeutung für die psychologische und künstlerische Intention des Romans war. Angesichts dessen ist Mariotts Kommentar an dieser Stelle völlig fehl am Platz, ganz besonders deshalb, weil er im Anschluß daran detailliert einen seiner eigenen Fälle erörtert, in dem ein homosexueller Mann schließlich heterosexuelle Gefühle entwickelte und sich dann nicht mehr als Homosexueller begriff. Man könnte Mariott sicherlich darin zustimmen, daß «Ganzheit alles ist» (S. 68), und es gibt ja auch eine Fülle von klinischem und empirischem Material, aus dem sich schließen läßt, daß sexuelle Orientierung fließend ist. Die Vorstellung, Ganzheit bedeute, auch ein im Grunde homosexueller Mensch müsse seine heterosexuellen Impulse anerkennen, ist aber nur noch ein weiterer Ausdruck davon, daß die Gesellschaft der Heterosexualität den Vorrang einräumt, und liefert nicht annähernd so neue oder originelle Einsichten wie Centolas Aufsatz oder Forsters Roman.

David Walsh

Einen völlig anderen Standort bezeichnet der unmißverständliche Aufsatz des Soziologen David Walsh, der in *Harvest*, der Zeitschrift des Analytical Psychology Club of London erschienen ist. Die Arbeit *Homosexuality, Rationality and Western Culture* zeigt deutlich, wie man jungianisches Denken mit den neueren politisch-psychologischen Überlegungen, die zu einem Umdenken in bezug auf die Homosexualität geführt haben, verbinden kann, um sich dann kritisch mit dem Verständnis der Homosexualität in der Analytischen Psychologie auseinanderzusetzen und es gleichzeitig zu vertiefen. Wer mit den Publikationen aus der Schwulenbewegung der späten 6oer und frühen 7oer Jahre vertraut ist, dem wird vieles in Walshs Aufsatz bekannt vorkommen. Anstatt sich nur mit der Homophobie zu beschäftigen, geht Walsh weiter und erkennt zum Beispiel, daß die Angst vor und die Haßgefühle gegenüber der Homosexualität hauptsächlich von einer «allgemeinen und komplexen Verdrängung der Sexualität» herrühren, von dem Haß auf den Körper und auf die Sexualität, der dann eindeutig auf Frauen und weibliche Sexualität projiziert wird und zu dem frauenfeindlichen Sexismus der westlichen Kultur führt. Walsh schreibt:

«Oberflächlich gesehen ist der Homosexuelle fast ein klassischer Fall der Misogynie, aber ich würde sagen, daß der Homosexuelle eine Gefahr für die Misogynie ist. Denn erst wenn man die hierarchische Trennung zwischen Logos und Eros und die dazugehörige Geschlechtsidentifikation aufgibt, kann man auch anerkennen, daß Homosexualität eine gewöhnliche Form sexueller Unterdrückung (sic) ist. Misogynie und die Unterdrückung der Homosexualität als anomales Phänomen gehen in der westlichen Kultur deshalb Hand in Hand» (Walsh, Homosexuality, S. 74).

Walsh führt dann aus, wie negative Stereotypen über Homosexuelle, die «gezierte Tunte» oder die «mannhafte» Lesbierin, dazu dienen, den Konformismus in bezug auf die Geschlechterrollen und Geschlechterkategorien in einer Gesellschaft zu verstärken, die in ihrem Versuch, die Sexualität zu unterdrücken, diesen angstbesetzten Schatten auf Individuen projizieren muß, die anders sind – eine Dynamik, die Sylvia Brinton-Perera als «Sündenbockkomplex»[12] bezeichnet hat.

Walsh, der seinen Aufsatz vor der meisterhaften Kritik John Boswells schrieb, dessen Buch *Christianity, Social Tolerance and Homosexuality* über dieselbe Thematik ein Meilenstein in der einschlägigen Literatur ist, beschäftigt sich ausführlich mit einer der wichtigsten Rationalisierungen, die die westliche Kultur für die negative Bewertung der Homosexualität bereithält, um ihr den Nimbus zu nehmen: der Auffassung, Homosexualität sei unnatürlich – eine Behauptung, die von einigen Psychologen und Soziologen unterstützt wird, die die Homosexualität als psychische Belastung für das Individuum und als gesellschaftlich unerwünscht betrachten, weil durch sie soziale Konventionen und traditionelle Werte in Frage gestellt werden. Walsh entwickelt einen Naturbegriff, der Jungschem Denken entspricht:

> «Wo die ‹Natur› durch das westliche Bewußtsein beschworen wird, um das Problem der Homosexualität zu analysieren, vergißt der Rationalismus (insbesondere in wissenschaftlichem Gewand), in dessen Namen diese Beschwörung gemacht wird, daß ‹Natur› eine mythische Darstellung der Realität ist und keine äußerliche Gegebenheit» (Walsh, S. 79).

Die Natur ist ein Mythos, den die Menschen mittels der Sprache geschaffen haben, um ihren Erfahrungen einen Sinn geben zu können. Walsh formuliert das so:

> «‹Natur› erzählt von der Andersartigkeit des Seins, die sie als Welt enthüllt. ... Wo Menschen sich entschieden haben, die *Hand der Natur* im Ordnen der sexuellen Erfahrung (Rationalismus) am Werk zu sehen und damit Homosexualität zu einem Problem machen, müssen wir die Hand der Natur als *Machwerk des Menschen* aufdecken und damit im Rationalismus das eigentliche Problem sehen, mit dem wir uns auseinandersetzen müssen» (S. 79–81).

Walsh sieht eine enge Verbindung zwischen diesem problematischen, rationalistischen, nichtmetaphorischen Naturverständnis und dem sexualfeindlichen Charakter der jüdisch-christlichen Einstellung zum Körper und folglich auch zur Sexualität und den Frauen. Seine Kritik an dieser Tradition und ihrer Auswirkung paßt gut zu Jungs Kritik des Christentums, das er als einseitiges, vernunftorientiertes, den Schatten verbannendes System gesehen hat, das in seiner doktrinären Strenge zu einem Symbol der Starre wurde und dringend der Erneuerung bedarf – einer Erneuerung, die aus eben jenen Aspekten menschlicher Erfahrung erwachsen muß, die das Christentum zu verleugnen und zu unterdrücken suchte. In jungianische Begriffe gefaßt, muß der Eros – Sexualität, Beziehung, Leidenschaft, weibliches Bewußtsein und Intuition – in den Logos integriert werden. Walsh lastet es der freudianischen Psychoanalyse und der westlichen Psychologie im allgemeinen an, daß ihnen die Integration des Eros mißlingt, wenn Freud auch einige vielversprechende Ansätze in dieser Richtung gemacht hat, da er erkannte, welche Macht die Sexualität im menschlichen Leben hat. Da sich die Psychologie und die Soziologie für die Sublimation der erotischen Seite der Seele und die Unterwerfung des Eros unter Konventionen und soziale Kontrolle entschieden haben, wurden sie in Walshs Augen zu Handlangern für den Haß auf die Sexualität, der die westliche, jüdisch-christliche Kultur so schwer belastet. Walsh sieht im Haß auf die Sexualität, nicht im Haß auf die Homosexualität, das eigentlich pathologische Moment:

> «Die westliche Kultur hat nur allzu leicht ein kollektives Problem mittels einer Projektion zu einem individuellen Krankheitsbild gemacht. Aber das Material, aus dem diese Pathologie gewoben ist – das misogyne Bewußtsein –, umfaßt die gesamte Kultur. Der Homosexuelle ist nicht der Träger der Misogynie, sondern ihr Opfer. Misogynie ist die Ablehnung des Eros, und das ist etwas, was der Homosexuelle, der seine Homosexualität auslebt, nicht tut und was der ‹normale› Heterosexuelle, der sein Leben an den kulturellen Klischees von männlicher und weiblicher Identität ausrichtet, tut» (S. 97).

David Stockford und J. Michael Steele

Zwei jungianische Analytiker aus San Francisco, David Stockford und J. Michael Steele, kritisieren in ihrer Rezension des Buches *Homosexual Behavior: A Modern Reappraisal* von Judd Marmor die Psychologie und ihr Verständnis von Homosexualität zwar weniger scharf, aber dennoch nicht weniger direkt als Walsh:

> «Auch die jungianische Psychologie hat ihre eigene, recht problematische Sicht dieses Themas, was zweifellos auch damit zu tun hat, daß Freud und Jung in der Mitte des späten 19. Jahrhunderts von den europäisch jüdisch-christlichen Werten geprägt worden sind. Die Strafgesetze und die strengen Urteile gegen die Homosexualität in der westlichen Welt stammen aus den frühen jüdischen und christlichen Kodizes. Trotz ihrer Orientierung auf den Symbolgehalt stehen die Jungianer Freuds Ansicht, ‹Anatomie ist Schicksal›, häufig erschreckend nahe, und die jungianische Psychologie im Ganzen ist eine Psychologie, die in erster Linie für heterosexuelle Männer entwickelt wurde, wie Frauen ja oft festgestellt haben» (Steele und Stockford, S. 47).

Stockford und Steele geben der jungianischen Leserschaft dieser Zeitschrift zum ersten Mal einen Überblick über die neuere Forschung auf dem Gebiet der Homosexualität, die in der psychologischen Diskussion über die Homosexualität in den Vereinigten Staaten einen Prozeß des Umdenkens ausgelöst hat. In ihrem Aufsatz beschäftigen sie sich unter anderem mit der Tierforschung, die zeigt, daß homosexuelles Verhalten bei vielen Tieren vorkommt und nichts mit Anormalität zu tun hat. Außerdem gehen sie auf die Untersuchungen von Masters und Johnson ein, aus denen hervorgeht, daß homosexuelle Paare weit offener sind und besser miteinander kommunizieren können als heterosexuelle Paare. Sie beziehen auch die Ergebnisse der kulturvergleichenden Forschung mit ein, durch die die Vorstellung in Frage gestellt wird, die Muster der Geschlechterrollen seien schon anatomisch festgelegt; und die belegen, daß Homosexualität in vielen nichtwestlichen Kulturen normal ist und akzeptiert wird. Stockford und Steele heben hervor, wie unvoreingenommen in diesem Buch die Bemühungen der heutigen Schwulenkultur der Vereinigten Staaten beschrieben werden, Schwulen oder Lesbierinnen dabei zu helfen, positive und gesunde soziale und individuelle Identitäten aufzubauen. Sie führen außerdem viele Aufsätze an, die sich kritisch mit psychoanalytischen Urteilen über die Homosexualität beschäftigen. Diese negativen Urteile können weder den Ergebnissen psychologischer Tests noch den Forschungsergebnissen über die Entwicklung der Geschlechtsidentität noch den klinischen Erfahrungen vieler Analytiker standhalten. Da es sich bei der Arbeit von Stockford und Steele um eine Buchbesprechung handelt, sind ihr notwendigerweise enge Grenzen gesetzt. Die Autoren entwikkeln ihre gedanklichen Ansätze nicht in einem jungianischen Sinn weiter.

James Hillman

Wir wenden uns nun den eher psychologisch als sozio-politisch ausgerichteten Arbeiten von James Hillman und den Spring Publications zu. Einige der kreativeren und schwulenfreundlicheren Werke über die Homosexualität, die es in der jungianischen Literatur gibt und die immer eine entschieden archetypische Perspektive beibehalten, sind von James Hillman in den Spring Publications publiziert worden.

In der Einführung zu seiner Sammlung *Puer Papers* untersucht Hillman die vielfältigen wechselseitigen Verbindungen, die sich zwischen dem Archetyp des *puer aeternus*, dem göttlichen Kind, dem wir schon in anderen jungianischen Schriften über die Homosexualität begegnet sind, und dem Archetyp des *senex*, dem alten Mann, ergeben. Es ist Hillmans Anliegen zu zeigen, daß diese archetypisch dominanten Figuren mit ihren vielgestaltigen Charakteren nur zwei Seiten derselben archetypischen

Polarität sind, und er schildert wortgewandt die Dualität *unseres* Bewußtseins und die Einheit des Archetyps selbst:

«Diese grundlegende Polarität (zwischen Bewußtheit und Unbewußtheit) ist nur als ein Potential im Archetyp angelegt, der theoretisch nicht in Pole aufgeteilt ist. Der Archetyp *an sich* ist ambivalent und widersprüchlich; er vereinigt in sich Geist und Natur, Psyche und Materie, Bewußtheit und Unbewußtheit; in ihm sind das Für und Wider eins. Es gibt weder Tag noch Nacht, sondern nur eine ständige Dämmerung. ... Mit unserem gewöhnlichen Alltagsbewußtsein begreifen wir nur den einen Teil und machen ihn zu einem Pol» (Hillman, Senex and Puer, S. 12).

Anschließend beschreibt Hillman die Phänomenologie von *senex* und *puer* und schildert, welche Formen diese Archetypen imaginal annehmen; er bemerkt, daß ihre enge Verbindung zueinander von Jungianern häufig ignoriert wird, weil deren Bewußtsein übermäßig auf den *senex* orientiert ist:

«Auch deshalb müssen wir uns dagegen aussprechen, daß man, wie es üblicherweise gemacht wird, zwischen der ersten und der zweiten Lebenshälfte trennt. ... Darin liegt eine große Gefahr, weil damit *puer* und *senex* voneinander getrennt werden. Der puer wird immer aus der Perspektive der puer-senex-Dualität beschrieben und erscheint deshalb negativ. Gleichzeitig bedeutet dies, daß der senex sich selbst positiv einschätzt.
Die üblichen Empfehlungen für die ‹erste Lebenshälfte› lesen sich wie die Anleitung ‹Wie kuriere ich einen puer›: Analysiere das Unbewußte, zügele deine Phantasien, entziehe der Hysterie den Nährboden, stelle dich den Intuitionen, und stelle dich auf den Boden der Tatsachen, verwandelte die Poesie in Prosa ...» (S. 28).

Man könnte dieser Anleitung noch hinzufügen: Hilf dem unreifen Homosexuellen, sich zu einem reifen Heterosexuellen zu entwickeln und eine Ehefrau und eigene *pueri* zu haben.

Hillman läßt sich von Saturn als Personifikation des *senex* leiten und macht deutlich, was hinter dieser eingeimpften Übereinkunft steckt; warum das Bild des *puer*, das negativ auf das Leben und die Liebe schwuler Männer projiziert wird, von Jungianern, wie zum Beispiel von Marie-Louise von Franz, gänzlich abgelehnt wird:

«Diese Bindung an das Weltliche zielt darauf ab, die Verbindung des puer zu seiner vertikalen Achse zu zerreißen; darin zeigt sich eine senex-Persönlichkeit, die selbst nicht das Elterliche von dem Archetypischen getrennt hat und deshalb von ihrem eigenen Kind, ihrem eigenen Phallus, ihrer eigenen Poesie bedroht wird» (S. 29).

Hillman kann und will *puer* und *senex* nicht trennen, und das ermöglicht ihm einen vergleichsweise objektiveren, tiefergehenden und imaginativeren Einblick in die archetypischen Strömungen, die unter einem der primären psychologischen Muster vieler Beziehungen liegen, im besonderen bei der homosexuellen Liebe. In dem Kapitel «The Union of Sames» zeigt Hillman, daß man sich, wenn die zwei Gesichter des *puer* und des *senex* schließlich wirklich als eine einzige Figur mit zwei Seiten verstanden werden, dem Beharren des Ichs darauf, diese Einheit in eine scheinbare Dualität aufzuspalten, widersetzen muß, und da es Hillman ist, der dies schreibt, muß dies auf der imaginalen Ebenen geschehen. Die Bedeutung, die dieser «Vereinigung von Gleichem» für homosexuelle Männer und Frauen hat, sollte nicht unterschätzt werden:

«Wir suchen diese Vereinigung in unserem eigenen Leben. Wir streben danach, den Konflikt zwischen den Extremen in eine Vereinigung von Gleichem zu verwandeln. Unsere Zeit mit ihrer Sehnsucht nach Heilung verlangt danach, daß die beiden Enden zusammengeführt werden, daß unsere andere Hälfte, die uns so nahe ist und uns so gleicht wie der Schatten, den wir werfen, aus dem Dunkel ins Licht hervortritt. Unsere andere Hälfte muß nicht dem anderen Geschlecht angehören. Die Vereinigung der Gegensätze – männlich und weiblich – ist nicht die einzige Vereinigung, nach der wir uns sehnen, und auch nicht die einzige, die uns Erlösung bringt. Es gibt auch die Vereinigung von Gleichem, die Wieder-vereinigung der vertikalen Achse, die die gespaltene Seele heilen kann» (S. 34).

Was Centola in Maurice' (und Forsters) Sehnsucht nach einem idealen Freund sieht, einem Doppelgänger, mit dem die körperliche Vereinigung lediglich Ausdruck eines emotionalen und geistigen Verlangens nach individueller Ganzheit ist – was Zinkin bei Aschenbach als Päderastie pathologisiert –, ist für Hillman in der Polarität von Jugend und Alter enthalten. Hillman wählt männliche Bilder – Saturn und Eros, Zeus und Ganymed, Merkur, Dionysos und Christus –; und das ist besonders bemerkenswert, weil seine revolutionäre Feststellung, daß *puer* und *senex* identisch sind, im Bereich des archetypisch Weiblichen in gewissem Grade selbstverständlich ist: Jugend und Alter, Mutter und Tochter, Demeter und Persephone sind zwei Seiten eines einzigen Archetyps. Daß Hillman diesen Punkt, der das archetypisch Männliche betrifft, überhaupt klarstellen mußte, zeigt, in welch hohem Maße Männer durch die patriarchale Überbewertung des Ichs von ihrem eigenen Potential, zur Ganzheit zu gelangen, entfremdet wurden. Es zeigt auch, warum, archetypisch gesehen, Homosexualität – diese blasphemische Vereinigung von Gleichem – psychisch und geistig als so bedrohlich wahrgenommen wird und warum ihre Sichtbarkeit und Bedeutung nicht ignoriert werden kann und darf.

Rafael Lopez-Pedraza und Mitch Walker

Hillmans Aufsatz gibt uns Aufschluß über die geistige Strömung, in die sich auch zwei weitere Aufsätze einfügen, in denen sich noch deutlichere Äußerungen zur Homosexualität finden lassen. Durch ihn können wir die Ansichten besser verstehen, die Rafael Lopez-Pedraza und Mitch Walker in ihren Arbeiten vertreten, die beide in *Spring,* in der Ausgabe von 1976, erschienen sind. In *Tale of Dryops and the Birth of Pan* benutzt Lopez-Pedraza, ein jungianischer Analytiker aus Venezuela, der in Zürich studiert hat, die Mythen um Apollo und Hermes, um die Thesen mythologisch zu untermauern, die Hillman in seinem Aufsatz über *puer* und *senex* vorgebracht hat. Er sieht im Mythos von Apollo und Admetus einen Archetyp des Eros in den Beziehungen von Männern, einen direkten Ausdruck von Zuneigung, Liebe, Knechtschaft, Initiation und Macht, den die Menschen im Altertum noch erkannt und auch gewürdigt haben; im Mythos, der von Hermes' Liebe zu der Nymphe des sterblichen Königs Dryops erzählt, sieht er einen indirekten Ausdruck des Eros zwischen Männern. Diese Form des Eros ist außerordentlich fruchtbar, weil die Liebe zwischen Hermes und der Nymphe des Dryops zu der Geburt des Gottes Pan führt. Da sich Lopez-Pedraza eingehend mit diesen Mythen des Eros zwischen Männern beschäftigt, muß er sich zwangsläufig auch mit den negativen Ansichten über die Homosexualität, die in der Psychologie vertreten werden, auseinandersetzen:

«Ich möchte hier die Frage aufwerfen, welchen Dienst die Psychologie in diesem Jahrhundert der Psychotherapie erwiesen hat, mit all ihren begrifflichen Etikettierungen wie ‹Homosexualität›, ‹latente Homosexualität›, Schatten (oder Anima) als das Unbekannte in den Beziehungen zwischen Männern», ‹negativer Mutterkomplex› und vor allem ‹Übertragungshomosexualität›, die alle so mißverstanden und falsch interpretiert wurden. Wenn wir den Weg zurückverfolgen, den die Psychologie in diesem Jahrhundert gegangen ist, wird klar, daß der Figur des Zauberlehrlings hier eine herausragende Rolle zukommt. Durch die begrifflichen Festlegungen wurde die Homosexualität in einen sterilen Kausalzusammenhang gestellt, und man versuchte sie dementsprechend über die Beziehung zu Vater und Mutter zu verstehen. Die westliche Kultur hat offensichtlich die Beziehung zu den Archetypen verloren, die dem Eros zwischen Männern zugrunde liegen. Dadurch verfälscht sich das archetypische Verständnis der Homo-Erotik» (Lopez-Pedraza, S. 178).

Lopez-Pedraza sieht im Eros in der Beziehung zwischen Hermes und Dryops etwas, das man sofort als ein gängiges Muster in der Beziehung zwischen Männern erkennt, daß sie sich nämlich «in die Phantasie eines anderen Mannes verlieben». Er betrachtet die Beziehung zwischen Freud und Jung und versucht herauszufinden, wie und warum sie so lange eng befreundet waren und es dann doch zu einem so endgültigen Bruch zwischen ihnen kam. Lopez-Pedraza erkennt auch, welche Bedeutung darin liegt, daß das Kind, das aus der Vereinigung von Hermes und Dryops durch die Nymphe hervorging, niemand anderes ist als der jüdisch-christliche Teufel selbst, der heidnische Gott Pan, dessen Sexualität und Wildheit die Frucht des Eros zwischen den Männern im Mythos ist. Lopez-Pedraza sucht hier ein Bild von Pan wiederherzustellen, das diesem sehr viel gerechter wird und greifbarer und klarer ist als das Bild, das von den heute herrschenden Vorurteilen und religiösen Dogmen geprägt ist. Er macht auch deutlich, wie leicht die Psychotherapie es bei ihrer Suche nach Heilung und sozialer Anpassung übersieht, wenn Pan erscheint und spricht, und damit auch den Weg verliert, wenn es um eine echte und belebende Beziehung zum Heiligen geht. In bezug auf die Psychotherapie mit schwulen Männern betont Lopez-Pedraza, wie wichtig es ist, darauf zu achten, wann Pan sich im Verlauf einer Analyse zeigt:

> «Ich habe versucht, das Bild von einem archetypischen Standpunkt aus zu untersuchen, und dabei erschien es mir besonders wichtig, daß die Geburt Pans nur möglich wurde, weil zwei Männer sich liebten und diese Liebe durch eine Nymphe verwirklichten. Die Einsicht, daß Pans Aufgabe die Psychotherapie des Körpers ist, kann neue Wege aufzeigen, wenn man sich psychotherapeutisch mit den Störungen beschäftigt, die Pan zugeschrieben werden. Diese Einsicht ermöglicht es auch, psychotherapeutisch einen Zugang zu der analytischen Situation zu finden, in der die Homosexualität eines Patienten zentrale Bedeutung zu haben scheint. Homosexualität ohne psychologischen Körper kann durch diesen Ansatz mit der Körperpsychologie Pans, Hermes' Sohn, versehen werden» (S. 189).

Mitch Walker, ein bekannter Autor aus der Schwulenszene San Franciscos, entwickelt in seiner Arbeit *The Double: An Archetypal Configuration* die in derselben Ausgabe von *Spring* erschienen ist, die These weiter, die schon Hillman in *Senex und Puer* aufgestellt hatte. Er sagt nämlich, daß es eine «Seelenfigur» gibt, «die die gesamte erotische und geistige Tragweite aufweist, die der Anima bzw. dem Animus zugeschrieben wird, die aber vom selben Geschlecht und dennoch kein Schatten ist» (Walker, S. 165). Walker zieht die Enuma Elish, den sumerischen Schöpfungsmythos, heran, um anhand der Beziehung zwischen Gilgamesch, der halbgöttlich-halbmenschlichen Hauptfigur der Erzählung, und Enkidu, seinem Freund, zu zeigen, daß der Doppelgänger weder nur der Schatten noch einfach ein Symbol des Ichs oder des Selbst ist. In dem Mythos nimmt Enkidu eine viel positivere Rolle ein, als es ein Schatten könnte. Obgleich er am Anfang ihrer Beziehung sicherlich wild und streitsüchtig ist, übernimmt Enkidu schließlich gleichsam die Rolle des idealen Gefährten, der Gilgameschs Ich vorwärtstreibt und ihm den Weg weist. Enkidu, der sterblich ist, aber auch eigens von den Göttern als Gilgameschs ebenbürtiger Freund erschaffen wurde, als «sein eigenes Spiegelbild, sein zweites Ich», wie der Mythos sagt, kann dennoch nicht einfach als Gilgameschs Ich oder als Symbol des Selbst verstanden werden. Wenn überhaupt, dann übernimmt Enkidu die Funktion, die die Anima für Gilgamesch haben könnte – er erscheint in Gilgameschs Träumen als Helfer und Führer, schön und hinreißend in seiner Wildheit; er ist eine Figur mit eigenen Gedanken und einer eigenen Persönlichkeit, die aber dennoch Gilgameschs inneres Selbst zutiefst verkörpert – und trotzdem ist sie nicht die Anima, wie Jung sie verstanden hat, denn sie erscheint als gleichgeschlechtlicher Doppelgänger.

Walker untersucht die verschiedenen Aspekte des Doppelgängers in Mythen und in der Literatur, um aufzuzeigen, welche charakteristischen Wege dieser einschlägt und welcher Mittel er sich bedient:

> «Wie diese Mythen uns zu verstehen geben, ist der Doppelgänger ein Seelenverwandter, von dem intensive Wärme und Nähe ausgeht. Liebe zwischen Männern und Liebe zwischen Frauen beruht als psychische Erfahrung häufig auf der Projektion des Doppelgängers, genauso wie die Liebe zwischen Menschen unterschiedlichen

Geschlechts auf der Projektion der Anima bzw. des Animus beruht. Und genauso wie bei Anima und Animus kann es solch eine Liebe innerhalb oder außerhalb des Quest des Helden geben. Außerdem kann, da der Doppelgänger eine Seelenfigur ist, der Sexualtrieb beteiligt sein oder auch nicht. Das heißt, daß im Motiv des Doppelgängers eine Tendenz zur Homosexualität angelegt sein kann, trotzdem ist er nicht unbedingt ein homosexueller Archetyp. Der Doppelgänger verkörpert vielmehr den *Geist* der Liebe zwischen Menschen desselben Geschlechts. Der Geist der Liebe, der dem Doppelgänger innewohnt, ist meiner Ansicht nach der tragende Boden für das Ich» (Walker, S. 169).

Walker stellt fest, daß die Figur des Doppelgängers als «Quelle der Ichidentität» dient, und als solche «kann sie zu grundlegender Selbsterkenntnis verhelfen. Dies ist ihre symbolische Bedeutung in dem Heldenmythos» (S. 170).

Anschließend gibt Walker Hillmans intuitive Einsichten wieder und stößt dabei auf etwas, das er die «Jugend-Reife»-Variante des Doppelgängermotivs nennt, nämlich Partnerschaften zwischen älteren und jüngeren Menschen desselben Geschlechts. Walker ist jedoch nicht der Meinung, daß diese Variante des Doppelgängermotivs immer eine *puer-senex*-Verbindung darstellen muß. Seiner Ansicht nach ist dies eine Frage des richtigen Verhältnisses und der Gleichberechtigung zwischen den beiden Partnern, die nicht notwendigerweise einseitige Extreme verkörpern müssen, wie den Konservativismus des *senex* oder die negative Infantilität des *puer*. So sieht Walker in Thomas Manns Novelle *Tod in Venedig* kein Beispiel für seine Vorstellung von dem Doppelgänger, sondern für ihn veranschaulicht Aschenbachs Geschichte eher, wie der negative *puer* geweckt werden kann, wenn man mit dem *senex* identifiziert ist und damit der «verführerischen Macht der Jugend» unweigerlich in die Falle läuft (S. 172).

In bezug auf die dunklere Seite des Archetyps des Doppelgängers zeigt Walker, daß ein solcher innerlicher Seelenverwandter, wenn er nicht angenommen wird, ins Unbewußte verbannt wird und dann den Schatten des Ichs an sich zieht, obwohl er selbst, seinem Wesen nach, eigentlich kein Schatten ist. Wie bei einem Mann, der rücksichtslos versucht, seine ganze Weiblichkeit zu verdrängen, die weitgehend unbewußte Anima die zerstörerische, fast bösartige und unruhestiftende Funktion des Schattens übernimmt (die «negative Anima» in der jungianischen Literatur), so folgt, nach Walkers Ansicht, der Doppelgänger derselben Dynamik, wenn ein Mensch seine homosexuellen Tendenzen ablehnt. Dann vermischt sich der Doppelgänger mit dem Schatten, und seine vollkommenen Eigenschaften, vor allem seine Fähigkeit, einen Menschen zu leiten und zu Selbstreflexion zu führen, gehen verloren. Er wird dann statt dessen zu einem Gegner, zu einer Bedrohung, zu einem unheilvollen Gegenüber. Walker fragt sich, ob hier nicht auch die archetypische Wurzel für die Homophobie liegen könnte, die zusammen mit gesellschaftlichen Zwängen zur Folge hat, daß die «Vereinigung von Gleichem» (Homo-Sexualität) strikt abgelehnt und die Sexualität des Menschen ausschließlich auf die «Vereinigung der Gegensätze» beschränkt wird, die der Heterosexualität eigen ist, der Sexualität der Andersartigkeit.

Die Mythen und die Beispiele aus der Literatur, die Walker anführt, stützen seine These durch die Phantasien und die Bilder, die sie im Menschen wachrufen. Wie wir gesehen haben, findet sich das Motiv des Doppelgängers ganz deutlich in Forsters Roman *Maurice,* in dem das Bild des Freundes entworfen wird, der als eine helfende und leitende Phantasiefigur Maurice dazu verhilft, trotz der gesellschaftlichen Mißbilligung seine eigene Individualität zu erkennen und anzunehmen. Walker bezeichnet diese archetypische Konfiguration als Doppelgänger, aber dieselbe Vorstellung taucht in der jungianischen Literatur als männliche Anima oder weiblicher Animus auf.

Edward C. Whitmont und John Beebe

Einige jungianische Analytiker sind nicht gerade glücklich darüber, daß sich in viele Diskussionen über die Anima eine Tendenz einschleicht, sich an Vorgegebenes zu halten. Sie äußern Bedenken, ob das facettenreiche Wesen eines Seelenführers des Menschen durch den traditionellen Anima- bzw. Animusbegriff tatsächlich erfaßt werden kann. Unter anderem haben James Hillman, Edward C. Whitmont und John Beebe darauf hingewiesen, daß die Phänomene, die Walker in der Mythologie und der Literatur sieht, darauf schließen lassen, daß die Anima zuweilen und für einige Menschen gleichgeschlechtliche Züge tragen kann.

In seinem Buch *Anima: An Anatomy of a Personified Notion* äußert Hillman, daß er ein ungutes Gefühl dabei habe, wenn der Anima die ganze Weiblichkeit eines Mannes zugeschrieben werde, und er sieht im traditionellen Verständnis der «Anima als der weiblichen Seele des Mannes» eine potentiell einschränkende Introjektion äußerlicher Definitionen von Weiblichkeit. Er demontiert in seinem Buch sehr wirkungsvoll die Vorstellung, der Archetyp der Anima entspreche *unseren* Ideen, wer oder was «sie» sein sollte – Psyche, Seele, Gefühl, Eros –, und er fragt sich, wie es auch Jung getan hat, ob es nicht viel richtiger wäre, «die Weiblichkeit des Archetyps auf ihre projizierte Form zu beschränken» (Hillman, Anima, S. 65). Er äußert die Vermutung, daß der Archetyp androgyn sein könnte und seinem Wesen nach inhaltsleer, und stellt damit die Frage auf, ob nicht die Anima oder der Animus zuweilen auch als die gleichgeschlechtlichen Doppelgänger auftreten könnten, die Walker so eindringlich beschreibt.

In seiner Arbeit *Reassessing Feminity and Masculinity* bezeichnet es Edward C. Whitmont als psychologischen Fehler und allzu große Einschränkung, wenn die Männlichkeit ausschließlich den Männern und die Weiblichkeit ausschließlich den Frauen zugeschrieben wird. Die Seele kennt so eng gesteckte

Grenzen nicht. Wenn man, so Whitmont, anerkenne, daß Männlichkeit und Weiblichkeit sowohl bei Männern als auch bei Frauen vorhanden sein können, dann «ist es offensichtlich nicht sinnvoll, den Anima- bzw. Animusbegriff auf ein Geschlecht zu beschränken, was auch durch die psychischen Erfahrungen, die wir in unserer Gesellschaft heute machen, bestätigt wird» (Whitmont, S. 138). Außerdem weist Whitmont darauf hin, daß Jungs Gebrauch der unterschiedlichen Begriffe *Anima* und *Animus* den irreführenden Eindruck erweckt, im Lateinischen wäre ein ähnlich großer Unterschied zwischen diesen beiden Begriffen gemacht worden, obwohl sie in Wahrheit austauschbar waren.

In seinem Beitrag *On Male Partnership*, den John Beebe auf der Nexus-Konferenz «Friendship, Love and Companionship between Man and Man, Woman and Woman» gehalten hat, die 1987 unter der Schirmherrschaft des Jung-Instituts von Los Angeles stattfand, bringt er Ähnliches vor wie Hillman: Die Anima sollte nicht immer als eine Figur verstanden werden, die mit der stereotypen Geschlechterrolle übereinstimmt, sondern, wenn sie wirklich ein Archetyp und eine Seelenfigur ist, wäre es zuweilen angebrachter, sie als eine männliche oder weibliche Figur zu verstehen, die die psychische *Funktion* der Anima, so wie Jung sie dargestellt hat, übernimmt. Sowohl männliche als auch weibliche Figuren können die Funktion der Anima übernehmen, und Beebe zeigt anhand des Films *Kuß der Spinnenfrau*, wie Molina, ein schwuler Mann, für seinen heterosexuellen Zellengenossen Valentino die Funktion des Seelenführers übernimmt und ihn durch Phantasie, Schönheit und Gefühl zur Ganzheit führt.

Sogar viele traditionelle Analytiker greifen letztlich zu der etwas verdrehten Formel «Animus der Anima», um das zu benennen, was Walker, Hillman, Beebe, Whitmont und sicher viele schwule Männer und Lesbierinnen deutlich erkannt haben: nämlich daß der Homo-Eros, ob er nun wirklich ausgelebt oder nur phantasiert wird, nicht immer ein Zeichen für Unreife oder ein Mißverständnis ist. Er kann zuweilen auch durchaus ein Ausdruck der Einheit mit sich selbst sein, die der Seele innewohnt, und muß nicht notwendigerweise eine Verbindung mit einem anderen in einer männlich-weiblichen *coniunctio* sein. Der Homo-Eros kann vielmehr auch eine gelebte, psychische Selbstdarstellung sein, die sich äußerlich und innerlich in der Liebe eines Mannes für die Männlichkeit und in der Leidenschaft einer Frau für ihre Weiblichkeit äußert. Wenn man diese *coniunctio* fühlt, dann kann ihr innerer symbolischer Ausdruck nur eine homosexuelle Gestalt haben, und sie kann nur in einer männlichen Anima oder einem weiblichen Animus verkörpert sein, nämlich in dem idealen Doppelgänger, den Mitch Walker beschreibt, in dem Freund, dem Begleiter, dem Kameraden, dem Bruder bzw. der Schwester und dem Liebhaber.[13]

Eugene Monick

Da Eugene Monick in seinem Buch *Phallos: Sacred Image of the Masculine* über die Vereinigung von Männern mit ihrer eigenen Männlichkeit schreibt, ist es nicht verwunderlich, daß sich in diesem Buch die gezielteste Auseinandersetzung mit Homosexualität finden läßt, die es in der heutigen jungianischen Literatur gibt. Monick geht es vornehmlich darum, das Bild des Phallos wieder in einem Zusammenhang zu sehen, der weder von dem patriarchalen Triumphgebaren der heutigen Kultur verzerrt wird noch von ihrem kompensatorischen Pendant in der Tiefenpsychologie, der Überbewertung der Großen Mutter. Eine solche Überbewertung führt dazu, daß das ganze unbewußte Erleben, auch das der Männlichkeit, als Frucht des tiefen, dunklen Weiblichen gesehen wird (Monick führt Neumann als bestes Beispiel für diese kompensatorische Überbewertung der Mutter in der Tiefenpsychologie an). Er sieht den befruchtenden männlichen Phallos als ein schöpferisches Prinzip, das der Großen Mutter nicht etwa untergeordnet, sondern ihr gleichwertig ist. Damit möchte Monick Männer und Frauen dabei unterstützen, eine unverfälschtere Verbindung mit dem Phallos eingehen zu können – nicht einfach mit dem rationalen, intellektuellen apollinischen «höheren Phallos», dem solaren Bewußtsein des Denkens und des Geistes, sondern mit dem dunkleren, urzeitlichen Phallos, der energischen, wilden, dionysischen sexuellen Körpererfahrung, der «lunaren Männlichkeit», die in der heutigen jüdisch-christlichen Kultur so sehr gehaßt und so gründlich verdrängt wird.

In bezug auf die Homosexualität stimmt Monick mit dem dänischen Analytiker Thorkil Vanggaard überein, der von einem «homosexuellen Radikal» spricht, womit er meint, daß jeder Mensch «bis zu einem gewissen Grad homosexuelle Neigungen hat». Monick schreibt:

«Homoerotik kommt dann ins Spiel, wenn das Bedürfnis eines Mannes nach männlicher Bestätigung zu einem Verlangen und sein Hunger nach dem Phallos zu sexueller Begierde wird. Drei unterschiedliche Faktoren spielen dabei eine Rolle. Der eine ist das homosexuelle Radikal, das sich in jedem Mann finden läßt. Ein weiterer ist das Auftauchen der Erotik, die auf diesem Radikal beruht und einem starken Bedürfnis entspricht. Der dritte ist das Ausagieren des homoerotischen Verlangens in der Sexualität» (Monick, S. 36).

Dies führt Monick dann zu der Frage: «Ist Homosexualität wirklich krankhaft?» Seine Antwort ist in ihrer Direktheit einzigartig in der junginanischen Literatur:

«Wäre der Phallos nur ein Werkzeug im Dienste der Großen Mutter – das von ihr abstammt und ihrer magnetischen Anziehungskraft als Ursprung gehorchend zu ihr zurückkehrt –, könnte man Argumente dafür finden, daß die Homosexualität eine Verirrung ursprünglich triebhafter Energie ist ... Es sollte zur Kenntnis genommen werden, daß sogar die gründlichste psychoanalytische Behandlung selten dazu führt, daß Männer, bei denen das homosexuelle Radikal aktiv ist, ihr erotisches Interesse am Phallos verlieren. Läge das psychologische Problem nur darin, den Analysanden zu befähigen, sich vom Mütterlichen zu distanzieren, und wäre es nur eine Frage seiner Entschlossenheit, die heroische Haltung einzunehmen, dann wäre die

‹Heilungs›rate viel größer, als sie ist. Es geht einfach darum, daß Männer, ob sie nun homosexuell, bisexuell oder heterosexuell sind, eine archetypische Verbindung zu dem Phallos haben, die nicht geheilt werden kann und auch nicht geheilt werden sollte, da sie keine Krankheit ist. An der Frage, wie ein Mann mit seiner Sexualität umgeht, entscheidet sich, ob Krankhaftes ins Spiel kommt – dabei geht es natürlich auch um kollektive Erwartungen und Urteile und ihr Auswirkungen auf das Subjekt. ... Sexualität an sich, einschließlich des homosexuellen Radikal, das Männer immer in sich haben, ist und war niemals krankhaft. ...
Es ist ebenso falsch, wenn Psychoanalytiker ein Urteil darüber fällen, an welchem Punkt ein Mann sich im Kontinuum des homosexuellen Radikal befinden sollte, wie es abwegig wäre, seine Männlichkeit nach der Größe seines Penis zu beurteilen» (S. 115 f.).

June Singer und John Sanford

Neben Monick sind vielleicht John Sanford und June Singer die beiden jungianischen Autoren, deren Arbeiten über Sexualität, Männlichkeit und Weiblichkeit am bekanntesten sind. In ihren zahlreichen Büchern beschäftigen sie sich mit der Frage der Homosexualität und den Problemen, die in klinischer und theoretischer Hinsicht für die jungianische Psychologie damit verbunden sind.

In ihrem überzeugenden Buch *Androgyny: Toward a New Theory of Sexuality,* das inzwischen fast zu einem Standardwerk geworden ist, beschäftigt sich June Singer sehr eingehend mit der Homosexualität. Dem «androgynen Erleben in der Homosexualität, Bisexualität und Heterosexualität» ist ein ganzes Kapitel gewidmet. Dieses Kapitel ist sehr ansprechend geschrieben, weil die Fallgeschichten von zwei Männern und einer Frau im Mittelpunkt stehen, deren androgyne Anlagen im Verlauf der Analyse mit June Singer manifest wurden. Die Patienten entwickelten nämlich homosexuelle Gedanken, Gefühle und Phantasien und gingen schließlich auch homosexuelle Beziehungen ein. Bei der ersten Fallgeschichte handelt es sich um einen Patienten, dessen Homosexualität eine wichtige Rolle in seiner sexuellen Entwicklung gespielt hatte, der aber diese Seite seines erotischen Wesens völlig – und zu seinem Nachteil – verdrängt hatte; er hatte nämlich geheiratet und hatte dann auch Kinder, aber er mußte feststellen, daß er zuviel trank und immer häufiger in seinen homoerotischen Phantasien versunken war. June Singer beweist viel Taktgefühl und akzeptiert seine homoerotische Seite, und dadurch hilft sie ihm dabei, dieser Seite einen größeren Spielraum in seinem Leben einzuräumen. Sie bringt der Unbeholfenheit und Zwanghaftigkeit seiner ersten homosexuellen Erfahrungen großes Verständnis entgegen, und mit viel Geduld unterstützt sie ihn dabei, die Komplexität seines inneren und äußeren Lebens als Bisexueller zu akzeptieren.

June Singer stellt deutlich heraus, daß es aufgrund der neuesten Forschungsergebnisse über die sexuelle Orientierung und angesichts der Tatsache, daß die APA Homosexualität nicht mehr als krankhaft einstuft, zwingend notwendig ist, einen flexiblen und individuellen Zugang zu solchen Problemen ihrer Patienten zu finden. Aber gerade weil sie sich um eine solche Flexibilität bemüht und sich vorrangig mit Androgynie und nicht mit Homosexualität beschäftigt, weckt die zweite Falldarstellung, bei der es um eine Patientin geht, zunächst den Anschein, als stünde sie in einem seltsamen Kontrast zu der Analyse ihrer bisexuellen Patientin. Diese Frau, die sich selbst als heterosexuell betrachtete und eine Beziehung zu einem Mann hatte, als sie die Analyse begann, fühlte sich immer stärker zu Frauen hingezogen, die ihrem Empfinden nach viel stärkere emotionale und sexuelle Reaktionen zeigen. Sie ging dann schließlich eine langfristige Beziehung mit einer Frau ein und identifiziert sich inzwischen als Lesbierin. June Singer ist sich durchaus im klaren, daß es für diese Frau positiv war, sich selbst als Lesbierin zu akzeptieren, aber ihr scheint trotzdem nicht ganz wohl dabei zu sein:

«Ich mußte mir die Frage stellen: War Frau B. wirklich lesbisch? Frau B. selbst hatte keinen Zweifel daran; sie war völlig glücklich damit, eine Identität als Lesbierin gefunden zu haben. Ich war mir da nicht so sicher, auch wenn sie beteuerte, daß sie jetzt, mit einer Frau, zum ersten Mal wirklich befriedigende sexuelle Erfahrungen gemacht habe» (Singer, S. 289).

In einem archetypischen Amplifikationsprozeß, wie er für den jungianischen Ansatz kennzeichnend ist, zieht June Singer eine Parallele zwischen der Identität dieser Frau als Lesbierin und den Amazonen, den Kriegerinnen aus dem griechischen Mythos. Man muß ihr hoch anrechnen, daß sie dabei nicht in den archetypischen Reduktionismus verfällt, dem so viele Jungianer erliegen, wenn sie über Homosexualität schreiben – und in dieser dann zum Beispiel nichts anderes sehen als eine Fixierung an die Große Mutter. June Singer stellt fest:

«Vielleicht begann Frau B. jetzt zum ersten Mal ihre Sexualität *als Frau* zu erleben. Die Männer, mit denen sie früher Beziehungen hatte, hatten in vielerlei Hinsicht einem weiblichen Bild entsprochen. ... Frau B.s Beziehung zu ihrer Freundin war ganz eindeutig eine Beziehung zu jemand, der ganz anders war als sie selbst» (S. 291).

Die ganz andere Frau, deren Eigenschaften wie Durchsetzungsvermögen und die Fähigkeit, finanzielle Sicherheit zu geben, eher den Klischeevorstellungen von Männlichkeit entsprechen, bringt Singer auf den Gedanken, in diesem Element die Ursache dafür zu sehen, daß die lesbische Beziehung sich so positiv auf ihre Patientin ausgewirkt hat.

«Sicherlich können die Klischeevorstellungen, die sich gemeinhin mit den Begriffen ‹Homosexualität› und ‹Heterosexualität› verbinden, vor den Erfahrungen, die Menschen wie diese im wirklichen Leben machen, nicht bestehen. Wenn Männer und Frauen nicht länger den Beschränkungen der Geschlechtszugehörigkeit unterworfen sind oder sich selbst davon freimachen können, dann können sich Menschen wieder stärker *als Menschen* lieben und sich dabei nach ihren individuellen Bedürfnissen und Wünschen richten» (S. 291).

June Singers Beispiele sollen «zeigen, wie wichtig es für uns ist, im Zeitalter der Androgynie Menschen nicht mehr aufgrund dessen in Kategorien einzuordnen, welche sexuellen Partner sie zu einem bestimmten Zeitpunkt wählen» (S. 292).

Bei Singers dritter Falldarstellung geht es um einen etwas verwirrten jungen Mann, der in der Schwulenszene eines Colleges vorübergehend ein Zuhause und eine Identität gefunden hat, der aber eigentlich heterosexuell ist. Dies wird ihm schließlich klar, als er auf einer Party, bei der es zu heterosexuellen und homosexuellen Sexualkontakten kommt, ein ihn veränderndes Erlebnis hat. Statt selbstzufrieden und begeistert ihren Heilungserfolg herauszustellen, führt Singer aus:

> «In seinem Fall war der Ausflug in die Homosexualität nur ein Schritt in seiner psychischen und sexuellen Entwicklung. Das bedeutet aber nicht, daß Homosexualität notwendigerweise mit Unreife und Heterosexualität mit Reife gleichgesetzt werden muß. Aber in C.s Fall war der Wechsel zur Heterosexualität wirklich ein Entwicklungsschritt» (S. 294).

Singers Ansichten über die Homosexualität haben auch ihre problematische Seite. An einer Stelle zieht sie einen ungeschickten Vergleich zwischen den «Keimen der Homosexualität» und den Viren der gewöhnlichen Grippe oder Krebszellen, denen man ausgeliefert sein kann, und stellt damit dieselbe unbewußte Verbindung zwischen Homosexualität und Krankheit her, die schon andere, wie wir gesehen haben, ganz bewußt und in viel schärferer Form hergestellt haben. Da es ihr in ihrem Buch vornehmlich um die Androgynie geht, entsteht der Eindruck, daß sie mit dem Behandlungsverlauf ihrer männlichen Patienten, die schließlich bisexuell oder heterosexuell wurden, zufriedener ist als mit ihrer lesbischen Patientin, die eine ausschließlich homosexuelle Identität gefunden hat. Obwohl sie der Meinung ist, daß männliche und weibliche «Liebesenergie» (in Anlehnung an den Titel ihres nächsten Buches) frei fließen sollte, hält sie eine ausschließlich homosexuelle Ausrichtung nicht gerade für wünschenswert, und zuweilen betont sie nachdrücklich, wie wichtig die sozialen Konventionen für den Zusammenhalt und den Fortbestand der Zivilisation sind.

Was ist, wenn jemand eine sexuelle Orientierung hat, die nicht zu Singers androgynem Ideal passt? Was ist, wenn ich ausschließlich homosexuell bin und mich sexuell nicht für Frauen interessiere? Hätte ich dann eine einseitige Sexualität? Müssen Menschen, die ausschließlich heterosexuell sind, nicht mit der gleichen Skepsis betrachtet werden, bzw. müßte ihnen nicht dabei geholfen werden, sich auch homosexuell auszurichten? Wer Individualität wirklich ernstnimmt, muß auch sehen, daß für die meisten Menschen eine androgyne, bisexuelle Identität und ein entsprechendes Sexualleben nicht die Norm ist und daß sie auch nicht zu einer neuen Norm erhoben werden sollte. Es gibt echte Homosexuelle genauso, wie es echte Heterosexuelle gibt, für die Androgynie kein Weg ist. Trotz der aufgezeigten Schwächen sind Singers Offenheit diesen Fragen gegenüber und ihre sensible, ausgewogene Herangehensweise an diese hochbrisanten Probleme einzigartig im heutigen jungianischen Denken.

In seiner Forschungsarbeit über Männlichkeit und Weiblichkeit beschäftigt sich auch John Sanford in einer ausgewogenen, wohldurchdachten und sensiblen Weise mit Homosexualität, obwohl auch seine Ansichten nicht ganz unproblematisch sind. Er geht zum Beispiel in seiner Arbeit über die Anima und den Animus, *Unsere unsichtbaren Partner,* ausführlich auf die psychologische Dynamik der Homosexualität ein und wiederholt dabei nochmals den traditionellen jungianischen Erklärungsansatz für Homosexualität (vermutlich die männliche): Sie sei die Manifestation des Wunsches nach Kontakt mit dem männlichen Geschlechtsorgan, der auf ein Problem mit dem Weiblichen zurückzuführen sei, das entweder in einer Distanz zu oder einer Verstrickung mit der Mutter bzw. Anima bzw. Großen Mutter bestehe. Man muß ihm jedoch zugute halten, daß er sich in seiner Arbeit auch mit anderen Kulturen befaßt, insbesondere mit den

Ureinwohnern Amerikas, die eine andere, mythologisch evokativere Beziehung zu der gleichgeschlechtlichen Liebe hatten. Bedauerlicherweise führt Sanford seine kurze Anmerkung zum Transvestitisch-Androgynen im Mythos und der Stammeskultur der Ureinwohner Amerikas nicht weiter aus.

Weibliche Homosexualität in der heutigen jungianischen Literatur

Es läßt sich in der jungianischen Literatur schon wenig zur männlichen Homosexualität finden, aber noch weniger gibt es zur weiblichen Homosexualität. Bei unserer Betrachtung des heutigen jungianischen Denkens fällt auf, daß viele der heutigen jungianischen Autoren «Homosexualität» mit «männlicher Homosexualität» gleichsetzen. Dies haben Jung selbst und seine unmittelbaren Nachfolger keineswegs getan, sondern sie haben sich durchaus auch mit weiblicher Homosexualität beschäftigt. (June Singers Fallbeschreibung der lesbischen Patientin aus ihrem Buch *Androgyny,* die im vorigen Abschnitt erwähnt wurde, stellt sicherlich eine Ausnahme dar.) Diese Gleichsetzung von Homosexualität mit männlicher Homosexualität ist vielleicht der beste Beweis für die Richtigkeit der feministischen Kritik, daß die Psychologie, einschließlich der Analytischen Psychologie, die Psyche des Mannes als Maßstab für die menschliche Psyche schlechthin benutzt und weibliche Erfahrung so weit wie möglich ignoriert oder sie nur im Vergleich zur männlichen Psychologie berücksichtigt.

Die Unterscheidung zwischen der Schwulenszene und der lesbisch-feministischen Szene, die in der Schwulenszene selbst gemacht wird, könnte hier hilfreich sein. Heutzutage bezeichnen sich viele Frauen, die Frauen lieben, nicht als homosexuell, sondern ziehen es vor, sich statt dessen lesbisch zu nennen. Durch diesen Begriff wird, wie durch den Begriff *schwul* für männliche Homosexuelle, ein Bewußtsein darüber zum Ausdruck gebracht, daß eine homosexuelle Orientierung auch eine politische, soziale und gruppenbezogene Dimension hat. So fragt man sich, ob es für die heutigen jungianischen Autoren nicht möglich wäre, dieselbe Unterscheidung zu treffen – nämlich mit dem Begriff *homosexuell* die männliche Homosexualität zu bezeichnen und den Begriff *lesbisch* der weiblichen Homosexualität vorzubehalten.

Bedauerlicherweise läßt sich erschreckend wenig zur weiblichen Homosexualität in der jungianischen Literatur finden. Obwohl es in jungianischen Kreisen sehr viele talentierte, kompetente und kreative Frauen gibt, die eine Vielzahl von Schriften über die Erfahrungen und die Psyche von Frauen veröffentlicht haben, ist diese Literatur jungianischer Sicht weitgehend auf die Erfahrungen heterosexueller Frauen beschränkt. Selbst dort, wo man eine Auseinandersetzung mit lesbischer Liebe und Sexualität erwarten könnte, nämlich in den Büchern, die zu den bekanntesten zählen, die Jungianer über die spezifisch weiblichen Erfahrungen in der heutigen Zeit geschrieben haben, wird die lesbische Liebe und Sexualität höchstens am Rande erwähnt und auch dann meist nur im Zusammenhang mit den lesbischen Gefühlen heterosexueller Frauen (und einigen wenige, sehr kurzen Stellungnahmen zur männlichen Sexualität in den Kulten der Großen Mutter). Zu diesen Veröffentlichungen zählen Bücher, wie *Der Weg zur Göttin der Tiefe. Die Erlösung der dunklen Schwester* von Sylvia Brinton-Perera, *Töchter und Väter. Heilung einer verletzten Beziehung* von Linda Leonard, *The Sacred Prostitute: Eternal Aspects of the Feminine* von Nancy Qualls-Corbett, *Psyche's Sister: Re-imagining the Meaning of Sisterhood* von Christine Downing, *The Feminine in Jungian Psychology and Christian Theology* von Ann Belford Ulanov, *Göttinnen in jeder Frau. Psychologie einer neuen Weiblichkeit* von Jean Shinoda Bolen oder auch *Die Mutter im Märchen* von Sibylle Birkhäuser-Oeri. Auch in der jungianisch-feministischen Neubestimmung des Animusbegriffs, wie sie von Demaris Wehr oder Mary Ann Mattoon und Jeanette Jones versucht wurde, wird die lesbische Liebe und Sexualität nicht annähernd in der Weise berücksichtigt, wie es bei der Neubestimmung des Animabegriffs geschehen ist, wo die männliche Homosexualität in die Auseinandersetzung miteinbezogen wird. Für einige mag es überraschend sein, daß weibliche Homosexualität so wenig Beachtung findet, besonders da Jung und die Jungianer der ersten Generation die lesbische Liebe traditionell als Animusidentifikation bezeichnet haben.

Zwei Autorinnen, die hier eine Ausnahme bilden und sich zu diesem Thema, das nahezu totgeschwiegen wurde, geäußert haben, sollten trotz der Kürze und relativen Begrenztheit ihrer Ausführungen nicht unerwähnt bleiben. Betty De Shong Meador, eine jungianische Analytikerin aus Berkeley, Kalifornien, beschreibt in einem Artikel, der in der Zeitschrift *Chiron* unter dem Titel *Transference/Countertransference between Woman Analyst and Wounded Girl Child* erschienen ist, sehr detailliert eine erotische Gegenübertragungsreaktion, die sie mit einer Patientin erlebt hatte. Zieht man in Betracht, wie selten offen über Gegenübertragungssituationen geschrieben wird und, was noch schwerwiegender ist, daß sich fast gar nichts über lesbische Liebe finden läßt, dann wird klar, warum Meador ihren klinischen Bericht in der unpersönlichen Form eines Märchens über zwei Frauen abgefasst hat. Auf ähnliche Weise beschreibt Marion Woodman in ihrem Buch *The Pregnant Virgin* die lesbische Bilderwelt in den Träumen einiger Frauen, die sie behandelt hat. Die Schwäche dieser beiden kreativen und überdies mutigen Aufsätze liegt hauptsächlich darin, daß sie sich nicht mit weiblicher Homosexualität beschäftigen, sondern ausschließlich mit der Erfahrung heterosexueller Frauen, die sich zum gleichen Geschlecht hingezogen fühlen. Lesbierinnen, also Frauen, die sich sexuell in erster Linie (oder sogar ausschließlich) auf andere Frauen beziehen und sich sozial und politisch über diese Orientierung definieren, bleiben in der jungianischen Literatur eine unbekannte Größe. Gibt es eine spezifisch lesbische Psychologie mit eigenen archetypischen Inhalten und Erfahrungen? Die jungianische Literatur schweigt darüber und hat keine Antwort bereit – mehr noch, die Frage wurde bislang noch nicht einmal gestellt.

Karin Lofthus Carrington äußert sich in einer Rezension des

Buches *The Book of Lilith* von Barbara Black Koltuv, die in der New Yorker Zeitschrift *Quadrant* erschienen ist, zu dem Phänomen, daß Jungianer bislang nichts über weibliche Homosexualität gesagt haben:

> «Koltuv erkennt nicht, daß es eine spezifische Bedeutung hat, wenn Frauen sich erotisch zu anderen Frauen hingezogen fühlen, was ja im Individuationsprozeß recht häufig geschieht. Jung erkannte, daß ein heiliges Wissen um die Unsterblichkeit zwischen Mutter und Tochter, die in jeder Frau lebendig sind, als Erfahrung weitergegeben wird. Die alten Griechen würdigten dieses transformative Wissen der Frauen in den Initiationsriten zu Eleusis, bei denen das Erotische in sakraler und profaner Form dargestellt wurde. Im modernen jungianischen Denken ist es jedoch offenbar ein Tabu, allzu direkt und deutlich über die Bedeutung lesbischer Liebe zu sprechen. Ich frage mich, ob sich in dieser, für viele Jungianer typischen Haltung nicht eine Phobie zeigt, die in der Gesellschaft schlechthin vorhanden ist. Wenn nämlich Frauen sich in ihr eigenes Spiegelbild vertiefen oder suchend in die Augen anderer Frauen schauen, um die Erinnerung an ihre Ganzheit wachzurufen, wer wird dann den Männern ein Spiegel ihrer Seele sein?» (Carrington, S. 101)

Bisher ist diese Frage offenbar so angstbesetzt, daß man sich davor scheut, zu erforschen, wie die Erfahrungswelt lesbischer Frauen wirklich beschaffen ist; es sei denn, es geht um heterosexuelle Frauen, die für kurze Zeit mit einer lesbischen Beziehung liebäugeln. Es bleibt zu hoffen, daß die vielen talentierten Jungianerinnen in naher Zukunft ein umfassenderes und befriedigenderes Verständnis der «Bedeutung lesbischer Liebe» entwickeln.

Auf der Zielgeraden

Die Erklärungsansätze, die es heute in bezug auf die Homosexualität aus einer jungianischen Perspektive gibt, bleiben unvollständig, wenn nicht gar bruchstückhaft. In vielen Diskussionsbeiträgen werden zwar verschiedene wichtige Fragen immer wieder angesprochen – ganz besonders das Problem, daß die konventionellen Definitionen von Männlichkeit und Weiblichkeit, die es innerhalb und außerhalb der Analytischen Psychologie gibt, nicht mehr hinreichen, um psychische Erfahrungen von Männern und Frauen zu beschreiben. Zum gegenwärtigen Zeitpunkt scheint es aber keine große Übereinstimmung darüber zu geben, was Homosexualität in psychologischer oder archetypischer Hinsicht bedeutet, oder auch nur in der Frage, ob sie nun ein negatives, positives oder neutrales Phänomen sei. Einige Autoren machen den traditionell jungianischen Winkelzug, in schönen Worten ihre Verachtung auszudrücken, wenn sie sich auf die Homosexualität beziehen, und pathologisieren sie indirekt. Andere lehnen die Vorstellung, Homosexualität sei an sich krankhaft, unmißverständlich ab und drängen darauf, die Aufmerksamkeit auf soziopolitische Fragen zu richten und einem Ansatz treu zu bleiben, der das Individuum in den Mittelpunkt stellt. Einige Autoren, wie Hillman, Lopez-Pedraza, Monick und Singer entwickeln ihre Vorstellungen anhand der Bilderwelt aus der Mythologie, andere, wie Zinkin und Centola, richten ihr Augenmerk darauf, wie schwule Männer in Romanen und Erzählungen beschrieben werden, um zu psychologischen Erkenntnissen zu gelangen. Aber nur wenige geben so detaillierte, persönliche Darstellungen von Homosexuellen, wie man sie in den Fallbeschreibungen von Jung oder auch in einigen Fallbeschreibungen der Analytiker der ersten Generation, etwa Jacobi oder Prince, findet. Homosexuelle und ihr Lebenszusammenhang, ihr Individuationsprozeß, ihre Phantasien und Träume, ihre Liebe, Hoffnungen und Wünsche – all das bleibt weiterhin im dunkeln, trotz der imaginativen Kraft jungianischer Autoren. Überdies läßt sich in den Arbeiten heutiger Analytiker so gut wie nichts über lesbische Liebe als psychologisches oder kulturelles Phänomen finden, und dies ist wahrlich überraschend angesichts der sonst so reichen Literatur auf dem Gebiet der Frauenforschung.

Was in der Analytischen Psychologie fehlt, ist eine Herangehensweise an Homosexualität und sexuelle Orientierung im allgemeinen, die auf einer archetypischen Grundlage beruht und zugleich den heutigen Erfahrungen von Schwulen und Lesbierinnen gerecht wird, gleichgültig ob sie sich in einer Analyse befinden oder nicht. Diese Herangehensweise müßte natürlich auch die objektiveren Erkenntnisse der sozialwissenschaftlichen Forschung der letzten zwanzig Jahre miteinbeziehen. Vieles aus der jungianischen Literatur mag zwar evokativ und anregend sein, es dürfte aber klargeworden sein, daß bisher niemand in der Lage war, ein zeitgemäßes jungianisches Verständnis der Homosexualität zu entwickeln, das, wenn es auch das Geheimnis und die Leidenschaft homosexueller bzw. lesbischer Liebe nicht vollständig zu erklären vermag (und dies auch gar nicht erst versucht werden sollte), zumindest unser Gespür für die Strömungen in unserer Seele vertiefen könnte, die zu den homosexuellen Sehnsüchten, Phantasien und Beziehungen hinführen und dann auch wieder davon wegführen.

Man könnte einwenden, daß eine umfassende Theoriebildung dem Geist Jungs in gewisser Weise widerspricht und daß die Individualität eindeutig im Vordergrund stehen sollte. Es nützt jedoch niemandem, wenn die Fragen, die mit der Homosexualität verbunden sind, nicht systematisch aufgearbeitet werden, und am wenigsten nützt es den Schwulen und Lesbierinnen selbst, weil die Gefahr besteht, daß der Schatz ihrer Erfahrungen verlorengeht, ohne daß zumindest ein bißchen Klarheit in die Probleme sexueller Orientierung gebracht worden wäre. Mit ihren bruchstückhaften Beiträgen zur Homosexualität schaffen die Jungianer gemeinhin mehr Verwirrung als Klarheit, und die Erfahrungen der Homosexuellen bleiben weiterhin ausgeblendet. Dies steht im Widerspruch zu dem Anliegen Jungs, das bewußt zu machen, was bislang unbewußt ist. Die recht positiven Haltungen, die Jung zur Homosexualität und den Homosexuellen eingenommen hat, werden dazu genutzt, Jungs Ansatz weiterzuentwickeln. Erst wenn den Erfahrungen der Homosexuellen Aufmerksamkeit geschenkt wird, kann Individualität walten.

In den nächsten Kapiteln werde ich zeigen, wie man archetypische Erkenntnisse, die heutige Forschung und die Erfahrungen individueller Schwuler wie auch Erfahrungen aus der Schwulenszene miteinander verbinden kann, um einen umfassenden Ansatz zur Homosexualität und sexuellen Orientierung zu finden. Wir werden die wertvollsten Erkenntnisse Jungs und der Jungianer über die Homosexualität heranziehen und überholte Haltungen und verwirrende Theorieansätze verwerfen, um ein vorläufiges theoretisches Gerüst aufzubauen, das ein wenig Ordnung in die *massa confusa* bringen wird, ein Gerüst, das, wie ich hoffe, die vielen Gesichter des Eros, ob sie nun männlich oder weiblich, schwul oder hetero, bewußt oder unbewußt sind, in sich aufnehmen wird, damit sie gesehen und geachtet werden können.

Versuch einer jungianischen Theorie der sexuellen Orientierung

Die gründliche Untersuchung dessen, was Jung und die Jungianer zum Thema Homosexualität geschrieben haben, hat deutlich gemacht, was in der Analytischen Psychologie zu Fragen der sexuellen Orientierung erarbeitet worden ist und was übergangen wurde. Außerdem ist deutlich geworden, daß es in der Analytischen Psychologie an einer zusammenhängenden Theorie über die sexuelle Orientierung fehlt und daß sie einer solchen Theorie zugleich dringend bedarf. Im Idealfall müßte eine solche Theorie den spezifisch jungianischen Erkenntnissen über das Wesen der Seele Rechnung tragen und gleichzeitig die vielfältigen Erfahrungen, die Homosexuelle und Heterosexuelle heute machen, einbeziehen und würdigen. Da man heute sehr viel mehr über die vielfältigen Ausdrucksformen der Sexualität weiß und sich gegenwärtig ein Wandel der sozialen Werte in bezug auf Geschlecht, Geschlechterrolle und sexuelle Orientierung vollzieht, müßte eine solche Theorie bestimmte Anforderungen erfüllen, wenn sie wirklich dazu beitragen soll, das Geheimnis der sexuellen Orientierung besser zu verstehen.

Erstens müßte eine jungianische Theorie über die sexuelle Orientierung auch genau das sein, nämlich eine Theorie über die sexuelle Orientierung und nicht einfach eine Theorie über Homosexualität. Eine solche Theorie wäre dann am nützlichsten, wenn sie den Weg für ein Verständnis aller sexuellen Orientierungen ebenen würde, ohne dabei eindimensional und in sich geschlossen zu sein – das heißt, sie müßte sich auf Heterosexualität ebenso wie auf Homosexualität oder Bisexualität beziehen. Wie wir in den Schriften von Jungs Schülern gesehen haben, geht man der stillschweigenden Pathologisierung, die in allen ätiologischen Theorien angelegt ist, in die Falle, wenn man die Homosexualität isoliert betrachtet und versucht, sie aus sich selbst heraus zu erklären, als ob nicht auch die Heterosexualität in unserer patriarchalen Kultur manchmal unergründlich wäre und dringend tiefer gehender Erkenntnisse bedürfe. Eine wirklich brauchbare Theorie der sexuellen Orientierung würde über die verschiedenen Formen sexueller Orientierung hinaus ein archetypisch begründetes Verständnis liefern, das der ganzen Spannbreite und psychologischen Tragweite des Kinsey-Reports Rechnung trägt, also Individuen mit einer andersartigen sexuellen Orientierung einbezieht und auch die Schwankungen in der sexuellen Orientierung erfaßt, die im Leben eines Individuums auftreten können.

Zweitens müßte diese jungianische Theorie auf Jungs weitreichendster Entdeckung, den Archetypen des kollektiven Unbewußten, aufbauen. Es ist nicht einfach deswegen wichtig, diese Anforderung zu stellen, weil man einer wie auch immer gearteten orthodoxen jungianischen Linie treu bleiben will, sondern sie ist sinnvoll, weil die Sexualität, und insbesondere die sexuelle Orientierung und die sexuellen Ausdrucksformen, so elementare, von Leidenschaft geprägte und beständige Komponenten im Leben eines Menschen sind. Dieses menschliche Phänomen muß seine Wurzeln in der tiefsten Schicht der Seele haben, seine Ausformung kann allerdings von persönlichen und kulturellen Faktoren bestimmt sein. Mit dem Begriff des kollektiven Unbewußten steht der Analytischen Psychologie, vielleicht mehr als jeder anderen psychologischen Schule, ein theoretisches Mittel zur Verfügung, mit dem sie erhellen kann, auf welche Weise die sexuelle Orientierung eine der grundlegendsten Säulen unserer Selbstidentität bildet, und dies gilt nicht nur für Nordamerika, sondern überall in der Welt und zu allen Zeiten.

Drittens habe ich diese Untersuchung über Jung, Jungianer und Homosexualität nicht einfach aus Liebe zu wissenschaftlichen Details durchgeführt, sondern es war mein Ziel, die Haltungen zur Homosexualität und der sexuellen Orientierung im allgemeinen auszumachen, auf denen sich eine jungianische Theorie über sexuelle Orientierung aufbauen könnte. Eine dieser Haltungen liegt, wie wir gesehen haben, in der Überzeugung, daß Theorien synthetisch angewendet werden müssen, um dem Individuum zur Ganzheit verhelfen zu können. Denn Theorien reduktiv oder analytisch anzugehen heißt, irgendeinen Aspekt der Individualität herausgreifen, abspalten oder auf einer trivialen Ebene abhandeln. Um es weniger abstrakt auszudrücken: was auch immer die Komponenten oder Aspekte der sexuellen Orientierung eines Menschen sein mögen, man muß jedem dieser Aspekte die gleiche Wertschätzung entgegenbringen und das Ganze sehen statt nur irgendeinen Teil.

Da Jung davon ausgeht, daß Homosexualität eine Bedeutung und einen Zweck hat, sollte eine Theorie über die sexuelle Orientierung dies auch tun. Die sexuelle Orientierung eines Individuums ist kein zufälliger oder unwichtiger Aspekt seiner Persönlichkeit. Wenn man dies voraussetzt, geht damit unweigerlich einher, daß eine solche Theorie sich auf empirisches Material gründen muß, das heißt, sie muß sich auf das wirkliche Leben wirklicher Menschen beziehen und Material auswerten, das innerhalb und außerhalb der Behandlungszimmer gesammelt werden muß. Jede Theorie über die sexuelle Orientierung muß die ungeheure Fülle von Material aus dem wirklichen Leben schwuler und bisexueller Individuen heranziehen und darf nicht einfach nur auf das zurückgreifen, was früher einmal theoretisch formuliert worden ist. Man mag Jungs theoretische Mutmaßungen für unsystematisch, rätselhaft oder unbeweisbar halten, aber niemand kann bestreiten, daß er dem wirklichen Material Beachtung schenkte, das er aus dem wirklichen inneren und äußeren Leben der Menschen, die er behandelte, gewonnen hat.

Schließlich, und dies ist genauso wichtig, muß eine jungianische Theorie über die sexuelle Orientierung den vielleicht schwerwiegendsten, theoretischen Fehler vermeiden, den Jung und seine Schüler gemacht haben, nämlich den, die drei Variablen der sexuellen Identität – anatomisches Geschlecht, soziokulturelle Geschlechterrolle und sexuelle Orientierung – miteinander zu verwechseln. Diese Verwechslung hat in der Analytischen Psychologie dazu geführt, daß die vereinfachenden, westlichen Vorstellungen über Mann und Frau nicht so häufig in Frage gestellt werden, wie man sie in Frage stellen könnte. Eine solche Theorie über die sexuelle Orientierung muß, wenn sie wirklich sinnvoll sein soll, die zahllosen, persönlichen Erfahrungen und archetypischen Elemente berücksichtigen, die in besonderen Momenten im Leben eines Individuums miteinander verschmelzen und der Sexualität dieses Individuums dann ihre spezifische Ausdrucksform in seinen zwischenmenschlichen Beziehungen verleihen. Wenn diese Theorie wirklich archetypisch fundiert sein soll, müßte sie diese Verschmelzung, wie konstant oder wechselhaft sie auch immer sein mag, würdigen, und zwar sowohl kulturvergleichend als auch auf die westliche Kultur bezogen. Diese Theorie müßte sich ernsthaft mit den vielen Fragen auseinandersetzen, die sich innerhalb und außerhalb der Analytischen Psychologie im Zusammenhang damit stellen, ob die traditionelle Definition von Männlichkeit und Weiblichkeit überhaupt angemessen ist, und sie müßte Jungs Erkenntnisse über die angeborene Gegengeschlechtlichkeit bei Männern und Frauen logisch zu Ende führen und zeigen, was dies für das innere und äußere Leben von Menschen bedeutet.

Die bisher genannten Kriterien für eine solche Theorie scheinen recht hohe Ansprüche zu stellen. Eine jungianische Theorie über die sexuelle Orientierung müßte sich ernsthaft damit konfrontieren, daß es in unserer eigenen Kultur wie auch in anderen Kulturen tatsächlich eine Vielfalt sexueller Ausdrucksformen gibt, und gleichzeitig müßte sie eine zusammenhängende, einheitliche, archetypische Erklärung für diese Vielfalt liefern. Außerdem müßte diese Theorie uns zu einem tieferen Verständnis der erstaunlichen Unterschiede zwischen den Individuen verhelfen, ohne das Phänomen der sexuellen Orientierung auf ein mechanistisches Erklärungsmodell des Wie und Warum zu reduzieren. Eine jungianische Theorie muß immer Raum für das Wer und Was lassen, für den immer personifizierten, aber sich ständig verändernden Charakter der menschlichen Seele und ihrer Leidenschaften. Mein Vorschlag für eine jungianische Theorie über die sexuelle Orientierung, die durch die folgende Untersuchung der verschiedenen archetypischen Inhalte im Leben schwuler Männer veranschaulicht wird, wird all diesen Anforderungen gerecht und hat zudem den Vorteil, einfach und elegant zu sein: *Die sexuelle Orientierung eines Individuums oder einer Gruppe von Individuen wird durch ein komplexes Zusammenspiel des archetypisch Männlichen, des archetypisch Weiblichen und des archetypisch Androgynen festgelegt.*

Weiblichkeit, Männlichkeit, Androgynie und Homosexualität

Die Theorie über die sexuelle Orientierung, die ich hier vorschlage, ist eindeutig überzeugend. Und doch bleibt sie innerhalb der Grenzen des gegenwärtigen jungianischen Denkens. Das Neue an dieser Theorie liegt darin, daß bekannte Konzeptionen aus der Analytischen Psychologie aufgegriffen und synthetisch miteinander verbunden werden, und nicht etwa darin, daß irgendwelche ausgefeilten, völlig neuen theoretischen Ansätze entwickelt werden. In dieser Theorie werden das Männliche, das Weibliche und das Androgyne nicht als voneinander getrennte, archetypische Dominanten innerhalb der Persönlichkeit aufgefaßt, sondern es wird postuliert, daß alle drei Dominanten (nicht nur eine oder zwei) auf eine manchmal rätselhafte (wenn auch häufig nicht so rätselhafte) Weise zusammenwirken, um dann diesen besonderen, archetypisch eingefärbten Aspekt der Persönlichkeit zu schaffen, der die sexuelle Orientierung eines Individuums ist. Für diejenigen, die mit jungianischem Denken vertraut sind, ist dieser Vorschlag, wenn es um Heterosexualität geht, nichts Neues. Jungs Theorie der Gegengeschlechtlichkeit verlangt, die Weiblichkeit eines Mannes als lebenswichtigen Teil seiner Seele anzusehen; in ihrer Verkörperung als Anima trägt die Weiblichkeit eines Mannes sogar den lateinischen Namen für Seele. Ob nun zum Guten oder zum Schlechten, Jung und die Jungianer waren sich auch immer darüber im klaren, daß das männliche Element in der Persönlichkeit einer Frau, ihr Animus oder ihre männliche Seele, genauso dem Zweck der Integration dient.

Bei dieser Betonung der Gegengeschlechtlichkeit im jungianischen Denken über Heterosexualität kann die immer gegenwärtige verbindende Kraft des Androgynen jedoch leicht in Vergessenheit geraten. Sogar in der jungianischen Theorie können Männer und Frauen als in einen Geschlechterkampf verwickelte Gegensätze gesehen und erlebt werden, als Verkörperung der Andersartigkeit. Schon der Begriff Gegengeschlechtlichkeit läßt an einen Konflikt denken. Wenn man davon ausgeht, daß die sexuelle Orientierung immer alle drei archetypischen Dominanten, das Männliche, das Weibliche und das Androgyne, enthält, dann heißt das auch, daß man sich stärker und auf einer tieferen Ebene der Ganzheit nähert, das heißt der teleologischen Triebkraft der Sexualität auf ihrer grundlegendsten Ebene, dem Eros in seiner bindenden und verbindenden Kraft. Diese Theorie der sexuellen Orientierung ginge daher über einfache, gegengeschlechtliche Erklärungen für die unterschiedlichen heterosexuellen Phänomene hinaus. Heterosexuelle Männer fühlen sich nicht einfach deswegen zu Frauen hingezogen, weil sie ihre Anima projizieren, das heißt weil sie ihre verlorene oder unbewußte Weiblichkeit wiederzugewinnen suchen. Wenn man die Theorie über die sexuelle Orientierung, die ich hier vorschlage, konsequent weiterdenkt, kommt man nicht umhin zu sehen, daß eine entscheidende Triebkraft in der Heterosexualität auch darin liegen könnte, der Forderung des Androgynen nach Ganzheit nachzugeben, die darin liegt, daß man im sexuellen Akt weiblich und männlich zugleich ist. Die Theorie würde zu der Frage führen, ob nicht das Androgyne der Gott ist, dem man dient, wenn man die heterosexuelle Vereinigung sucht und nicht die einander widerstreitenden, gegengeschlechtlichen Gegensätze von weiblich und männlich.

Ich bin mir darüber im klaren, daß die Vorstellung von einem androgynen Element in der Heterosexualität weder neu noch revolutionär ist. Jung selbst ging weit über die einfache Vorstellung von Gegengeschlechtlichkeit hinaus, und zwar in *Mysterium Coniunctionis I (GW 14)* und in *Die Psychologie der Übertragung (GW 16)*, zwei Arbeiten, in denen er mit der ihm eigenen Tiefe und Vielseitigkeit die heterosexuelle Vereinigung als ein

Symbol der Einheit, als Ziel der Individuation selbst und als Verbindung von Gegensätzen untersucht. June Singers meisterhaftes Buch über Androgynie ist, zumindest bis heute, das letzte Wort zu diesem Thema. Mit meiner Theorie über die sexuelle Orientierung dürfte ich also den theoretischen und archetypischen Untersuchungen, die Jungianer über die Bedeutung und Symbolik heterosexueller Beziehungen schon durchgeführt haben, nicht viel hinzuzufügen haben. Da sie seit Jahrtausenden die herrschende kulturelle Norm darstellt, braucht die Heterosexualität keine Apologeten und vielleicht noch nicht einmal weitere Theorien.

Meine Theorie liefert vielleicht nicht gerade die entscheidend neuen Erkenntnisse für ein besseres Verständnis der Heterosexualität aus jungianischer Sicht, aber sie eignet sich trotzdem recht gut dazu, jede theoretische oder auf Erfahrungen bezogene Einseitigkeit zu hinterfragen, die sich in die Überlegungen über die Bedeutung und Funktion heterosexueller Beziehungen einschleichen kann. Im jungianischen Denken werden gesellschaftlich festgelegte Geschlechterrollen unbewußt auf psychologische Phänomene angewendet, und das Archetypische wird dabei in die Zwangsjacke der westlichen Kategorien der Geschlechterrollen und des geschlechtsidentifizierten Verhaltens gesteckt. Angesichts dieser Problematik kann meine Theorie von großem Nutzen sein, denn sie wird der Komplexität der sexuellen, zwischenmenschlichen Beziehungen wirklich gerecht. Wenn man vergißt, daß Männer nicht immer nur Männer sind in dem Sinne, wie die westliche Kultur Männlichkeit definiert, sondern daß sie, archetypisch und emotional, zeitweise auch Frauen oder androgyn sein können – wie auch Frauen nicht immer nur Frauen sind, sondern auch männliche und androgyne Züge haben können, die aber von den gesellschaftlichen Normen häufig unterdrückt werden –, dann kann eine Theorie, die sexuelle Orientierung als ein Zusammenspiel von Männlichem, Weiblichem und Androgynem sieht, unser allzu enges Verständnis von der Dynamik in heterosexuellen Beziehungen korrigieren und uns einen weiteren und tieferen Einblick in diese Dynamik ermöglichen. Der große Vorteil, den die Heterosexualität soziokulturell gesehen immer gehabt hat, ist, daß sie als die «normale» sexuelle Orientierung gilt, gegenüber der dann jede Andersartigkeit als Abweichung gesehen wurde, und insofern ist die Theorie, die ich hier vorgeschlagen habe, nur noch ein weiteres Steinchen im Mosaik von Ideen und Einsichten, die in bezug auf Heterosexualität schon entwickelt worden sind. Doch angesichts des häufig extremen gesellschaftlichen Drucks, der darauf abzielt, Andersartigkeit und Androgynie zu verdrängen, stellt sie einen wichtigen Beitrag dar, den man sich immer wieder in Erinnerung rufen sollte.

Meine Theorie ist jedoch nicht etwa aus dem brennenden Bedürfnis entstanden, Beziehungen zwischen Männern und Frauen zu verstehen, ich wollte vielmehr die archetypische Bedeutung des Phänomens der Homosexualität und der gleichgeschlechtlichen Beziehungen erfassen, über die nur sehr wenige vorurteilsfreie und fortschrittliche Theorien hervorgebracht worden sind. Mein umfassender Überblick über die Arbeiten Jungs und der Jungianer zu diesem Thema beweist hinreichend, daß die verschiedenen archetypischen Dominanten der Männlichkeit, Weiblichkeit und der Androgynie ignoriert, aus dem Zusammenhang gerissen oder überbetont werden, je nachdem, welche gesellschaftlichen Vorurteile gegen Homosexualität gerade vorherrschen. Wenn man diese besonders gefährliche Einseitigkeit, der ein großer Teil der Jungianer bei ihrer Theoriebildung über Homosexualität erlegen ist, vermeiden will, ist es in diesem theoretischen Umfeld von unschätzbarem Wert, die Aufmerksamkeit auf alle drei Archetypen der Männlichkeit, Weiblichkeit und Androgynie zu lenken und zu postulieren, daß theoretisch *alle* drei in irgendeiner Kombination wirksam sein müssen, gleichgültig wie tiefgehend oder komplex dieses Zusammenwirken sein mag. Die jungianische Theorie über die sexuelle Orientierung, die ich hier vorgeschlagen habe, hat vielleicht für Schwule und Lesbierinnen die größte Bedeutung, weil sie nicht nur der Einseitigkeit entgegenarbeitet, sondern weil damit auch die sexuelle Orientierung generell auf einen neutraleren Boden gestellt wird. Die Sexualität schwuler Männer ist nicht eindimensional, sie ist nicht einfach eine Flucht vor den Frauen, eine Identifikation mit dem Weiblichen oder ein androgynes Ausagieren, sondern ein Zusammenspiel vieler Elemente, bei dem durch die körperliche und gefühlsmäßige Verbindung mit einem anderen Mann die Vater-Sohn- und Mutter-Geliebte-Dyade und das hermaphroditische Selbst aktualisiert werden und dann den Hintergrund für diese Beziehung bilden. Die Theorie eignet sich ebenso gut für ein Verständnis homosexueller Frauen. Wenn sie sich nämlich sexuell zu einer anderen Frau hingezogen fühlen und mit ihr eine Beziehung eingehen, entsteht eine tiefe Verflechtung von Mutter-Tochter, väterlicher Kraft und androgyner Einheit, und es handelt sich keineswegs nur um einen Demeterkomplex oder um eine vom Animus beherrschte Verirrung.

Theoretische Mutmaßungen anzustellen ist eine Sache, ihre Brauchbarkeit zu beweisen, indem man die Erfahrungswerte systematisiert, eine andere. In den folgenden Kapiteln möchte ich untersuchen, auf welche Weise sich alle drei archetypischen Dominanten des Männlichen, Weiblichen und Androgynen in der heutigen Schwulenszene zeigen und wie sie gewürdigt werden; ich werde dabei klinisches und nicht-klinisches Material aus dem Leben schwuler Männer heranziehen, um die reiche Vielfalt in den erotischen Beziehungen zwischen Männern aufzuzeigen. Um einen Begriff zu benutzen, der manchmal etwas überstrapaziert wird, es sind die «Geschichten» schwuler Männer, die im Mittelpunkt meiner Untersuchung stehen – manchmal erfundene Geschichten, sozusagen Mythen, die in der Schwulenszene entstehen, manchmal wirkliche innere und äußere Geschichten von einzelnen schwulen Männern, die bei mir in Therapie sind.

Ich konzentriere mich hier auf schwule Männer und die männliche Schwulenszene aus Gründen, die einfach mit meinen persönlichen Erfahrungen zu tun haben, die ich zum größten Teil innerhalb der Schwulenszene gemacht habe. Zu meinen Patientinnen und langjährigen Freundinnen zählen zwar auch immer mehr Lesbierinnen, aber ich möchte sie aus Respekt für die Erfahrungen und die Eigenständigkeit von Frauen über ihre eigenen individuellen und kollektiven archetypischen Erfahrungen für sich selbst sprechen lassen. Zu meinem Bedauern kann ich es nicht wiedergutmachen, daß die erotischen Beziehungen zwischen Frauen so schmählich vernachlässigt wurden; ich hoffe aber, daß meine Arbeit über männliche Homosexualität Lesbierinnen innerhalb und außerhalb jungianischer Kreise Mut machen wird, ähnliche Untersuchungen über lesbische Homosexualität durchzuführen.

Schwule Männer und das archetypisch Weibliche

Der Zauberer von Oos – ein Mythos der heutigen Zeit

Wir haben gesehen, wie das Auftreten des Weiblichen in den Erfahrungen schwuler Männer bei Jung und den Jungianern zu der Vorstellung geführt hat, alle schwulen Männer litten unter einem Mutterkomplex, identifizierten sich deswegen mit der Anima und projizierten das Männliche in erotischer Zwanghaftigkeit, um ihm dann hinterherzujagen, wodurch sie unreif blieben und in ihrer Entwicklung gehemmt würden. Ich habe außerdem darauf hingewiesen, daß in dieser Vorstellung eine krasse Vereinfachung der Homosexualität liegt, und wir haben gesehen, daß die Absicht, die sich mit dieser Vorstellung verbindet, letztlich darauf hinausläuft, Homosexualität als Krankheit zu bezeichnen, denn damit wird a priori vorausgesetzt, daß Homosexualität krankhaft ist, weil sie von dieser eigenartigen Vermischung von Geschlecht, Geschlechterrolle und sexueller Orientierung abweicht, die in den westlichen patriarchalen Gesellschaften die Grundlage für die Definition von Männlichkeit und Weiblichkeit bildet.

Welche Irrtümer den Jungianern in ihren Ansätzen zu einer Theorie auch immer unterlaufen sind, eines ist zumindest richtig: Motive aus dem Bereich des archetypisch Weiblichen bilden wirklich ein Element – und zwar eines von allergrößter Wichtigkeit – in den Erfahrungen schwuler Männer, das nicht außer acht gelassen werden darf. Gewiß zeigt sich das Weibliche innerhalb der kollektiven Schwulenszene oft in einer etwas flippigen und oberflächlichen Art. Die Nähe schwuler Männer zum kollektiven Weiblichen zeigt sich deutlich in dem manierierten Humor einiger schwuler Männer, wenn sie sich zum Beispiel mit weiblichen Namen anreden, sich gegenseitig Mary, Mädchen oder Schwester nennen oder sich entsprechend der abgeschmackten patriarchalen Klischeevorstellungen über die weibliche Geschlechterrolle verhalten (Beschäftigung mit dem eigenen Aussehen, Gefühlsbetontheit, theatralische Selbstdarstellung, Koketterie und gehässige verbale Konkurrenz). Deswegen liegt es auf der Hand, daß die zentrale Rolle des Weiblichen in der Erfahrung schwuler Männer untersucht werden muß, allerdings ohne dieses Phänomen dabei auf eine einzige Bedeutung zu reduzieren oder als pathologisch abzustempeln.

Es gibt keinen Grund für die Annahme, daß das Weibliche als archetypische Dominante menschlicher Erfahrung bei Heterosexuellen in irgendeiner anderen Weise wirksam sei als bei Homosexuellen, und man muß sehen, daß schwule Männer für eine Identifikation mit dem Weiblichen genauso anfällig sein können wie jede andere Gruppe von Menschen (einschließlich heterosexuelle Männer). Den Gefahren, die in jeder kollektiven Identifikation liegen, sind Homosexuelle ebenso ausgeliefert wie Heterosexuelle. Wenn man dies voraussetzt, ist dann nicht auch eine bewußtere, differenziertere und fortschrittlichere Beziehung schwuler Männer zum Weiblichen vorstellbar als die, die sich in dem heterosexuellen Klischee der Schwuchtel ausdrückt? Könnte es nicht innerhalb der männlichen Schwulenszene Möglichkeiten geben, das Weibliche kollektiv und individuell zu vermitteln, so daß es am Prozeß der Individuation schwuler Männer teilhat und ihnen dazu verhilft, ein umfassenderes Gefühl für sich selbst als Männer zu gewinnen? Und wie erleben Schwule das Weibliche in ihren Träumen und in ihrem Leben?

Der Film *Der Zauberer von Oos* erfreut sich seit seiner Premiere im Jahr 1939 fast in der ganzen Welt großer Beliebtheit, und von der nordamerikanischen Schwulenszene wurde er mit besonderer Sympathie und Begeisterung aufgenommen. Jeder, der Schwule kennt oder mit der Schwulenszene vertraut ist, wird dies mit Sicherheit bemerken. «Somewhere over the Rainbow», das Lied, das vielleicht am stärksten mit diesem Film gleichgesetzt wird, dient seit langem als inoffizielle Hymne bei allen Demonstrationen, Festen und Schwulenparaden, und es wird auch mit diesem Lied zusammenhängen, daß die Regenbogenfahne zum Symbol eines schwulen Selbstbewußtseins geworden ist. «Friends of Dorothy» ist ein gängiger Slangausdruck, den manche schwule Männer benutzen, wenn sie über andere Schwule sprechen.

Manche Zitate, Episoden und Figuren aus diesem Film sind in die schwule Subkultur eingegangen. Während eines Bürgermeisterwahlkampfes in San Francisco, in dem Dianne Feinstein klare Favoritin war, ließ sich spaßeshalber Schwester Boom-Boom aufstellen, die zu einer in San Francisco sehr bekannten Gruppe von Transvestiten gehörte, den «Sisters of Perpetual Indulgence» (Schwestern der immerwährenden Milde), die als «Nonnen» auftreten. Auf einem ihrer Plakate war Boom-Boom auf einem Besenstiel reitend zu sehen, wie sie mit großen schwarzen Rauchbuchstaben «Liefert Dianne aus» an den Himmel schreibt; sie benutzte also das Bild der bösen Westhexe aus dem Film für diesen Gag. In einer Schwulenbar in Madison, Wisconsin, ist am Eingang ein Wandgemälde, auf dem Dorothy und ihr Hund Toto zu sehen sind, wie sie in Oos ankommen und Dorothy ihr berühmtes «Toto, ich hab' das Gefühl, wir sind nicht mehr in Kansas» sagt. In vielen Zeitschriften der Schwulenszene gibt es eine witzige Werbung für eine Schallplatte, die «Miss Gulch Returns» heißt. Es wird der Eindruck erweckt, die Parodien der Filmsongs auf dieser Platte würden von einem Transvestiten gesungen, der wie Margaret Hamilton aussieht und in dieser Werbung originalgetreu mit spöttischem Lächeln und Picknickkorb gezeigt wird. Die kollektive Reaktion schwuler Männer auf diesen Film wird man mit Sicherheit erleben, wenn man sich den Film in einem Schwulenkino ansieht, wo man sich darauf verlassen kann, daß das Publikum sehr lautstark mitgeht.

Wenn sich irgendein Kunstwerk andauernder Popularität

erfreut, so legt das nahe, daß in ihm psychologisch gesehen dynamische, kollektive Faktoren wirksam sein müssen. In der heutigen Zeit, in der ein Verfall der Tradition des Lesens und Erzählens mit dem Aufstieg der Massenkultur und einer früher unvorstellbaren Mobilität einhergeht, dienen Kinofilme häufig als moderne Mythen, und die Schauspieler und Schauspielerinnen werden zu Projektionsträgern für archetypische Inhalte. Man muß nur an die fast religiöse Inbrunst denken, von der die Fans von Marilyn Monroe oder Elvis Presley ergriffen werden, um zu sehen, welch enge Beziehung es zwischen der Bewunderung für Filmstars und dem kollektiven Unbewußten gibt. Therapeuten, besonders die Jungianer, können sicherlich bezeugen, daß die Bilderwelt in den Träumen ihrer Patienten häufig aus Kinofilmen stammt.

Da *Der Zauberer von Oos* einen besonderen Platz im Herzen der Schwulenszene einnimmt, drängt sich die Vermutung auf, daß der Film personifizierte archetypische Elemente enthalten muß, die für schwule Männer eine große Bedeutung haben, und daß der Film ein Mythos ist, der in symbolischer Form einige grundlegende Aspekte aus der Erfahrungswelt schwuler Männer darstellt. Dies heißt nicht, daß diese Geschichte der einzige oder sogar der wichtigste Mythos der Schwulenszene ist. Offensichtlich übernehmen auch andere Filme, deren Texte oder Figuren Eingang in die heutige Schwulenszene gefunden haben, wie zum Beispiel *Sunset Boulevard* und *Mommie Dearest,* die Funktion eines Mythos. Und außerdem ist *Der Zauberer von Oos* offenbar auch nicht *nur* für schwule Männer ein Mythos.

Die Beliebtheit dieses Films reicht in der Tat weit über die Schwulenszene hinaus, und Ann Belford Ulanov führt in einer Interpretation aus jungianischer Sicht aus, daß der Film als symbolische Darstellung der Animusintegration im weiblichen Individuationsprozeß verstanden werden kann. Ulanovs genaue und tiefgründige Analyse wirft viele interessante Fragen zur Interpretation dieses Films auf, wenn man seine Bedeutung für schwule Männer ergründen will. In welcher Weise spricht dieser Mythos über weibliche Entwicklung die Seele schwuler Männer an? Welche Beziehung gibt es zwischen Ulanovs Untersuchung des Weiblichen und der Bedeutung, die dieser Film für schwule Männer hat?

Wenn man die psychologische Bedeutung, die *Der Zauberer von Oos* für schwule Männer hat, und dadurch vermittelt auch die Funktion des Weiblichen für heutige schwule Männer erfassen will, muß man berücksichtigen, in welchem psychosozialen Zusammenhang sich die Entwicklung schwuler Männer vollzieht, das heißt, man muß den sexuellen Sittenkodex und die Einstellungen, von der die gegenwärtige westliche Kultur geprägt ist, in die Überlegungen miteinbeziehen. Dieser sexuelle Sittenkodex und diese Einstellungen haben zwei hervorstechende Merkmale gemeinsam. Das erste kann am besten mit dem Begriff Patriarchat beschrieben werden. Das patriarchale Wertesystem weist bestimmte persönliche Eigenschaften und soziale Rollen entweder nur Männern oder nur Frauen zu, und in der Tendenz werden die Eigenschaften und Rollen, die den Männern zugeschrieben werden, höher bewertet als die, die den Frauen zugeteilt werden.[14] Das zweite Merkmal haben die Vorkämpfer der Schwulenbewegung mit dem Begriff Heterosexismus bezeichnet. Der Heterosexismus betrachtet Heterosexualität als einziges akzeptables und normales Verhaltensmuster, das Erfüllung in menschlichen Beziehungen ermöglicht, und sieht tendenziell alle anderen sexuellen Beziehungen entweder als der Heterosexualität untergeordnet oder als Perversionen heterosexueller Beziehungen an. Diese Sichtweise, die der Heterosexualität in der menschlichen Entwicklung eine Vorrangstellung einräumt, erfreut sich der breiten Unterstützung fast aller wichtigen gesellschaftlichen Institutionen von der Kirche über die Regierung bis zum wissenschaftlichen Establishment, und sie hat eine lange, aber keineswegs monolithische Geschichte.[15]

Es ist eine wichtige Frage, ob diese beiden kulturellen Voraussetzungen tatsächlich angemessen oder nützlich sind, wenn man die real gelebten Erfahrungen der Menschen heute verstehen will. Die vorangegangene Untersuchung der Arbeiten Jungs und der Jungianer hat gezeigt, daß solche einseitigen patriarchalen und heterosexistischen Werte immer fragwürdiger werden, weil heute nicht mehr ignoriert werden kann, daß es Individuen und Beziehungen gibt, die nicht in konventionelle Muster passen, weil sie sich viel offener zeigen. Zudem wissen wir heute sehr viel mehr über andere Kulturen, wie zum Beispiel über die Ureinwohner Amerikas oder bestimmte polynesische Gesellschaften, die ein völlig anderes Wertesystem haben, und dadurch wird der westliche Glaube erschüttert, nur durch patriarchale und heterosexistische Werte könne menschliches Glück gefördert und die soziale Ordnung aufrechterhalten werden.[16] In den Vereinigten Staaten sind jedoch zumindest im Moment noch die patriarchalen und heterosexistischen Werte gesellschaftlich bestimmend und formen auch den psychosozialen Hintergrund, auf dem sich Individuation schwuler Männer vollzieht.

Wegen der Herrschaft des Patriarchats und der Voreingenommenheit für Heterosexualität in der modernen westlichen Kultur sind schwule Männer, wenn sie sich bewußt oder unbewußt darüber im klaren sind, daß sie sich in erster Linie zu Männern hingezogen fühlen, mit zwei unterschiedlichen, aber miteinander in Beziehung stehenden psychologischen Aufgaben konfrontiert. Die erste Aufgabe, der sich schwule Männer gegenübersehen, ist dadurch bedingt, daß in patriarchalen Gesellschaften das sexuelle Interesse für Männer nur Frauen zugestanden wird. Diese geschlechtsspezifische Rollenzuweisung wird anatomisch begründet und durch den hohen Wert, der heterosexuellen Beziehungen beigemessen wird, noch bindender. Für einen Mann, der Männer liebt, liegt also das einzige Selbstverständnis, das die Gesellschaft ihm läßt, zumindest anfänglich darin, sich psychologisch als weiblich anzusehen.[17] Das Maß seiner psychologischen Reife wird, zum Guten oder zum Schlechten, dadurch bestimmt, wie gut es ihm gelingt, mit dieser Weiblichkeit auf positive und individuelle Art umzugehen.

Auch heterosexuelle Männer kommen nicht umhin, ihre

gegengeschlechtliche Seite zu integrieren, und dies ist eine von Jungs bahnbrechendsten Erkenntnissen. Jedoch wird die Weiblichkeit eines heterosexuellen Mannes gesellschaftlich nicht als bestimmend für seine Identität als Mann angesehen, während die Weiblichkeit eines schwulen Mannes, da er sexuell an anderen Männern interessiert ist, in einer patriarchalen und heterosexistischen Gesellschaft sozial und psychologisch als seine Identität betrachtet wird. Verglichen mit heterosexuellen Männern beginnen schwule Männer ihren Individuationsprozeß deshalb mit einer völlig anderen Beziehung zu den psychosozialen Definitionen von Männlichkeit und Weiblichkeit. In seiner Entfaltung aber ähnelt der Prozeß manchmal dem Individuationsprozeß von Männern, die nicht schwul sind, und manchmal unterscheidet er sich von ihm.

Die zweite psychologische Aufgabe, vor die Schwule in einer heterosexuellen Welt gestellt sind, ist das sogenannte Coming-out, das mit diesem unterschiedlichen Ausgangspunkt bei der Individuation zu tun hat. Anders als Heterosexuelle müssen Schwule einen besonderen psychologischen Erkenntnisprozeß durchmachen; sie müssen sich darüber bewußt werden, welche sexuelle und gefühlsmäßige Entwicklung sie genommen haben, weil es in der Gesellschaft im allgemeinen keine Modelle für ein homosexuelles Selbstbild oder für homosexuelle Beziehungen gibt, an denen sich ein Mensch, der homosexuell ist, orientieren könnte. Es muß wohl kaum betont werden, daß die gesellschaftliche Ablehnung der Homosexualität für Schwule ein eigentümliches und häufig destruktives Vakuum verursacht und es ihnen dann häufig sehr schwer fällt, zu ihren Gefühlen und ihrer Identität zu stehen.[18] Was bei homosexuell ausgerichteten Menschen Ausdruck von pathologischen Zügen zu sein scheint, sollte also nicht als Kennzeichen der Homosexualität per se verstanden werden. Diese Charakterzüge und Verhaltensweisen entstehen vielmehr bei dem etwas unglücklichen Versuch, sich anzupassen und auf die unerbittlichen Vorurteile, das Entsetzen und den Haß zu reagieren, die der

Homosexualität in den westlichen Gesellschaften entgegenschlagen.

Angesichts dieser beiden Aufgaben kann es für schwule Männer sehr aufschlußreich sein, den Symbolgehalt des Films zu erfassen, da er ein Mythos über weibliche Entwicklung ist und die sexuelle Orientierung schwuler Männer ja als weiblich gekennzeichnet wird. Außerdem enthält der Film noch ein anderes symbolisches Motiv, das direkt die Aufgabe des Coming-out betrifft und am besten durch die Bemerkung Dorothys bei ihrem Besuch des schönen alten Landes Oos ausgedrückt wird: «Nichts ist das, was es zu sein scheint.» Hier berührt der Film ein Motiv, das für das Leben schwuler Männer auch sehr wichtig ist, die Entstehung und Entwicklung der Persona.

Die Individuation schwuler Männer und das Weibliche

Es ist kaum verwunderlich, daß die Schwulenszene so intensiv und mit so positiven Gefühlen auf einen Mythos über die Animusintegration reagiert. In der westlichen Welt wird Homosexualität mit psychischer Weiblichkeit gleichgesetzt, was einige schwule Männer so weitgehend verinnerlicht haben, daß sie kaum noch ein Gefühl für ihre eigene Männlichkeit haben, und so ist *Der Zauberer von Oos* für schwule Männer zu einem Mythos über die Integration des Männlichen und die Erlösung des Weiblichen geworden. Es ist erstaunlich, wie gut sich Ulanovs Interpretation des Films auf die Individuation schwuler Männer anwenden läßt, wenn man erst einmal begriffen hat, daß die psychische Weiblichkeit schwuler Männer nicht aus einer der Homosexualität innewohnenden Krankhaftigkeit oder Unreife erwächst, sondern vielmehr aus einer Verinnerlichung der Geschlechterrollen, so wie sie in der westlichen Welt definiert werden. In den Abenteuern, die Dorothy im Film erlebt, findet die Psychodynamik vieler schwuler Männer ihren bildlichen Ausdruck, und sie zeigen deswegen symbolisch einen Weg auf, wie man zur Ganzheit gelangen kann.

Wie Ulanov hervorhebt, stellen die Symbole am Anfang des Films Elemente dar, die für die Individuation von Frauen genauso notwendig sind wie für den psychischen Reifungsprozeß schwuler Männer: der Gefühlssturm, von dem Dorothy und ihr bester Freund, der instinktgesteuerte Toto (lateinisch «ganz») in der Pubertät wie von einem Tornado ergriffen werden; Dorothys Bedürfnis, von zu Hause wegzugehen und ihren eigenen Weg zu finden; ihre unbeabsichtigte und sogar unfreiwillige Reise nach Oos, in den Technicolor-Bereich ihres unbewußten Lebens. Wenn schwule Männer sich selbst als weiblich begreifen und dieses Selbstbild verinnerlicht haben, müssen sie sich auf dieselbe Reise zu dem Zauberer, der männlichen Quelle der Macht, begeben wie Dorothy.

Für Frauen und für schwule Männer beginnt diese Reise damit, die böse Westhexe, die machtbesessene weibliche Kraft zu töten, die das Land der Mümmler, das Land des «gentle folk», unterjocht hat (vgl. Jung, GW8, § 209). Durch Dorothys Ankunft im Reich des Unbewußten wird die absolute Machtposition der Hexe zerstört, und dadurch konstelliert sich der Konflikt um das Weibliche in einer differenzierteren und aktiveren Weise. Die jetzt offensichtliche Rivalität zwischen Glinda, der guten Hexe, und der bösen Westhexe ist der symbolische Ausdruck dieser stärkeren Differenzierung.

Bei diesem Kampf spielen die rubinroten Slipper eine zentrale Rolle. Ulanov versteht diese Schuhe als Symbol für den Standpunkt, den Dorothys Ich einnimmt, das heißt für Dorothys eigenen, individuellen Blickwinkel und ihr Selbstgefühl, auf dem ihre Persönlichkeit sozusagen steht. Aber dieses Symbol kann noch amplifiziert werden, wenn man die rote Farbe ihrer Schuhe beachtet, eine Farbe, die sowohl mit Leidenschaft als auch mit Gefühl verbunden wird. Den Standort des eigenen Ichs zu finden ist eine Aufgabe, die alle Menschen bewältigen müssen. Schwule Männer gehen dabei jedoch häufig von einer Selbstdefinition aus, die sie weitgehend aus patriarchalen und abwertenden Bildern vom Weiblichen gewonnen haben. In dem Bemühen, sich ihre sexuelle Leidenschaft und ihr Gefühl als kraftspendende Quelle zu erhalten, geraten schwule Männer häufig in das Zentrum eines archetypisch gefärbten Kampfes zwischen gut und böse. Unter diesem Blickwinkel kann man auch verstehen, warum die magischen, rubinroten Slipper von der bösen Hexe so sehr begehrt, von Glinda so gut beschützt und von Dorothy so dringend gebraucht werden, damit sie ihren Weg entlang der gelben Ziegelsteinstraße finden kann.

Ein schwuler Patient, den die Hochzeit einer recht konventionellen Mitarbeiterin sehr stark verunsicherte, träumte:

«*Wir sind alle zu Cathys Hochzeit eingeladen, und sie hat Kleider und Schuhe für uns besorgt. Ich gehe zu einem riesigen Berg von Schuhen (das ist im Whole Earth Access [ein Geschäft in der Bay Area]) und wähle ein Paar flache Schuhe mit türkisfarbenen Pailletten aus, die mir bequem passen. Ich frage mich, ob es wohl ein blaugrünes Kleid geben wird, das zu den Pailletten paßt.*»

Eines der Leitmotive dieses Traumes ist zweifelsohne das unbewußte Gefühl, ausgeschlossen zu sein, das dieser schwule Mann hatte, während die Vorbereitungen für diese Feier einer heterosexuellen Verbindung in vollem Gang waren. Seine Verunsicherung über dieses Ereignis wurde von ihm sogar bewußt damit in Verbindung gebracht, daß «schwule Beziehungen nicht mit einem solchen Brimborium gewürdigt werden». Das kompensatorische Element dieses Traums liegt darin, daß er bei Whole Earth Access aufgefordert wird, Brautjungfer zu sein. Der Traum zeigt also eine Möglichkeit auf, wie dieser Mann an der Hochzeit teilhaben kann – nämlich durch eine Verbindung mit seinem «weiblichen Standpunkt», der im Traum durch die bequemen türkisfarbenen Schuhe, die er für sich finden konnte, symbolisiert wird. Es mag sich die Vorstellung aufdrängen, dieses Bild bedeute, der Mann habe einfach eine weibliche Persona angenommen, aber der Patient hatte zu den Schuhen zwei Einfälle. Der erste bezog sich auf Schuhe von ähnlicher Farbe, die seine Schwester einmal als Brautjungfer bei einer Hochzeit getragen hatte, was darauf hindeutet, daß der Patient sich eines Bildes von Weiblichkeit bediente, das ihm nahestand und stärker auf sein eigenes Selbst gegründet war, und nicht einfach irgendeiner kollektiven Vorstellung von einer Frau. Der zweite Einfall bezog sich auf Dorothys rubinrote Slipper, eine Quelle der Stärke und Kraft, durch die sie dann schließlich zu ihrem Selbst findet. Der Traum veranschaulicht die Ähnlichkeit zwischen diesem schwulen Patienten und Dorothy in dem Film, da auch er nach einer echten, inneren Weiblichkeit sucht, die ihm eine Grundlage bietet, auf der er stehen kann, eine, die bequem paßt und ihm entspricht, eine, die er selbst auswählt und nicht einfach zugewiesen bekommt.

Ulanov erkennt in Dorothys Weggefährten konventionelle Bilder des sogenannten positiven Animus, der in das Selbstgefühl einer Frau integriert werden muß. Diesen anfangs unentwickelten Fragmenten des Animus, die in der Gestalt der Vogelscheuche, des blechernen Holzfällers und des feigen Löwen auftreten, fehlt es an Geist, Herz und Mut, und Dorothy sieht in dem Zauberer die potentielle Quelle dieser Eigenschaften. Die Quaternität, die von dieser Gruppe gebildet wird, ist das bekannte 3×1-Muster, das häufig in Märchen auftaucht, und es deutet auf die psychologische Aufgabe hin, die Dorothy bevorsteht, die Suche nach Vervollkommnung.

Auch hier müssen Frauen und schwule Männer wieder den gleichen psychischen Weg gehen: Frauen, weil die patriarchale Geschlechterrollenzuweisung sie der natürlichen Fähigkeit beraubt zu erkennen, daß auch sie als Frauen männliche Eigenschaften haben können, und schwule Männer, weil sie das Patriarchat und der Heterosexismus der natürlichen Fähigkeit beraubt zu erkennen, daß auch sie als schwule Männer männliche Eigenschaften haben können. Die Rettung und Vervollkommnung der inneren Männlichkeit durch die Integration persönlicher Eigenschaften, wie Aktivität, Intelligenz, Furchtlosigkeit und kritisches Urteilsvermögen – Eigenschaften, die in den westlichen, patriarchalen Gesellschaften den heterosexuellen Männern zugeschrieben werden –, ist eine Aufgabe, deren Erfüllung für Frauen genauso wichtig ist wie für schwule Männer. Ulanovs Interpretation des Films klingt sehr überzeugend. In Dorothys Geschichte geht es um die Entwicklung einer positiven und differenzierten inneren Männlichkeit, und daher hat der Film für Frauen wie für schwule Männer unbestreitbar eine psychologische Bedeutung.

Schwule Männer können jedoch erst dann eine Beziehung zu der positiven Seite der Männlichkeit herstellen, wenn sie auch ihre innere Beziehung zur Weiblichkeit geklärt haben. Wenn sie die gesellschaftlichen Karikaturen von Weiblichkeit abwerfen und ihr eigenes leidenschaftliches Wesen, ihre wirklichen Gefühle, die Nähe, die sie zu ihrem eigenen Körper und seinem Rhythmus spüren, entdecken – kurzgesagt, wenn sie zu der auf dem inneren Selbst gegründeten Weiblichkeit, die Jung Anima nannte, in Beziehung treten –, durchlaufen schwule Männer vielleicht keinen so grundlegend anderen Prozeß als heterosexuelle Männer, wenn diese sich selbst als Männer erkennen, indem sie sich auch als Frauen erkennen. Für schwule Männer wie für Dorothy geht es darum, die eigenen weiblichen und männlichen Erfahrungen zusammenzubringen und das Weibliche nicht nur in seiner äußeren konventionellen Form zu kennen, sondern vielmehr in seiner inneren Kraft und Individualität – als Teil von «mir».

Die Gefahren auf dem Weg zur Smaragdstadt sind aus Märchen und Mythen bekannt. Als die Vogelscheuche in Oos versucht, Äpfel von den Bäumen zu essen, erfolgt ein Angriff. Wenn man sich unbewußte Inhalte zu schnell an-«eignet», kann das eine Magenverstimmung und psychisch einen Gegenschlag der eigenständigen Unterwelt auslösen. Das verlockende und einschläfernde Mohnfeld stellt eine andere Gefahr dar, die bei der

Arbeit mit unbewußtem Material auftreten kann, nämlich die Versuchung sich dem Schlaf der Betäubung hinzugeben und dabei die eigene Bewußtheit und Richtung zu verlieren. Diese Bilder erzählen mehr von den typischen kollektiven Gefahren der *Nekyia*, der Reise in die Unterwelt, als von den spezifischen Erfahrungen schwuler Männer oder Frauen. In diesem Zusammenhang ist es wichtig festzustellen, daß es eine Neigung zu Gier oder Genußsüchtigkeit geben kann, wenn die Männlichkeit psychologisch unentwickelt ist und keine Verbindung zum Selbst hat. Der Mythos von Persephone veranschaulicht diese Art der Männlichkeit in der Figur des Hades, des habgierigen, verborgenen Gottes aus dem Schattenreich.

Es ist schwieriger als erwartet, in die Smaragdstadt zu kommen, aber als Dorothy und ihre Freunde schließlich dort sind, stellt ihnen der Zauberer, eine ehrfurchtsgebietende Figur, genau die Aufgabe, die man fast schon erwartet hat: Dorothy und ihre Freunde sollen den phallischen Besenstiel den Klauen der Hexe entreißen. Wenn man dieses Element der Geschichte interpretiert, zeigt sich, daß es für schwule Männer eine andere Bedeutung hat als für Frauen, und dadurch wird deutlich, daß schwule Männer eine andere Beziehung zum archetypisch Weiblichen und seiner Wirkung auf ihre Identität als Männer haben. Für Frauen ist das negative Weibliche und seine phallische Kraft auf die eine oder andere Weise ein archetypisches Element ihrer grundlegenden weiblichen Identität, und es muß entmachtet werden, damit es zu weiterem Wachstum kommen kann; die innere archetypische Hexe muß auf ihren Platz verwiesen werden, und ihre Macht muß eingeschränkt werden. In bezug auf schwule Männer, die ja immerhin Männer sind, sollte die Hexe besser als ein Symbol für die einengende, verhexende und destruktive Macht verstanden werden, die darin liegt, daß schwule Männer gesellschaftlich als weiblich angesehen werden. Die Hexe und ihr phallischer Besenstiel sind mit Sicherheit innere Bilder, archetypische Dominanten der kollektiven Erfahrung. Der Hexe den Besenstiel zu entreißen, kann für schwule

Männer jedoch bedeuten, diese minderwertige Weiblichkeit zu entmachten und gleichzeitig auch ihre phallische Männlichkeit wiederzugewinnen, die ihnen als schwulen Männern verwehrt wird. Die Hexe ist deswegen ein passendes Symbol für die geistige Lähmung, die auftritt, wenn durch die patriarchale Haltung ein negatives, hexenähnliches Bild weiblicher Unersättlichkeit auf die Sexualität schwuler Männer projiziert wird.

Es ist also psychologisch verständlich, daß schwule Männer nur allzu leicht diese Art von Weiblichkeit verinnerlichen und ausagieren. Es kann als Ausdruck dieser Verinnerlichung gesehen werden, daß Tunten in der Schwulenszene eine historische Bedeutung haben und daß Transvestiten sich für ihre Imitationen immer eher hexenhafte, gehässige und übermächtige phallische Frauen wie Joan Crawford, Bette Davis und Mae West ausgesucht haben (und nicht etwa Loretta Young, Carole Lombard, Doris Day und Mary Pickford). Trotzdem ist klar, daß solche Imitationen von Transvestiten gewiß Versuche sind, genau das zu tun, was Dorothy auf ihrer Reise macht: nämlich einen Anspruch auf die phallische Macht zu erheben, die von einer bösen, lähmenden und einseitigen Weiblichkeit gefangen gehalten wird. Nach der Macht der Hexe zu greifen, um sie in den eigenen Besitz zu bringen heißt, ihren Bann zu brechen.

In diese Interpretation paßt auch die Waffe, die Dorothy benutzt, um die Hexe zu bekämpfen: Wasser. Als Symbol, das archetypisch mit Geist, aber auch mit Flexibilität, Fließendem, Bewegung und Tiefe gleichgesetzt wird, ist Wasser für diese phallische gehässige Hexe, die so starr ist, daß Geist, Bewegung und Liebe unmöglich werden, offenbar tödlich. Für schwule Männer hat Wasser als Symbol der Flexibilität eine besondere Bedeutung, weil Flexibilität die beste Verteidigung dagegen ist, im pathologischen Sinn ausschließlich als weiblich definiert zu werden. Flexibilität und das Fließende im Selbst, in der Liebe und in der sexuellen Anziehung sind, auch wenn sie der patriarchalen Haltung ein Greuel sind, die Quelle und besondere Gabe schwuler Sexualität.

Nachdem die Hexe entthront ist, stellt sich heraus, daß auch der Zauberer nur scheinbar ein Ideal von Männlichkeit verkörpert und gar nicht der Weise Alte Mann ist, sondern ein Betrüger. Es ist für Dorothy und für Frauen im allgemeinen anscheinend nötig, sich mit der Überbewertung des Männlichen auseinanderzusetzen und ihr entgegenzuarbeiten, und diese Interpretation wird durch die Einzelheiten bei der Entlarvung des Zauberers im Film gestützt. Dorothys Instinkte, die durch Toto personifiziert werden, zeigen, daß ihre idealisierte Projektion genau das ist: eine Projektion. Im Film ist der Zauberer tatsächlich eine Projektion, da der, den Dorothy sieht, nur ein Bild auf einer Leinwand ist. Wenn man sich wirklich auf jemanden einläßt, wird der Vorhang der Projektion zurückgezogen, und man kann den wirklichen Menschen sehen, dem man in Leidenschaft und Freundschaft begegnet. Als das überhöhte Bild des Zauberers wie ein Ballon in den Himmel fliegt, ist dies die direkte Folge der Rücknahme dieser idealisierten Projektion. Die rettende Kraft auf Männer zu projizieren, ist eine Sackgasse und führt unweigerlich in die Verlassenheit.

Für schwule Männer könnten die idealisierten Aspekte des Zauberers und seine Bloßstellung am Ende weitgehend die gleiche psychodynamische Situation darstellen. Wenn sie nämlich die Tyrannei einer weiblichen Selbstidentifikation abgeschüttelt haben und sich die phallische Energie zu eigen gemacht haben, die sie weggegeben oder verleugnet hatten, verfallen viele schwule Männer in eine verzweifelte Suche nach dem idealen Mann, der für sie in einer magischen und wundersamen Weise die mächtige aktive Männlichkeit darstellen soll, die das Ziel ihrer langen individuellen Suche war. Jeder, der klinisch mit schwulen Männern gearbeitet hat, kann bestätigen, daß der Mythos des perfekten Liebhabers nicht nur eine beständige, sondern auch eine fast universale Phantasie ist, die an irgendeinem Punkt im Individuationsprozeß schwuler Männer auftaucht. Wie Dorothy in ihrer Beziehung zum Zauberer merkt, muß der wirkliche Mensch mit seinen Fehlern, seinen Marotten, seinen

Unfähigkeiten, seinem Alter und seiner Schwäche zum Vorschein gebracht und entdeckt werden, damit man eine echte Beziehung eingehen und sich ein echtes Gefühl für das Selbst festigen kann.

Die Individuation schwuler Männer und die Persona

Dorothys Abenteuern im Film ist noch ein anderes wichtiges Motiv unterlegt, das die mythische Bedeutung, die dieser Film für schwule Männer hat, noch verstärkt: In Dorothys Geschichte «ist nichts das, was es zu sein scheint». Die Beliebtheit des Films bei schwulen Männern steht in direktem Zusammenhang mit diesem Motiv, denn die Erkenntnis, daß nichts das ist, was es zu sein scheint, durch die sich dann das ganze Leben verändert, ist letztlich auch das Entscheidende im Coming-out homosexueller Menschen. Schwule befinden sich in einer seltsamen und für sie quälenden gesellschaftlichen Situation, da die herrschende Homophobie es ihnen schwermacht, ihre eigene Individualität und Sexualität zu erkennen. In dieser Situation können schwule Männer nur unter großen Schwierigkeiten eine eigenständige Beziehung zum kollektiven Weiblichen aufbauen, mit dem sie identifiziert und für das sie diffamiert werden. Zusätzlich zu dem, was der Film über den *Inhalt* der Individuation schwuler Männer aussagt, beschreiben die archetypischen Bilder des Films die vielleicht wichtigste Dynamik im Individuations*prozeß* schwuler Männer.

Der Konflikt zwischen der Erscheinungswelt und der Realität taucht in dem Film auf vielen unterschiedlichen Ebenen immer wieder auf. Schon die filmische Struktur, die noch durch den überraschenden Wechsel von den in Schwarzweiß gedrehten Szenen in Kansas zum lebendigen Oos in Technicolor verstärkt wird, macht deutlich, daß Dorothys äußeres Leben eine Entsprechung in einer inneren Welt hat. Diese Übereinstimmung von innen und außen wird dadurch noch weiter getrieben, daß die äußeren Figuren aus Dorothys Leben auf wundersame Weise verwandelt in ihrer inneren Welt wieder auftauchen: Die Landarbeiter aus Kansas sind in Oos ihre Gefährten, der reisende Professor ist der Zauberer aus der Smaragdstadt und die scheußliche Miss Gulch [Schlucht] (deren Nachname eine eindeutige Anspielung auf ihre archetypische Rolle in der Geschichte ist) kann natürlich nur die böse Hexe sein. Im Film als Ganzem geht es nicht nur um Dorothys Abenteuer in Oos, sondern sowohl seine Technik als auch sein Charakter zielen deutlich darauf ab zu zeigen, daß Dorothy eigentlich in zwei Welten lebt, die sich zwar voneinander unterscheiden, aber doch gleichzeitig in einer seltsamen, wunderbaren und furchterregenden Weise miteinander verwoben sind.

Dasselbe Motiv wird auch in Oos wieder aufgenommen, weil jede Figur in Oos letztlich nicht die ist, die sie zu sein scheint. Die Vogelscheuche macht niemandem angst. Der blecherne Holzfäller ist verrostet. Der feige Löwe ist ein Oxymoron. Glinda und die böse Hexe haben zwei Seiten. Die gütige Glinda hat Dorothy die wichtige Information vorenthalten, wie sie die Kraft der Slipper nutzen kann, um zurück nach Kansas zu kommen, und die Westhexe ist nur die eine Hälfte eines ruchlosen Paares. Sogar die grimmigen Palastwachen sind halb Mensch und halb Affe, und es stellt sich heraus, daß sie eher vom Pech verfolgte Opfer sind als böse Monster. Dorothy wird überall in Oos völlig durcheinandergebracht, weil sie Blumen trifft, die sprechen, und Bäume, die sich verteidigen. Die Erscheinungen in Oos täuschen ständig über die Wirklichkeit hinweg, die ihnen zugrunde liegt.

Die Hauptstadt dieses dynamischen Zusammenspiels zwischen dem, was ist, und dem, was scheint, ist natürlich die Smaragdstadt. Kaum daß die vier in der Smaragdstadt angekommen sind, machen sie sofort eine Kutschfahrt mit einem chamäleonartigen «Pferd mit anderer Farbe», das bei jeder neuen Einstellung seine Farbe ändert. Bevor sie den Zauberer treffen, müssen sich Dorothy und ihre Freunde in einem geschäftigen Schönheitssalon im Art-deco-Stil verschönern lassen. Die Geschenke des Zauberers für die Vogelscheuche, den blechernen Holzfäller und den Löwen sind äußere Zeichen für innere Eigenschaften – ein Diplom für Intelligenz, eine Uhr in Herzform als Ehrenabzeichen für Liebe, eine Medaille für Mut. So wird durch diese Geschenke in ironischer Weise hervorgehoben, wie unfähig der Zauberer ist, und außerdem zeigt sie, wie Ulanov richtig bemerkt, daß die innere Entwicklung wichtiger ist als äußere Leistungen und Erfolge.

Dieser Kontrapunkt zwischen Erscheinung und Wirklichkeit ist ein grundlegendes Element der thematischen und visuellen Struktur des Films, und psychologisch gesehen geht es bei diesem Kontrapunkt um die Persona, die als unverwechselbarer Beitrag Jungs zur Psychologie anzusehen ist. Jung verwendete den Begriff *Persona* für jenen Teil der Persönlichkeit, den ein Individuum anderen in einem sozialen Kontext zeigt, das äußere Gesicht oder die äußere Maske, die durch die eigene Rolle, also das äußere Erscheinungsbild oder die berufliche Tätigkeit, festgelegt wird. Aus diesem Grund betrachtete Jung die Persona als Segment der kollektiven Psyche, denn sie wird durch die kollektiven Erwartungen und Normen geformt und bestimmt. Er selbst äußerte sich eher abfällig über die Persona:

«Sie ist aber, wie ihr Name sagt, nur eine Maske der Kollektivpsyche, *eine Maske, die Individualität vortäuscht*, die andere und einen selber glauben macht, man sei individuell, während es doch nur eine gespielte Rolle ist, in der die Kollektivpsyche spricht.
Wenn wir die Persona analysieren, so lösen wir die Maske auf und entdecken, daß das, was individuell zu sein schien, im Grunde kollektiv ist, daß m. a. W. die Persona nur die Maske der Kollektivpsyche war. Im Grunde genommen ist die Persona nichts ‹Wirkliches›. Sie ist ein Kompromiß zwischen Individuum und Sozietät über das, ‹als was Einer erscheint›. Er nimmt einen Namen an, erwirbt einen Titel, stellt ein Amt dar, und ist dieses oder jenes. Dies ist natürlich in einem gewissen Sinne wirklich, jedoch im Verhältnis zur Individualität des Betreffenden wie eine sekundäre Wirklichkeit, eine bloße Kompromißbildung, an der manchmal andere noch vielmehr beteiligt sind als

er. Die Persona ist ein Schein, eine zweidimensionale Wirklichkeit, wie man sie scherzweise bezeichnen könnte» (Jung, GW 7, §§ 245 f.).

Jung räumte allerdings auch ein, daß die Wahl der Persona vielleicht ein viel komplexerer Vorgang sei und von individuellen Faktoren stärker bestimmt werde, als man es auf den ersten Blick vermuten könnte, und er erkannte durchaus, daß es eine psychische Notwendigkeit ist, über eine passende Persona zu verfügen. Trotzdem beschrieb Jung, vielleicht aufgrund seiner eigenen Introversion oder seiner Beschäftigung mit der inneren Individualität, die Persona in negativer Weise: als Mittel zur Verheimlichung, als Behinderung, als Opfer, das man der Außenwelt bringt, und als ein Element, das im Bewußtsein Uneinigkeit schafft (Jung, GW 7, § 305).

Jung betrachtete die Persona als eine Kompromißbildung, einen Mittler zwischen dem Ich und der äußeren Welt des Bewußtseins, ganz ähnlich wie Anima oder Animus als Mittler zwischen dem Ich und dem Unbewußten dienen. Jolande Jacobi schreibt, die positive Funktion der Persona sei es, «eine relativ gleichmäßige, den Ansprüchen der jeweiligen Zivilisation angepaßte Fassade zu bilden. Eine elastische und ‹gut sitzende› Persona gehört zum erwachsenen Menschen, und ihr Fehlen oder ihre Erstarrung sind bereits Merkmale einer mißlungenen psychischen Entwicklung» (Jacobi, Der Weg, S. 48 f.). Diese widersprüchlichen Einschätzungen der Persona ziehen sich durch das gesamte jungianische Denken: Die Persona ist für ein psychisches Funktionieren notwendig; und dennoch ist sie unecht, sie ist ein Hindernis für echte Individuation; sie ist eine psychische Bildung, die stabilisiert und schützt, muß aber doch abgestreift werden, bevor innere Arbeit beginnen kann. In dieser ambivalenten Haltung zur Persona mag eine Erklärung dafür liegen, warum sich in der jungianischen Literatur kaum eine gründliche Auseinandersetzung mit der Persona und insbesondere mit ihrer hilfreichen und positiven Funktion finden läßt.

Diese Haltung zur Persona ist von Nachteil, wenn man versucht, die psychische Entwicklung von Individuen zu untersuchen, die sich gesellschaftlich in einer Außenseiterposition befinden, wie zum Beispiel Homosexuelle. Keine Gruppe ist so direkt mit der Problematik der Persona konfrontiert wie homosexuelle Menschen. Als Mittler zwischen außen und innen ist die Persona der Ort in der Persönlichkeit, an dem ein Kompromiß zwischen den kollektiven Normen und den individuellen Bedürfnissen geschmiedet werden muß. Da in patriarchalen und heterosexistischen Gesellschaften davon ausgegangen wird, daß es von Geburt an anatomisch bedingte, spezifische Verhaltensmuster für Jungen und für Mädchen gibt, wird jedem Kind seinem Geschlecht entsprechend ein männliches oder weibliches Gesicht aufgedrückt; und daran knüpft sich ganz willkürlich die Erwartung, daß es der Entwicklungsnorm entspricht und heterosexuell wird. Die inneren, homosexuellen Gefühle schwuler Männer entwickeln sich nicht in Übereinstimmung mit den kollektiven Erwartungen, die eine heterosexuelle Männlichkeit verlangen, und sie können leicht verborgen und verleugnet werden. Doch auch, wenn ein schwuler Mann ein Coming-out hat und seine Homosexualität anerkennt, kann er mit ihr eine ebenso unechte Persona verbinden, nämlich eine minderwertige Weiblichkeit. So gesehen ist eine der grundlegenden psychologischen Situationen schwuler Männer auch ein Hauptthema in Dorothys Mythos. Für Schwule, denen die Gesellschaft entweder die schlechtsitzende Maske der heterosexuellen Geschlechterrolle aufdrückt oder minderwertige Weiblichkeit zuweist, ist nichts das, was es zu sein scheint.

In der westlichen Kultur wird die Vorherrschaft der heterosexuellen Geschlechterrollen unbewußt vorausgesetzt, und dadurch entsteht für schwule Männer eine Situation, in der die aufgezwungene heterosexuelle Persona sie festhält und einschränkt. Wenn schwule Männer nicht zu ihrer Homosexualität stehen, verzerrt diese Maske der kollektiven Erwartung allzu oft die Schwingungen des Eros, die sie innerlich wahrnehmen, und hindert sie daran, ihre wirkliche Individualität erkennen zu können. Wenn schwule Männer aber zu ihrer Homosexualität stehen, dann versucht das heterosexuelle Wertesystem diese Anomalie dadurch zu erklären, daß männliche Homosexualität mit Unterlegenheit und Weiblichkeit gleichzusetzen sei. Dieser Doublebind, diese tiefe Kluft zwischen dem, «was ich bin», und dem, «was ich zu sein scheine», ruft ein Leiden hervor, das Dorothys Tornado gleicht, weil es schwule Männer sozusagen mit sich in die Luft reißt, um sie dann auf der gelben Ziegelsteinstraße zu individueller Authentizität wieder abzusetzen.

Wenn es schwulen Männern nicht gelingt, die Persona, die die Gesellschaft ihnen aufgezwungen hat, abzuschütteln und durch ein Coming-out innerlich und äußerlich zu ihrer Homosexualität zu stehen, bleibt ihnen nur der kollektive Panzer sozialer Konvention, was schädliche Folgen haben kann. Für schwule Männer in einer homophoben Gesellschaft besteht eine der wichtigsten psychologischen Aufgaben darin, sich eine passende Persona aufzubauen, eine Persona, die dem inneren Leben Ausdruck verleiht und ihm entspricht, statt es zu verbergen, eine Persona, die schützt und dabei flexibel und widerstandsfähig bleibt. Außerdem ist diese Aufgabe eng an die Frage gebunden, was es in unserer Gesellschaft heißt, ein Mann zu sein und gleichzeitig mit dem Weiblichen in Beziehung gebracht zu werden. In der Schwulenszene findet natürlich dieser zentrale Prozeß der Entfaltung einer Persona reichhaltigen und vielfältigen Ausdruck und wird in jeder erdenklichen Weise unterstützt.

In der Zeit nach dem Höhepunkt der Schwulenbewegung ist Leder, besonders schwarzes Leder, das Material, das bei der Kleidung vorherrscht, und offenbar besteht hier ein Zusammenhang zu der Personadynamik. Welches Symbol könnte schließlich die Art von Persona, die Schwule in einer homophoben Gesellschaft brauchen, besser und sinnlicher darstellen als der enganliegende, schützende Mantel einer zweiten Haut, deren Flexibilität höchstens noch von ihrer Widerstandskraft übertroffen wird? Welchen besseren Anlaß zu feiern gäbe es für die Community als die Zwillingsfeste Karneval und Halloween, wo man in inszenierten Ritualen mit archetypischen Masken und aufwendigen Verkleidungen seine Persona entfaltet und öffentlich zur Schau stellt? Welch besseres Feld gäbe es für den menschlichen Schaffensdrang der Homosexuellen als die Kunst, wo die Beziehung zwischen Form und Inhalt im Zentrum aller schöpferischen Arbeit steht? Welche Gruppe von Menschen liebt Manieriertheit, Ironie und Sarkasmus so sehr wie die Schwulenszene, der es Spaß macht, auf ungebührliche oder lächerliche Weise das zu zeigen, was hinter dem, «was scheint», wirklich «ist». Was ist kulturell besser und beständiger als Transvestismus? Im Gegensatz zum Transvestismus als individueller *Sexual*praktik, deren Anhänger, wie die Forschung gezeigt hat, in der überwiegenden Mehrzahl heterosexuell sind, hatte es für homosexuelle Menschen schon immer eine *kulturelle* Bedeutung, sich in den Kleidern des anderen Geschlechts zu zeigen. Daß die Queens in der Achtung der Schwulenszene gesunken sind, hat damit zu tun, daß die politische Analyse der antischwulen Vorurteile zunehmend anspruchsvoller wird. Diesen Vorurteilen muß durch ein authentischeres Äußeres begegnet werden, d.h., daß Schwule sich in der Gesellschaft eine echte, statt einer nur verteidigenden Persona schaffen müssen, um sich ihre psychische und soziale Freiheit zu sichern.

Die Beliebtheit von Dorothys Geschichte bei schwulen Männern ist ein deutlicher Beweis dafür, daß dieser Mythos um die Persona bei homosexuellen Männern eine Saite zum Klingen bringt, die tief in ihrer Seele verborgen ist. Die Aufgabe, die Dorothy im Film lösen muß, hat eng mit Fragen der Persona zu tun: Sie muß hinter das sehen, was in Kansas «scheint», um wirklich erkennen zu können, was in Oos «ist». Der Film, in dem erzählt wird, wie sie ihre Persona abstreift, um ihre Seele zu finden, ist die Geschichte einer Wandlung. Kansas, mit seiner anfänglich erdrückenden Atmosphäre, gewinnt schließlich ganz neue, tiefere und reizvollere Dimensionen. Dorothy muß auch in Oos dieselbe Aufgabe erfüllen und ihre Persona abstreifen. Sie muß die Unfähigkeit ihrer männlichen Gefährten erkennen, damit sie ihnen helfen kann, wirklich Intelligenz, Herzenswärme und Furchtlosigkeit zu entwickeln. Sie muß den Zauberer demaskieren, die verletzliche Stelle der Hexe finden und hinter Glindas blendendem Äußeren die tiefe Weisheit entdecken, die sie braucht, um nach Hause zu finden. Schwule fühlen sich hiervon auf einer symbolischen Ebene stark angesprochen, denn in Malcolm Boyds Worten müssen sie «die Masken abnehmen» und eine Reise hinter die ungastliche äußere Fassade der Konvention machen, um die Farbe, das Leben und die Kraft ihrer eigenen Sexualität in sich zu finden. Dorothys Suche ist ein symbolischer Ausdruck für die Suche homosexueller Männer, denn auch sie müssen durchschauen, daß das, was zu sein scheint, falsch ist, und eine vermittelnde Persona entwerfen, die dem entspricht, was sie wirklich sind. Schwule Männer *sind* also in der Tat Dorothys Freunde, da auch sie den Weg nach Hause zu ihrem echten Selbst in der Welt finden müssen.

Die Personathematik des Films steht für homosexuelle Männer in einer engen Beziehung zu dem anderen mythischen Motiv des Films, der Beziehung zwischen Weiblichkeit und der eigenen Identität als Mann, denn homosexuellen Männern wird nicht nur die Persona der Heterosexualität aufgezwungen, sondern auch die einer minderwertigen Weiblichkeit. Das verzweifelte Bemühen, diese Persona abzuschütteln und Zugang zu einer echten, inneren Weiblichkeit zu finden, zeigt sich häufig in Träumen schwuler Männer, die eine Therapie machen. Dies sind dann Träume von beeindruckender Gefühlsintensität:

«*Ich bin als Prinzessin Caroline von Monaco auf meiner eigenen Hochzeit und nehme Philippe Junot zum Mann, und als sie geht bzw. ich gehe, werden Philippe und ich um Autogramme bestürmt. Ich genieße das sehr.*»

«*Ich bin eine Prinzessin und befinde mich mitten in einer Menschenmenge bei einer riesigen Feier in einer mittelalterlichen Stadt. Aus einer weit entfernten, großen Kathedrale kommt die Prozession näher. Ich bin Jane Wheelwright und befinde mich jetzt in der Oxford Street [die Straße, in der der Patient wohnt], ich laufe von meinem Haus aus die Straße entlang und komme dann an einer festlich gekleideten Gruppe von Hochzeitsgästen vorbei, unter denen sich Deirdre [eine schwarze Freundin des Patienten] befindet; sie trägt ein langes fließendes Kleid mit vielen Farben und Mustern – es ist ein japanisches Hochzeitskleid aus Seide. Ich grüße sie, als sie an mir vorbeigeht.»*

«*Steve [ein Dozent, mit dem der Patient befreundet ist] gibt gerade Unterricht, und ich bin einer der Studenten. Sätze sollen ins Deutsche übersetzt werden, und ich habe keine Ahnung, wie man das macht. Das Klassenzimmer verwandelt sich plötzlich in einen heiligen Teich, eine Art Grotte. Eine Gruppe älterer Männer will in dem Wasser schwimmen, aber die Kacheln rundherum sind sehr glitschig. Es ist Pocahontas Teich, und er ist heilig. Einige der älteren Männer gehen vorsichtig hinein, und ich folge ihnen ziemlich geschickt.*»

[Der nächste Traum desselben Patienten:] «*Ich stehe im Dienst eines modernen, arabischen Herrschers, und ich werde dazu aufgefordert, für ihn das Ritual der Isis auf einem kleinen Altar in einem Hotelzimmer auszuführen. Zuerst nehme ich ein Buch zu Hilfe. Ich salbe mich und die Säulen des Heiligtums mit Pinienöl aus schimmernden Alabasterdosen ein, aber dann lerne ich, das Ritual auswendig auszuführen, und vollziehe es ohne das Buch bei Kerzenlicht vor dem König, der mächtig ist und eine starke erotische Ausstrahlung hat.*»

«*Meine Tante erzählt mir von einer Kommune in Santa Barbara, in der ihr Sohn lebt; die Frauen in dieser Kommune gehören einer Sekte an, deren Rituale sexuell gefärbt sind. Nachts berühren die Frauen mit ihren Nasen das Bild einer schönen, blonden Frau, wodurch sie oder ihre Mütter einen*

Orgasmus bekommen. Ich sehe, wie zwei Frauen das tun (ein Lichtblitz erscheint in dem Moment der Berührung), und versuche es dann selbst.»

Diese «großen» Träume mit ihrer Hochzeits- und weiblichen Initiationssymbolik zeigen, wie die Beziehung schwuler Männer zum Weiblichen auf einer intrapsychischen Ebene tatsächlich aussieht und wie durch diese Beziehung die männliche Identität homosexueller Männer letztlich gefestigt wird, wie das zum Beispiel in dem Traum mit dem arabischen König und dem Ritual der Isis geschieht oder auch in dem Traum, in dem der Patient Prinzessin Caroline ist, was ja gleichzeitig bedeutet, mit der Männlichkeit eins zu werden, die sie heiratet. So widerlegen diese Träume die Klischeevorstellung von der Frauenfeindlichkeit schwuler Männer. Wie die Träume zeigen, erleben diese Männer die Weiblichkeit auf sehr direkte Weise: Sie schwimmen in Pocahontas Teich, nehmen an einer rituellen Verehrung des Weiblichen teil, sind die Prinzessin bei einer Hochzeit und grüßen die Göttin in ihrem vielfarbigen Kleid. Dadurch wird es ihnen möglich, zu dem mächtigen, weiblichen Selbst in Beziehung zu treten, das auch Dorothy im Film sucht und findet.

Infolge der Beliebtheit des Mythos von Oos und seiner Thematik des Weiblichen und der Persona kann man sehr genau und differenziert erkennen, in welcher Beziehung homosexuelle Männer zum kollektiven Weiblichen stehen. Dorothy findet ihr weibliches Selbst, d. h. ihr Zuhause, durch die Integration männlicher Eigenschaften, und durch den gleichen Prozeß einer Integration des Männlichen gelangen auch schwule Männer zu echter Weiblichkeit, die nicht einfach nur die äußere Persona einer verunglimpften, heterosexuellen Weiblichkeit ist. In anderen Worten löst Dorothy die Aufgabe, zwischen innerer und äußerer Weiblichkeit und zwischen individuellen und kollektiven Bildern des Weiblichen zu unterscheiden, indem sie in Beziehung zu ihrer inneren Männlichkeit tritt. Genau denselben Prozeß durchlaufen auch homosexuelle Männer, wenn sie die Maske abnehmen und zu ihrer Homosexualität als Teil ihrer männlichen Identität stehen.

Zwar kann die Beziehung, die schwule Männer zum Weiblichen haben, zuerst der ähneln, die heterosexuelle Frauen zu ihr haben, die sich ja von ähnlich einschränkenden Bildern des Weiblichen lösen müssen, aber die innere Beziehung eines schwulen Mannes zum Weiblichen, wie sie in den Träumen gerade dargestellt wurde, führt zu etwas, das sich vielleicht gar nicht so stark von der Erfahrung heterosexueller Männer unterscheidet: nämlich zu einem stärkeren Gefühl für die eigene Vollständigkeit und Ganzheit als Mann. Genauer gesagt, sowenig es bei heterosexuellen Männern notwendigerweise zur Homosexualität führt, wenn sie durch eine stärkere Beziehung zu den archetypisch weiblichen Kräften, die in ihrer Seele wirksam sind, zu ihrer eigenen männlichen Ganzheit finden, sowenig sollte man erwarten, daß ein schwuler Mann heterosexuell wird, wenn er eine reifere, wirksame und engere Beziehung zu den Kräften in seiner Seele entwickelt, die von Glinda, der bösen Hexe und dem Zauberer aus Oos repräsentiert werden. Wenn ein Mann, gleichgültig, ob er schwul oder heterosexuell ist, seine eigene, verachtete Weiblichkeit integriert, geschieht etwas anderes: Es kommt nämlich zu der Art von Persönlichkeitsentfaltung, die Jung als das eigentliche Ziel des Individuationsprozesses angesehen hat.

Eine reife Beziehung zum archetypisch Weiblichen führt nach meiner persönlichen und praktischen Erfahrung als schwuler Therapeut tatsächlich dazu, daß man sich stärker *als Mann und als Homosexueller* annehmen kann. Wenn man sich selbst als schwulen Mann annehmen kann, wird die Nähe und Intimität zwischen Frauen und schwulen Männern möglich, die viele heterosexuelle Männer bemerken (und vielleicht beneiden) und die viele Frauen enorm genießen und als befreiend empfinden. Natürlich können Frauen und schwule Männer auf rein kollektiver Basis zueinander in Beziehung treten, wenn sie nämlich die übertriebenen Klischeebilder von minderwertiger Weiblichkeit übernehmen, die beiden Gruppen als Vehikel für eine undifferenzierte Beziehung zueinander aufgedrückt wurden (die Klischees der «dizzy Queen» [überkandidelte Queen] und der «fag hag» [Schwulentussi] können einen Eindruck von solchen Beziehungen vermitteln). Zu wirklich nahen Beziehungen zwischen Frauen und schwulen Männern kommt es jedoch, wenn beide nach innen geschaut und die tiefe Verbundenheit erkannt haben, die sie in der Tiefe ihrer inneren und äußeren Weiblichkeit spüren. Weit davon entfernt, den Haß auf Frauen, den man ihnen unterstellt, tatsächlich zu empfinden, kennen schwule Männer, die ihre eigene Weiblichkeit *durch ihre Homosexualität* erkennen und erleben, das archetypisch Weibliche vielleicht so, wie es die Männer niemals kennenlernen können, die solchen kollektiven Klischeebildern nicht unterworfen waren und die nicht in der Schwulenszene zu Hause sind, die den einzelnen in so vielfältiger Weise, individuell, sozial und rituell dabei unterstützt, seine weibliche Seite auszuleben.

Mit all dem soll nicht gesagt werden, daß das, was Jung und die Jungianer im Leben schwuler Männer gesehen und weibliche Identifikation genannt haben, völlig unsinnig und falsch wäre; schwule Männer können natürlich, wie heterosexuelle Männer oder Frauen auch, mit dem kollektiven Weiblichen so identifiziert sein, wie es Jung und die Jungianer beschrieben haben. Diese Form einer Identifikation mit dem Weiblichen ist weder ein archetypischer Bestandteil der Homosexualität an sich, noch ist sie deren Ursache, denn eine Identifikation mit dem Weiblichen kann auch dadurch entstehen, daß die Homophobie und der generelle Haß auf Frauen, der sich in den gängigen gesellschaftlichen Vorstellungen von Männlichkeit und Weiblichkeit verbirgt, verinnerlicht wurde. Schwule Männer sind durchaus dazu in der Lage, eine innere Beziehung zum archetypisch Weiblichen aufzubauen, ohne ihre Männlichkeit zu verlieren oder ihre grundlegend homosexuelle Orientierung aufzugeben. Da homosexuelle Männer das Weibliche in einer so einzigartigen Weise erleben, sollte der Erscheinungsform des Weiblichen in der Seele schwuler Männer vielleicht mehr Aufmerksamkeit geschenkt werden. Doch trotz dieser Einzigartigkeit könnte es sein, daß sich die Art, wie schwule Männer ihre Weiblichkeit erfahren, wenn sie als wirkliche, innere Präsenz gesehen oder gefühlt werden kann, gar nicht so stark davon unterscheidet, wie sich jeder andere Mann mit seiner weiblichen Seite auseinandersetzt. Die Anima eines schwulen Mannes kann ebenso nah oder entfernt, unbeständig oder hilfreich, vergiftend oder nährend sein. Die Anima kann die Große Mutter in ihrer hilfreichen und ihrer zerstörerischen Seite in sich tragen oder sie kann der persönlichen Mutter aus der unmittelbareren Erfahrung ähneln. Wenn man das Weibliche im Leben schwuler Männer wirklich betrachtet, sieht man seine beiden Seiten, und man muß erkennen, daß die Seele schwuler Männer einzigartig ist und sich dabei doch nicht grundlegend von der Seele anderer Menschen unterscheidet.

Die Bilderwelt des archetypisch Männlichen in der Subkultur der Schwulen

Weil die konventionellen Geschlechterrollen und Geschlechterdefinitionen schwulen Männern den Status einer Frau zuweisen, war es bislang schwierig – und vielleicht am schwierigsten für schwule Männer selbst – zu verstehen, daß sich männliche Homosexualität und Männlichkeit gegenseitig nicht ausschließen. Wir haben gesehen, daß Jung und die Jungianer dazu neigten, männliche Homosexualität mit Weiblichkeit gleichzusetzen und als Erklärungsmuster dafür einen Mutterkomplex, eine Animaidentifikation oder die matriarchale Psychologie heranzuziehen, so daß die Beziehungen schwuler Männer zu dem archetypisch Weiblichen verzerrt und pathologisiert wurde. Bei unserer Untersuchung, welchen Symbolgehalt der Film *Der Zauberer von Oos* hat, haben wir die Vorurteile, die der Homosexualität in unserer Kultur entgegengebracht werden, und die Auswirkungen, die sie auf die Identität schwuler Männer haben, in die Interpretation des Films einbezogen. Wir haben dabei festgestellt, daß schwule Männer auf individueller oder kollektiver Ebene andere – und möglicherweise positivere – Beziehungen zum Weiblichen haben können, als die, die von der krankhaften Dynamik einer Identifikation mit der Großen Mutter oder einer völligen Unterwerfung unter ihre Macht gekennzeichnet sind.

Wenn die Beziehung schwuler Männer zum Weiblichen auf so verzerrte und negative Weise wahrgenommen wird, so nimmt es nicht wunder, daß auch die Beziehung, die sie auf individueller oder kollektiver Ebene zum Männlichen haben, kaum weniger verzerrt gesehen wird. Was Jung und die Jungianer über die Beziehung schwuler Männer zur Männlichkeit gesagt haben, zeigt uns, daß bisher nur sehr wenig über die archetypische Bilderwelt des Männlichen in der männlichen Homosexualität herausgefunden worden ist, ohne daß diese Männlichkeit allzu schnell dem Bereich pubertärer Konflikte und Kämpfe zugeordnet wurde. Die Bilder des Männlichen, die im Leben schwuler Männer auftauchen, werden als Ausdruck einer unausgereiften und unentwickelten Männlichkeit gedeutet, die im wesentlichen noch von der Mutter und der Anima bestimmt wird.

Daß es Jung und den Jungianern nicht gelungen ist, die männlichen Motive im Leben schwuler Männer auf individueller und kollektiver Ebene auszumachen und zu begreifen, ist um so unverständlicher, wenn man bedenkt, was männliche Homosexualität eigentlich ist – nämlich ein im Grunde rein männliches Phänomen –, und zudem die heutige urbane Schwulenszene in den Vereinigten Staaten betrachtet, in der es geradezu eine Fülle von Motiven und Bildern des archetypisch Männlichen gibt. Es sind insbesondere zwei Bereiche in der US-amerikanischen Schwulenszene, in denen die kollektiven Bilder des Männlichen in sehr ausgefeilter und eindeutiger Weise dargestellt werden: die erotische Literatur und die sadomasochistische «Leder»-kultur. Beide Bereiche erfüllen eine wichtige psychologische Funktion, weil sie archetypische Motive der Männlichkeit in das Leben schwuler Männer einbringen, deren eigene Männlichkeit während ihrer ganzen Entwicklung ständig verleugnet und in Zweifel gezogen wurde. Unsere Interpretation des Films *Der Zauberer von Oos* und seines Symbolgehalts legt nahe, daß die Rohheit, Übertriebenheit und die Schattenqualität der Männlichkeit, die in der schwulen erotischen Literatur und in den Bildern der sadomasochistischen Subkultur zum Ausdruck kommt, ebensoviel über die gesellschaftliche Unterdrückung des Eros unter Männern aussagt wie über das Wesen der männlichen Homosexualität selbst.

Es würde dem gängigen Trend entsprechen und wäre vielleicht durchaus interessant, weiter auszuholen und zu untersuchen, welche Bilderwelt der Homoerotik es in anderen Kulturen, seien es moderne oder alte, gibt, um kollektive Themen und Mythologien zu entdecken. Aber es könnte sein, daß eine solche Suche nach exotischem Material weit weniger mit einer akademischen Notwendigkeit zu tun hätte als damit, daß es uns unangenehm ist, Homosexualität als eine lebendige Realität direkt vor unserer Nase wahrzunehmen. Layards ironische Bemerkung, daß homosexuelle Praktiken nicht auf Polynesien beschränkt sind, sondern «mitten unter uns blühen», sagt viel darüber aus, warum die unermeßliche Fülle der kollektiven Bilder aus der heutigen Schwulenszene in den Vereinigten Staaten von den analytischen Psychologen weitgehend ignoriert wird, und das, obwohl dieses Material direkt vor unser aller Augen liegt.

Homoerotische Literatur

Die Flut homoerotischer Geschichten, die jeden Monat in Dutzenden der führenden Männerzeitschriften der Schwulenszene veröffentlicht wird, liefert ein Material, das von unschätzbarem Wert ist, wenn man bestimmte Grundzüge dessen erkennen will, was Homosexualität heute für schwule Männer bedeutet. In erster Linie sollen diese erotischen Geschichten (denen fast immer Zeichnungen und Aktphotographien beigefügt sind) schwulen Männern intensive und anregende sexuelle Phantasien liefern, offensichtlich zum Zweck der Selbstbefriedigung. Diese Geschichten können ihre Funktion nur dann erfüllen, wenn sie sich solcher Themen, Symbole und Bilder bedienen, die schon aus sich selbst heraus eine starke Aussagekraft haben. Außerdem sind diese Geschichten per definitionem kollektiver Natur, sie werden für Millionen schwuler Leser veröffentlicht und vertrieben, und deshalb müssen die Themen, Symbole und Bilder, die darin verarbeitet werden, eine weitreichende archetypische Bedeutung und Aussagekraft haben (sonst würden diese Zeitschriften mit Sicherheit eingehen).

Diese Geschichten dienen ausschließlich erotischen Zwecken und werden keineswegs in der bewußten Absicht geschrieben,

Themen zu behandeln, die psychologische Bedeutung haben oder kollektive Mythologien enthalten, und deswegen sind sie, so könnte man sagen, in psychologischer Hinsicht unbefangen. Würden die Autoren homoerotischer Geschichten behaupten, sie hätten großartige symbolische Aussagen über das Wesen des Menschen machen wollen, dann müßten wir entweder skeptisch bleiben oder diesen Autoren entgegenhalten, daß ihre Geschichten nicht gerade von großem künstlerischen Wert sind, denn diese Geschichten mögen zwar vieles sein, aber große Literatur sind sie ganz bestimmt nicht.

Man kann solche homoerotischen Geschichten als modernes Pendant zu den Märchen ansehen, die, wenn man sie psychologisch deutet, in archetypischer Hinsicht zwar höchst aufschlußreich sein mögen, aber letztlich dennoch naive, einfache und unterhaltsame Geschichten des Volkes bleiben. Die psychologische Deutung von Märchen ist schon fast eine eigene Branche in der Tiefenpsychologie geworden, und es gibt inzwischen eine beachtliche Menge von Arbeiten, in denen diese Volksmärchen teilweise sehr feinsinnig für ein psychologisch anspruchsvolles, modernes Publikum neu interpretiert werden. Darüber kann leicht in Vergessenheit geraten, daß die ursprünglichen Volksmärchen – wie viele der erotischen Geschichten aus der Schwulenszene, die wir untersuchen werden – keine modernen Erzählungen mit einer Einleitung, einem Hauptteil und einem Schluß und sorgfältig gezeichneten individuellen Charakteren sind, sondern vielmehr rohe und unvollendete Erzählungen, die kollektiven Traumfragmenten ähneln und um wichtige mythologische Elemente (Mythologeme) gruppiert sind. Sowohl Märchen als auch die erotischen Geschichten aus der Schwulenszene bestehen aus typisierten Charakteren, sich wiederholenden Handlungen und kollektiven Bildern und Themen, die keine vorgegebene oder feste Form haben, und ihre Motive stammen offensichtlich vornehmlich aus dem alltäglichen Phantasieleben einer Gruppe homogener Individuen, die in einer gleichgesinnten Gemeinschaft und einer in sich geschlossenen Kultur leben. Es hat zwar sicherlich schon vor der Schwulenbewegung erotische Literatur für Homosexuelle gegeben, aber erst seitdem es die Schwulenbewegung gibt, wird solche Literatur auch vielerorts angeboten und ist frei erhältlich. Erotische Geschichten aus der Schwulenszene sind ein Ausdruck des heutigen schwulen Bewußtseins, ähnlich wie auch die Märchen ein Ausdruck für die psychologischen Themen sind, die in den Volkskulturen, in denen sie erzählt wurden, wichtig waren.

In meinen Workshops über die archetypischen Symbole der Homosexualität, in denen ich häufig mit erotischen Geschichten arbeite, gibt es immer wieder Leute, Schwule und Heterosexuelle, die diese Geschichten unangenehm und abstoßend finden, und zwar entweder aus Prinzip, weil Sexualität für sie etwas Heiliges ist, das nicht zu einem Gebrauchsartikel für den Massenkonsum werden sollte, oder weil Sexualität in den Geschichten häufig auf zu skurrile oder gewalttätige Weise beschrieben wird. Auf solche Einwände entgegne ich gewöhnlich, daß ich diese Geschichten aus rein psychologischen Gründen behandle; und gleichgültig ob man sie sexuell erregend, reißerisch oder auch geschmacklos findet, dies ändert nichts an der Tatsache, daß sie geradezu eine Fundgrube für die Symbolik der Homosexualität sind, und es ist ja diese Symbolik, um die es uns hier geht. Des weiteren betone ich normalerweise, daß die Märchen der Gebrüder Grimm und die griechischen Mythen, um nur zwei Beispiele zu nennen, mindestens ebenso skurril und gewalttätig sind wie jede beliebige erotische Geschichte aus der Schwulenszene, die wir lesen könnten. Es geht uns hier nicht darum, das, was in den Geschichten geschieht, wörtlich zu nehmen, wir wollen vielmehr ihren Symbolgehalt verstehen.

Das letzte und vielleicht wichtigste Argument dafür, von diesem Material Gebrauch zu machen, liegt darin, daß die Bilder und Symbole der Männlichkeit, die in diesen Geschichten enthalten sind, ihr Gegenstück in den Träumen und Phantasien schwuler Patienten und in der Schwulenszene ganz allgemein finden. Hier ist die Frage nach der Henne oder dem Ei – also, ob diese Literatur die Phantasien der Individuen und der Szene erst anregt und nährt oder ob sie aus dem individuellen Unbewußten oder auch dem Unbewußten der heutigen schwulen Männer als Gruppe entsteht – ziemlich irrelevant. Denn wir wollen keine soziologische Theorie von Ursache und Wirkung aufstellen, sondern mehr über die Bilderwelt der Homosexualität erfahren, und dafür werden wir Material aus dem wirklichen Leben heutiger schwuler Männer heranziehen.

Diese Bilder sind überwältigend männlich. Auf den erotischen Photographien in diesen Zeitschriften sind Männer jeden Typs und von jeder nur vorstellbaren Gestalt und Größe abgebildet, von Karikaturen der Männlichkeit – gewaltigen Bodybuildern oder Männern, die der kulturellen Norm männlicher Schönheit so perfekt entsprechen, daß sie fast unwirklich erscheinen – bis zu Männern, die eher wie gewöhnliche Sterbliche aussehen: der Junge von nebenan, der typisch amerikanische College-Athlet, der Geschäftsmann mit Schlips und Kragen. Daß es in diesen erotischen Geschichten eindeutig um Bilder der Männlichkeit geht, zeigt sich auch in der Rollenidentität der Charaktere, der unter einem typisch männlichen Blickwinkel eine zentrale Bedeutung zukommt. Viele der Protagonisten haben zwar individuelle Namen und deutlich erkennbare Charakterzüge, aber wenn man einige dieser Geschichten gelesen hat, merkt man, daß diese Männer fast nicht von der Rolle, die sie spielen, oder dem Beruf, den sie ausüben, zu trennen sind. Sie sind keine Individuen, sondern Charaktertypen – der Seemann, der Athlet, der Bauarbeiter, der Feldwebel, der Footballspieler im College, der Highschooltrainer. Viele dieser Typen verkörpern in vollendeter Form das Männlichkeitsideal in der heutigen Gesellschaft: Sie sind stark, produktiv, schön, selbstsicher und ungeheuer erotisch. Auffälligerweise treten Männer, die dieses Ideal nicht verkörpern, überhaupt nicht auf. In diesem kollektiven Universum schwuler Männer gibt es höchstens einige wenige effeminierte Blumenhändler, Transvestiten oder verpickelte Computerhacker.

Es ist viel über die Bilder männlicher Initiation, die in den Beziehungen homosexueller Männer offenbar auftauchen, geschrieben worden, und zwar nicht nur von Jung und den Jungianern, sondern auch von vielen schwulen Wissenschaftlern. Zum Beispiel haben die Therapeuten Andrew Mattison und David McWhirter in *The Male Couple* herausgefunden, daß homosexuelle Beziehungen dann am dauerhaftesten sind, wenn der durchschnittliche Altersunterschied zwischen den Partnern fünf bis sechzehn Jahre beträgt (S. 286). Einige schwule Anthropologen und Soziologen haben das Muster der *puer-senex*-Beziehung auch bei ihren historischen und kulturvergleichenden Forschungen entdeckt: Das allseits bekannte Muster homosexueller Beziehungen im antiken Griechenland, wo es üblich war, daß Lehrer und Schüler sexuelle Beziehungen unterhielten, läßt sich auch in anderen Kulturen finden, wie zum Beispiel in denen, die Layard untersucht hat. Die stereotype Angst vor schwulen Männern, denen unterstellt wird, sie würden Kinder verführen und mißbrauchen, scheint zumindest teilweise mit der Initiationsdynamik zusammenzuhängen, die sich in dem Gegensatz und der gleichzeitigen Verbindung zwischen alt und jung in den Beziehungen vieler schwuler Männer zeigt.

Es ist faszinierend, daß sich in der erotischen Literatur schwuler Männer eine Fülle dieser Initiationssymbolik findet. In vielen Geschichten wird die Verbindung von Jugend und Alter, also eine wie auch immer geartete *puer-senex*-Dynamik, anschaulich dargestellt. Eine erstaunliche Anzahl von Geschichten handelt von jungen Männern, die mit älteren männlichen Familienmitgliedern sexuell verkehren oder das zumindest phantasieren. Man kann jede nur mögliche inzestuöse oder fast inzestuöse Kombination finden: Vater und Sohn, Onkel und Neffe, älterer und jüngerer Bruder, älterer und jüngerer Cousin, Vater und Schwiegersohn. Schon die Titel dieser Geschichten zeigen, worum es hier geht: *Brothers Do It, Father Blows Best, Life With Father, Meathead* (eine Anspielung auf Archie Bunker und seinen Schwiegersohn Mike aus der Fernsehserie *All in the Family*), *Ben's Brother*.

Wem dies noch kein ausreichender Beweis für die Bedeutung der Initiationssymbolik in den kollektiven Bildern der Schwulenszene ist, den sollte die große Zahl von Geschichten, die eine irgendwie geartete Lehrer-Schüler-Beziehung beschreiben, überzeugen. Auch hier gibt es fast jede erdenkliche Kombination: Trainer und Sportler, einfacher Soldat und kommandierender Offizier, College-Student und extrakurrikularer Tutor, Chef und Angestellter, neuer und alter Mitarbeiter. Die Titel lassen auf den Inhalt schließen: *The Coach Taught Me, Frat House Rush, Teacher's Pet, A Teacher's Touch*.

Sehr viele Geschichten handeln davon, daß schwule Männer heterosexuelle Männer verführen und in die unvergleichlichen Freuden der homosexuellen Liebe einführen. In diesen Geschichten, mit Titeln wie *Banging Straight Butt, Mr. Straight*, und *Breaking in a Hustler*, kommt zumindest eine Dynamik zum Ausdruck, die Therapeuten auch häufig bei ihren Patienten entdecken, ganz besonders in Stadtvierteln, in denen es eine lebendige Schwulenszene gibt: das Phänomen, daß schwule Männer, die ihrer Homosexualität gewöhnlich sehr ambivalent gegenüberstehen, häufig von heterosexuellen Männern fasziniert sind oder daß offensichtlich heterosexuelle Männer – die gewöhnlich zwar nicht ihrer Heterosexualität ambivalent gegenüberstehen, sondern ihrer Männlichkeit im allgemeinen – immer wieder und in ganz unterschiedlichen Situationen von schwulen Männern an verschiedenen Orten und unter verschiedenen Umständen angemacht werden.

Neben Geschichten über sexuelle Kontakte zwischen älteren und jüngeren Familienmitgliedern, Schülern und Lehrern und Schwulen und Heteros gibt es in der erotischen Literatur der Schwulenszene noch eine vierte Variante dieser Initiationsgeschichten, nämlich Erlebnisberichte über das Coming-out. Wenn sie in der Ich-Form geschrieben sind, erzählen diese Coming-out-Geschichten häufig davon, wie der Protagonist zum ersten Mal mit einem Mann schläft und ihm klar wird, daß er schwul ist. Im Gegensatz zu anderen Initiationsgeschichten wird in Coming-out-Geschichten häufig kein Verhältnis zwischen einem älteren und einem jüngeren Mann beschrieben, sondern eine erotische Begegnung mit einem «Bruder» oder «Doppelgänger», wie in Forsters Roman *Maurice*.

Eine etwas kompliziert aufgebaute Geschichte, die ich bei Workshops gerne heranziehe, weil hier die verschiedenen Motive der Initiation in einer Weise verwendet und entwickelt werden, die starke Reaktionen auslösen dürfte, ist *Cop Brothers* von einem gewissen Bud O'Donell, die in der Zeitschrift *Honcho* erschienen ist (im März 1985). Die Geschichte handelt davon, wie bei einem Jungen, Brick Andrews, in der späten Pubertät das sexuelle Verlangen erwacht. Als sein Vater einmal nicht zu Hause ist, hat er ein erotisches Erlebnis mit zwei Brüdern aus der Nachbarschaft, deren Vater der hypermaskuline Cop [Polizist] Matt Patterson ist. Als Bruder-Doppelgänger in Bricks eigenem Alter führen die Pattersonsöhne Brick in die Freuden der schwulen Liebe ein. Diese Szene ist eine Rückblende, die ins Hauptgeschehen eingearbeitet ist, in dem es um die Beziehung zwischen Brick und dem älteren Matt, dem Cop und Vater geht, der eines Tages von seinem Bruder Steve nach Hause gebracht wird, weil er im Dienst verletzt worden ist. Wir haben also zwei Brüder aus der älteren Generation, Matt, den Cop, und seinen Bruder Steve, und zwei Brüder aus der jüngeren Generation, Matt Pattersons Söhne, die schließlich alle mit Brick Geschlechtsverkehr haben. Die sexuelle Affäre zwischen Brick und Matt beginnt, als Brick sich um den verletzten Cop kümmert, ihn badet und schließlich die sexuellen Techniken anwendet, die er von Matts Söhnen gelernt hat, um den kräftigen und gutaussehenden älteren Mann zu verführen. Matts Bruder Steve überrascht die beiden und macht dann auch mit. Natürlich werden die verschiedenen Dreier ausführlich und sehr direkt beschrieben, aber ganz wichtig dabei ist, daß *keiner* der Männer in diesen Paarungen (Dreiern? Vierern?) eine starre sexuelle Rolle übernimmt. Dadurch wird das weitverbreitete Vorurteil entkräftet, schwule Männer seien entweder auf eine passive oder auf eine aktive Rolle festgelegt; sowohl meine persönliche und klinische Erfahrung als auch die meiner homosexuellen Kollegen bestätigt, daß diese Klischeevorstellung absolut unsinnig ist. In der Geschichte spielt der junge Brick sowohl den aktiven als auch den passiven Part bei der Fellatio, genauso wie der ältere Steve die anale Penetration ausführt und auch selbst anal penetriert wird. Das Ende der Geschichte ist interessant und überraschend. Im letzten Abschnitt stellt sich heraus, daß die Geschichte in Wahrheit eine Masturbationsphantasie von Steve ist, und als dieser unter der Dusche zum Orgasmus kommt, wird sein «Cop-Bruder» Matt wach, der im Zimmer nebenan geschlafen hatte. Der intrapsychische Charakter dieser erotischen Phantasie tritt also in der Erzählung sehr deutlich zutage: Die Geschichte selbst ist eine Phantasie in einer Phantasie.

Diese Geschichte bringt klar zum Ausdruck, daß die archetypischen Bilder der Initiation, auf die schon Layard bei seinen Forschungen über andere Kulturen gestoßen ist, auch heute noch im kollektiven Phantasieleben schwuler Männer, wie es sich in der erotischen Literatur der Schwulenszene zeigt, lebendig sind, und daß die Bilderwelt in diesen Geschichten eindeutig und archetypisch männlich ist. Die *puer-senex*-Polarität des Männlichen, wie sie Hillman beschreibt, wird in dieser Geschichte ganz deutlich dargestellt, und wie man aus dem Aufbau der Erzählung sehen kann, wird hier versucht, diesen Gegensatz zu versöhnen: der junge Brick hat zuerst sexuellen Kontakt mit den gleichaltrigen Brüder-Doppelgängern und nimmt dann eine Beziehung mit älteren, mächtigeren, phallischen Figuren auf, die sowohl männliche Autorität (ein Cop) als auch eine größere Gemeinschaft von Männern (Cop-Brüder) repräsentieren. Die Männlichkeit, für die diese Figuren stehen, ist auch sehr vielschichtig, da die Männer in dieser Geschichte hin und herpendeln zwischen Stärke und Schwäche (der verletzte Cop), phallischer Penetration und phallischer Rezeptivität (gegenseitige Fellatio und anale Penetration) und zwischen Lehren und Lernen (Brick, als derjenige, der von den jüngeren Brüdern in die Homosexualität eingeführt wird, und Brick als derjenige, der die älteren Brüder in die Homosexualität einführt).

Die Bilder des Männlichen, die in dieser Geschichte auftauchen, insbesondere die Thematik der Initiation in die Polaritäten des Männlichen, die dann schließlich im Geschlechtsverkehr miteinander versöhnt werden, nehmen, wie unschwer zu erkennen ist, in der Bilderwelt der sadomasochistischen Subkultur der urbanen Schwulenszene extremere Formen an. Zu den sadomasochistischen Sexualpraktiken gehört normalerweise, daß die Beteiligten festgelegte Rollen übernehmen, die als oben und unten, Herr und Sklave, dominant und gehorsam beschrieben werden, wobei der Mann, der «oben» steht, den Mann, der «unten» steht, sowohl psychisch als auch physisch kontrolliert, beherrscht und manipuliert. Die physische Kontrolle in sadomasochistischen Ritualen besteht normalerweise darin, den anderen unbeweglich zu machen (indem man Fesseln aus Seil oder anderem Material benutzt, ihn knebelt, ihm die Augen verbindet, ihm Gurte oder Ketten anlegt und ihn an Händen oder Füßen aufhängt), und das ist oft das Vorspiel dazu, ihn allmählich auf verschiedene Arten zu quälen und ihm Schmerzen zuzufügen, wie ihn zu versohlen, auszupeitschen, zu schlagen oder zu boxen, seine Genitalien (cock and ball work) oder seine Brustwarzen (tit play) zu bearbeiten und seinen Mund, Anus oder Penis mit Körperteilen oder irgendwelchen Instrumenten (toys) zu penetrieren, manchmal gegen seinen Willen. Die psychische Kontrolle über den Sklaven kann unter anderem darin bestehen, daß der Herr ihn beleidigt und in einer ritualisierten Form demütigt (durch alles, was dem Bereich des Widerlich-Obszönen zugeordnet wird, z. B. indem er auf ihn uriniert oder defäkiert, ihn zwingt, den Urin zu trinken oder Fäkalien zu essen oder ihn zwingt aus Hundenäpfen zu essen und so weiter) und ihn dabei aber auch immer wieder seiner Zuneigung versichert und ihm sagt, daß er zu diesen Mitteln nur deshalb greifen muß, um ihn zu erziehen und aus ihm einen «guten Sklaven» zu machen. Weil diese extremen Bilder des Männlichen Schwule psychisch und sexuell so stark ansprechen und weil diese hemmungslose kollektive Männlichkeit auf die meisten konventionellen Heterosexuellen äußerst schockierend wirkt, ist die Bildersprache des Sadomasochismus seit der Schwulenbewegung in der urbanen Schwulenszene der Vereinigten Staaten und auch anderswo unübersehbar geworden und hat enormen Einfluß gewonnen. Schwulenzeitschriften und auch die einschlägige Werbung wimmeln nur so von schnurrbärtigen und bärtigen Machotypen, die mit schwarzer Ledermütze, Lederjacke und vom Wetter gegerbter Haut auf ihren schwarzen Motorrädern sitzend mit strenger Miene grimmig durch ihre verspiegelten Sonnenbrillen blicken. Die Slangausdrücke aus der sadomasochistischen Szene gehören besonders in großen Städten zum allgemeinen Sprachgebrauch schwuler Männer. Aber auch schwule Männer, die auf dem Land leben, benutzen diesen Slang, weil die Schwulenzeitschriften überall zu haben sind und innerhalb der Schwulenszene eine große Mobilität herrscht.

Sadomasochistische «Lederkultur»

Eine Geschichte, die ich gern bei Workshops heranziehe, um die kollektiven Bilder des Männlichen im Sadomasochismus aufzuzeigen, ist *Revenge of the Captive,* von Robert Ralph aus der Januarausgabe der Zeitschrift *Mandate* von 1985. Die Geschichte spielt auf einer nicht näher bezeichneten Karibischen Insel nach einem Militärputsch. Der Erzähler, der Finanzminister der neuen Militärregierung, hat den Plan geschmiedet, mit Ernesto, einem berühmten Fußballspieler, von der Insel zu fliehen. Ernesto ist der schöne Sohn eines Mannes, mit dem der Minister in der vorherigen Regierung zusammengearbeitet hatte und dem er bei der Flucht geholfen hatte. Der sadistische Polizeichef El Jefe findet Ernesto jedoch und nimmt ihn gefangen, bevor ihn der Minister von der Insel verschwinden lassen kann. Ohne etwas von der heimlichen Illoyalität des Ministers zu ahnen oder seine Fluchtpläne mit Ernesto zu kennen, lädt El Jefe den Minister dazu ein, an dem sadomasochistischen Verhör des schönen und sehr männlichen Fußballstars teilzunehmen. So verkörpert sich in der Handlung die *puer-senex*-Polarität des männlichen Archetyps – das alte Regime gegen das neue und die alte Generation gegen die junge. Zwischen diesen Gegensätzen steht der Finanzminister – ein Regierungsbeamter im Dienst der repressiven Militärdiktatur, der dennoch heimlich in den Sohn eines Oppositionellen verliebt ist und ihm helfen will.

Die Polarität von oben und unten, die sich aus dem *puer-senex*-Gegensatz ableitet und für sadomasochistische Phantasien und Praktiken charakteristisch ist, ist in den Figuren von El Jefe und Ernesto verkörpert. Der Fußballspieler wird ins Zimmer gebracht, er ist nackt, und seine Hände sind über seinem Kopf zusammengebunden, seine Beine auseinandergespreizt. Er ist völlig wehrlos in dieser Position, und der Erzähler beschreibt die Schönheit Ernestos, insbesondere seinen athletischen Körperbau und seine psychische Duldsamkeit zu Beginn des Verhörs in allen Einzelheiten (und widmet dem auch einige Abschnitte blumiger Prosa). El Jefes Folter ist vornehmlich sexueller Natur, und er führt sie mit Hilfe eines phallischen Instruments aus, das sicherlich in den Annalen der archetypischen Bilder einmalig ist, nämlich mit einem Stock, der zum Viehtrieb benutzt wird und an den elektrische Spannung gelegt ist. El Jefe benutzt dieses Instrument dazu, Ernesto gegen dessen Willen bis zum Orgasmus zu reizen, was als erniedrigender Verlust der Selbstkontrolle Ernestos beschrieben wird. Der Konflikt des Ministers, einerseits seinen geliebten Ernesto retten zu wollen, andererseits aber Gefahr zu laufen, sich selbst zu verraten, wird schließlich aufgelöst, als der Minister sich gegen El Jefe stellt und ihn mit vorgehaltener Pistole dazu zwingt, ein Dokument zu unterschreiben, das ihm und Ernesto freies Geleit zusichert. Danach fesseln er und Ernesto den sadistischen Polizeichef und quälen ihn mit dem elektrischen Phallus und nehmen so Rache, wie der Titel der Geschichte besagt.

Wir finden in diesen Bildern der Sadomasochistenliteratur einen bestimmten Aspekt der Polarität, die dem Archetyp des Männlichen innewohnt, nämlich Herrschaft und Unterwerfung, Kontrolle und Kontrollverlust. Der Erzähler hat als Regierungsbeamter zwar eine Machtposition, aber er hat nicht die Macht, seinen Willen wirklich durchzusetzen; er ist offensichtlich dominant, aber gleichzeitig gezwungen, sich zu unterwerfen. Ganz ähnlich endet die Dominanz El Jefes in seiner Unterwerfung, und Ernestos Unterwerfung, die darin besteht, daß er durch elektrische Stimulation, die er passiv ertragen muß, zu Erektionen gebracht wird, endet schließlich in der Dominanz und der «Rache des Gefangenen». Wie diejenigen, die sich an sadomasochistischen Ritualen beteiligen, spielen auch die Bilder in der Geschichte mit den ausgesprochen phallischen Polaritäten von Aktivität und Passivität, Erektion und Erschlaffung, Fesselung und Freiheit, Herrschaft und Unterwerfung. Man kann zwar diese sehr direkten Beschreibungen und Szenarien aus welchen Gründen auch immer sehr abstoßend finden, aber etwas ist dennoch unbestreitbar: Die Bilder sind durch und durch dem Archetyp des Männlichen entnommen.

Wir haben anhand dieser Geschichten die Thematik deutlich herausgestellt (an manchen Stellen vielleicht allzu deutlich) und nachgewiesen, daß hier hypermaskuline Symbole auftauchen, und so stehen wir jetzt vor der dringlichen Frage, was Männlichkeit ist, wie der anscheinend unvereinbare Gegensatz, der dem Mannsein anhaftet, versöhnt werden kann und was es bedeutet, sich sexuell, emotional und sozial auf einen anderen Mann zu beziehen. Diese Geschichten und ihre stark kollektiven Bilder von Jugend und Alter, Lehrer und Schüler, dominanter phallischer Energie und passiver, sklavischer Unterwerfung beschreiben für schwule Männer sehr anschaulich genau jene Konflikte, denen sie täglich ausgesetzt sind, wenn sie versuchen, ihre Selbstidentität als Schwule zu entwerfen und tragfähige intime Beziehungen zu anderen Männern in einer Gesellschaft aufzubauen, in der das Patriarchat Weiblichkeit und Männlichkeit deformiert hat. Die Austauschbarkeit der sexuellen Rollen in diesen Geschichten, das Zusammenbringen von Gegensätzen in der sexuellen Vereinigung und in den Beziehungen zwischen Verwandten und die Kraft und Roheit der sexuellen und aggressiven Triebe, die Männer in ihren Körpern und Seelen fühlen – all diese Motive erfüllen offenbar dieselbe mythische Funktion, die der Film *Der Zauberer von Oos* für schwule Männer im Hinblick auf ihre Weiblichkeit hat; diese Märchen jedoch verhelfen schwulen Männern dazu, die Kraft und die Leidenschaft ihrer eigenen Männlichkeit zu erkennen.

Es war mir aus guten Gründen wichtig, den männlichen Charakter dieser homosexuellen Bilder anhand solch drastischer Beispiele aufzuzeigen, denn wenn solches Material in der Analyse von schwulen Männern auftaucht und der Therapeut ordnet es ahnungslos einem Problem mit dem Weiblichen zu, dann kann er die wahre Bedeutung dieser Bilder nicht erkennen: nämlich, daß diese Motive in Wirklichkeit zum Archetyp des Männlichen gehören und nicht zur matriarchalen Welt der phallischen Großen Mutter. Es kann einen großen Unterschied machen, welchen Deutungsansatz man verfolgt; und davon, ob man die richtige – oder falsche – Deutung wählt, kann es abhängen, ob die Therapie eines schwulen Mannes erfolgreich ist oder scheitert. Zum Beispiel brachte ein schwuler Mann, der sich in Therapie begab, da er Probleme hatte, die mit seiner Kontrolliertheit zusammenhingen – er litt unter anderem unter seinem dauernden Zögern und einer kreativen Hemmung beim Malen – folgenden Traum:

> «*Ich bin auf einer Demonstration in einem Schwulenviertel. Ein Transvestit steht auf der Vortreppe eines viktorianischen Hauses, ruft laut anstößige Wörter und führt sich überhaupt sehr ordinär auf, als eine Polizeikette näherrückt. Wir schieben den Transvestiten durch verschiedene Fenster, bis er auf die Rückseite des Hauses und nach draußen gelangt und ver-*

helfen ihm so zur Flucht. Die Bullen sehen bedrohlich aus, aber ich gerate an einen, der einen freundlichen Eindruck macht. Ich lade ihn zu einer Tasse Kaffee ein, und er willigt ein. Ich möchte ihn gerne über Homosexualität aufklären und steige in seinen Streifenwagen ein. Während er fährt, reden wir sehr freundschaftlich miteinander, bis ich plötzlich bemerke, daß niemand mehr am Steuer sitzt und er das Gaspedal so manipuliert hat, daß das Auto immer schneller und schneller wird und ich keine Möglichkeit habe, es anzuhalten. Er wird mich umbringen und ich kann nichts dagegen tun. Ich wache voller Angst auf.»

Angesichts der übermäßigen Kontrolliertheit und Gehemmtheit dieses Patienten könnte sich eine vorschnelle und unsaubere Deutung des Traumes aufdrängen, nämlich daß der Patient, indem er das transvestitisch Androgyne auf die Rückseite des Hauses verweist, d. h. in sein Unbewußtes verbannt, dem autoritären Männlichkeitskomplex aufsitzt, der sich von einer scheinbar freundlichen Seite zeigt, in Wirklichkeit aber mörderische Absichten hat. Man könnte dann meinen, eine solche einseitige Männlichkeit könne ausgeglichen werden, wenn eine bewußtere Beziehung zum Weiblichen aufgebaut und die Ganzheit des Androgynen zurückgewonnen wird, weil damit die *senex*-Grausamkeit in der autoritären inneren Männlichkeit des Patienten gezügelt würde. Dann läge es auch nahe, die Homosexualität des Patienten als ein Problem seiner Distanz zum Weiblichen zu sehen, das ihm unbewußt und für ihn unerreichbar ist; oder man könnte zu dem Schluß kommen, seine Homosexualität sei ein kompensatorischer Versuch, den in ihm wütenden, grimmigen Autoritäts- und Vaterkomplex zu besänftigen, indem er sexuelle Verbindungen zu anderen Männern sucht –, also Homosexualität als Kompensation für die Furcht vor Männlichkeit und für seine passive, weibliche Opferhaltung.

Was bei einer solchen Deutung übersehen, durch die homoerotischen Bilder in den pornographischen Geschichten aus der

Schwulenszene aber deutlich aufgezeigt wird, ist, daß die Polarität von Herrschaft und Unterwerfung im Archetyp des Männlichen selbst angelegt ist und daß Probleme mit dem Weiblichen völlig irrelevant sein können. Es ist durchaus möglich, daß eine bessere Beziehung zu seiner inneren weiblichen Seite, also zu seiner Anima, hilfreich sein könnte, wenn es um den Autoritätskomplex geht, der im Traum in seiner ganzen Härte zum Ausdruck kommt, aber die homosexuelle Orientierung des Patienten läßt es viel naheliegender erscheinen, daß man vielmehr daran arbeiten müßte, dem Patienten zu einer besseren Beziehung zu *der ganzen Fülle seiner eigenen Männlichkeit* zu verhelfen.

Die einseitige Männlichkeit, die viele in der Homosexualität verkörpert sehen, insbesondere in der hypermaskulinen Persona, die man heute bei so vielen schwulen Männern findet, mag zwar tatsächlich einseitig sein, aber nicht notwendigerweise deshalb, weil das Weibliche fehlt. Passivität, Unterwerfung, Empfänglichkeit und Duldsamkeit sind Eigenschaften, die nicht nur dem Weiblichen innewohnen, sondern, wie die Bilder der schwulen erotischen Literatur zeigen, Eigenschaften einer Männlichkeit, die man als «lunare Männlichkeit» bezeichnen könnte, der ruhende Phallos, der durch die einseitige, patriarchale Gleichsetzung von Männlichkeit mit Herrschaft, Kontrolle und Penetration verleugnet und verdrängt wird. Schwule Männer stehen aufgrund ihrer sexuellen Orientierung von vornherein jenseits der erlaubten Grenzen konventioneller Definitionen von Männlichkeit, und deshalb sind sie möglicherweise auch in einer psychologischen Position, von der aus sie diese einseitig phallische Männlichkeit leichter überwinden und die Seite des Männlichen entdecken können, die empfängt, wiedergibt, befruchtet und ruht. Nur diese Seite der Männlichkeit kann den Autoritätskomplex, der in dem Patienten tobt, kompensieren; ihm Heterosexualität zu verschreiben oder mit ihm ein paar Übungen zu machen, die seine Beziehung zur Anima verbessern sollen, wäre dagegen völlig fehl am Platz.

Es dürfte wohl deutlich geworden sein, daß man bei der

Behandlung schwuler Männer letztlich kaum weiterkommt, wenn man die Männlichkeit des Eros zwischen Männern nicht erkennt und beispielsweise in dem beschriebenen Fall meinen würde, der Patient täte besser daran, eine Therapeutin aufzusuchen, weil sein Traum darauf hindeutet, daß ihm innere Weiblichkeit fast vollständig fehlt. Wenn man den Phallos nicht als das erkennt, was er im inneren und äußeren Leben schwuler Männer tatsächlich ist, nämlich gerade nicht ein Zeichen für eine Identifikation mit dem Weiblichen, sondern vielmehr ein Symbol für das eigentliche Selbst eines schwulen Mannes, dann läuft man Gefahr, die Bedeutung bestimmter Grundzüge im Leben eines schwulen Patienten völlig mißzuverstehen. Wenn dieser Patient zum Beispiel später über sadomasochistische Phantasien von Unterwerfung und Beherrschen berichten würde, bei denen er abwechselnd den aktiven und passiven Part innehat, könnte ein Analytiker, der nicht weiß, daß solche Bilder in der Schwulenszene weit verbreitet sind, à la Melvin Kettner oder auch Jung zu dem Schluß kommen, daß die archetypischen Bilder phallischer Verehrung und phallischer Rituale auf irgendeine Form des Gefesseltseins an die Große Mutter hindeuten bzw. auf einen Mutterkomplex, der den Patienten dazu zwingt, seine Männlichkeit zu projizieren und ihr dann mit erotischer Zwanghaftigkeit nachzujagen. Geht man statt dessen davon aus, daß schwule Männer Männer sind und deswegen primär und in erster Linie männlich, daß aber diese Männlichkeit aufgrund kultureller und archetypischer Faktoren äußerst ambivalent ist, dann gewinnt man ein ganz anderes Bild von der Funktion, die eine wie auch immer geartete Umsetzung sadomasochistischer Phantasien hat, und von der Rolle, die der Homosexualität des Patienten dabei zukommt: Die Phantasie, zu fesseln und zu beherrschen oder gefesselt und beherrscht zu werden, mag den Versuch darstellen, zu einem vollständigen männlichen Selbst, in seiner aktiven und passiven Form, vorzudringen, sein eigenes Selbst durch die Aktivität und Passivität eines anderen Mannes zu erfahren, und zwar durch eine männliche Initiation und nicht etwa durch das Ausagieren einer weiblichen Rolle oder vermittelt durch die Andersartigkeit der Frauen.

In den Träumen eines anderen schwulen Mannes, die dieser im Verlauf seiner fünfjährigen Analyse hatte, tauchen ähnliche Themen und Bilder auf:

«*Ein Polizist ist an eine Stuhllehne gefesselt, seine Beine, in hohen schwarzen Stiefeln, sind weit auseinandergespreizt, sein After ist geöffnet und ungeschützt. Ich finde ihn so vor; er ist das Opfer einer Initiation.*»

«*Drei Männer, die meine Hände auf meinem Rücken zusammengebunden haben und mir einen Tag lang nichts zu essen gegeben hatten, zwingen mich zum Sex. Sie vögeln mich abwechselnd, und es macht Spaß. Einer der Männer, der älteste, männlichste und sinnlichste von ihnen, hat einige Pillen auf seinen Lippen, und er läßt solange nicht davon ab, mich zu küssen, bis ich sie ganz gierig, hungrig und völlig erregt schlucke. Wir machen jetzt keinen Sex mehr, und dieser Mann scheint auf etwas zu warten, das dann auch passiert, als ich zum Orgasmus komme. Ich werde über und über tief rot. Anscheinend kann man diese kleinen lila Würfel, die ich gerade geschluckt hatte, jetzt kaufen. Sie bewirken, daß Leute in Momenten intensiver Erregung bis zu 72 Stunden lang hochrot werden. Ich bin wütend, skeptisch, belustigt und völlig durcheinander angesichts dieser Schande und frage mich, wie lange die Wirkung bei mir anhalten wird und wo ich mich wohl am besten solange verstecken könnte.*»

«*Andrew [ein heterosexueller Schulfreund des Patienten] kommt mich zu Hause besuchen, als meine Mutter und mein Vater nicht da sind. Er rückt mir auf dem Sofa immer näher und legt sich dann rücklings ganz sacht zwischen meine Beine. Ich streichele sein Haar und seine Brust und fühle dabei seine Titten. Er zieht sein Hemd aus und erzählt mir, daß er seit einiger Zeit an einer Männergruppe teilnimmt, aber es ist mir ziemlich klar, daß er Sex machen will. Ich ziehe meine Jeans und mein Hemd aus und gebe ihm einen flüchtigen Kuß. In diesem Moment fühle ich, wie nervös er ist – es ist das erste Mal für ihn mit einem Mann.»*

«*Der Polizist aus einer Fernsehshow liegt nackt auf einem Sofa. Ein anderer Mann und ich sagen ihm, wie schön seine Arme und seine Brust sind, sein starker Bizeps und sein muskulöser Brustkorb, seine großen, runden Brustwarzen und seine wülstigen, sinnlichen Lippen. Es erregt ihn zu hören, wie sexy und heiß er ist. Wir fangen an, ihn zu berühren – ich bin etwas ängstlich, weil er hetero ist –, aber seine narzißtische Freude läßt ihn vergessen, daß er heterosexuell ist, und er genießt ganz eindeutig, was wir tun. Der andere Mann saugt an seinen Brustwarzen, während ich seine Arme und seine Brust streichele. Ich fasse nach unten und fühle, daß er einen Steifen hat und fange an, seinen Schwanz zu lutschen. Er mag das sehr.»*

«*David [ein Polizist, der mit den Eltern des Patienten befreundet ist] ist auf der Veranda unseres Strandhauses und fragt mich ganz unvermittelt und sehr direkt darüber aus, wer meine Freunde sind, ob ich mit Frauen ausgehe usw. Ich erzähle ihm, daß die meisten meiner engen Freunde beim Theater arbeiten oder Künstler sind. Dann zieht er mich unter die Decke, die auf dem Sofa liegt, auf dem wir sitzen, und fordert mich auf, ihn zu küssen, was ich auch tue, aber er läßt sich nicht richtig darauf ein. Ich versuche, ihn anzumachen, sauge an seinen Brustwarzen und küsse seinen Nacken und seine Ohren, aber er ziert sich ziemlich. Als ich ihn frage, ob er schwul ist, sagt er nein. Ich denke im Traum, daß er noch sehr lange dazu brauchen wird, mit seiner Homophobie fertigzuwerden, und ich plane, ihn zu verführen. Ich stelle mir vor, daß ich ihn anrufe und ihn frage, ob er mit mir ausgeht und so weiter.»*

Ich habe diese erotischen Geschichten und Träume hier eingebracht, um zu zeigen, daß Homosexualität ebensogut ein Ausdruck der Männlichkeit wie der Weiblichkeit sein kann. Die Präsenz von Initiationsbildern im inneren Leben schwuler Männer – und diese Bilder spiegeln sich in den vielen phantasierten oder ausgelebten sadomasochistischen Ritualen wider, die ja stark an Initationsrituale erinnern – kann, wie wir festgestellt haben, mit der psychischen Unreife schwuler Männer erklärt werden bzw. damit, daß sie die Initiation in das Mannsein nicht vollzogen hätten, die sie dann außerhalb ihrer selbst, in einem konkreten sexuellen Akt mit einem anderen Mann, zu erlangen suchten. Dies ist gewiß eine Möglichkeit, dieses Initiationsmaterial zu deuten, die auch Jung in Erwägung gezogen hatte, und die jungianischen Analytiker haben diese Sichtweise kaum weiterentwickelt oder verändert. Man kann das Motiv der Verführung heterosexueller Männer in diesen Träumen und erotischen Geschichten als Beweis dafür sehen, daß schwule Männer heterosexuelle Männer verführen wollen, um von der ihnen fehlenden Männlichkeit «durchdrungen» zu werden, nach der sie so sehr verlangen.

Wenn man jedoch davon ausgeht, daß Homosexualität einfach eine Spielart des menschlichen Sexualverhaltens ist und keine Krankheit, für die es irgendeine Ursache gibt, und wenn man durchschaut, wie die irrationale Angst vor Homosexualität und der Haß auf Homosexuelle sich mit den patriarchalen Definitionen von Männlichkeit verbinden und schwule Männer ihrer Identität berauben, dann erscheint eine andere Hypothese ebenso wahrscheinlich: daß nämlich die männliche Initiation in den sadomasochistischen Ritualen schwuler Männer nicht etwa Ausdruck einer individuellen Krankheit ist, sondern vielmehr Ausdruck davon, daß die patriarchale Gesellschaft nicht in der Lage ist, Männern und insbesondere schwulen Männern eine innere und äußere Initiation in alle Aspekte des Mannseins zu ermöglichen. Das starke Bedürfnis, sich der eigenen Männlichkeit wieder zu bemächtigen, die eigene Macht und Dominanz zu entdecken, das Mannsein in der Unterwerfung unter andere Männer zu erleben und sich körperlichem Vergnügen und körperlichem Schmerz hinzugeben, mit Grenzen und Freiräumen in Beziehungen zu spielen: all dies hat für schwule Männer eine besonders große Bedeutung, die von ihrem eigenen Selbst dazu getrieben werden, mit anderen Männern erotische Beziehungen aufzunehmen, um Erfüllung bei ihnen zu suchen, und die vielleicht am heftigsten spüren, wie sehr ihnen die männliche Initiation fehlt. Die schwulen Männer in den drei letzten Träumen übernehmen die Rolle des Initiators, desjenigen, der mehr weiß und erfahrener ist und auf den heterosexuelle Männer zugehen, um in ein erfüllteres Erleben der Männlichkeit initiiert zu werden. Intrapsychisch haben der Patient und ich diese Träume als einen Hinweis darauf verstanden, wie der männlich-männliche Eros in seinen homosexuellen Erfahrungen mit dem autoritären und manchmal kritischen Vaterkomplex in Verbindung gebracht werden muß, von dem er sich ständig getrieben fühlte, der ihn unter Leistungsdruck setzte und der ihn in ein Konkurrenzverhältnis zu anderen Männern brachte. Die kollektive Bedeutung dieser Träume ist jedoch vielleicht noch stärker. Anscheinend sind die Erfahrungen, die schwule Männer mit dem männlichen Eros haben, auch für heterosexuelle Männer in unserer Gesellschaft unentbehrlich. Heterosexuelle Männer müssen die Lektion über Männlichkeit lernen, die Schwule schon gelernt haben – nämlich, daß Männer in ihrem männlichen Körper leben und ihn lieben können, daß Männer stark sein und zärtlich miteinander umgehen können und ihren Eros nicht nur den Frauen vorbehalten müssen, daß Autorität ganz genausoviel mit Innerlichkeit zu tun hat wie mit der äußeren Rolle, und daß die Welt nicht auseinanderbricht, wenn Männer Männer lieben.

Da es in der Homosexualität dieses starke Bedürfnis nach Initiation gibt, wird auch klar, warum die drängende Suche schwuler Männer nach ihrer Männlichkeit häufig die symbolische (und manchmal auch die konkrete) Form sadomasochistischer Sexualrituale annimmt, bei denen wesentliche Polaritäten des archetypisch Männlichen einbezogen sind. Wir haben diese Polaritäten und Motive in allen erotischen Geschichten und Träumen gefunden: die Gegensätze von alt und jung, Herrschaft und Unterwerfung, Einengung und Freiheit, Körper und Geist, Autorität und Gehorsam und Stärke und Schwäche tauchen alle in einer plastischen und sexualisierten Form im kollektiven und individuellen Leben schwuler Männer auf. Sind diese Motive nicht auch in jedem NFL-Footballspiel [National Football League], in jeder erpresserischen Firmenübernahme, in allen Abrüstungsverhandlungen und in jeder heterosexuellen Männerfreundschaft zu finden? Ist die Bilderwelt der sadomasochistischen Szene in der schwulen erotischen Literatur wirklich so viel schockierender als die gewalttätige und übertriebene Männlichkeit von professionellen Sportstars, Gangstern aus der Wirtschaft, die sich Firmen unter den Nagel reißen, schießwütigen Soldaten, oder die sadistischen Bräuche in den Fraternities? Sollte sich die Psychologie nicht in erster Linie mit der Frage beschäftigen, wie alle Männer, gleichgültig welche sexuelle Orientierung sie haben, in einer Gesellschaft, die nur die eine Hälfte (und das ist nicht immer die angenehmste) der archetypischen Männlichkeit anerkennt, bei ihrer Suche nach Ganzheit als Männer zu sich selbst finden können? Wenn die männliche Homosexualität mit dem Schatten zu tun hat, ist es dann nicht an der Zeit zu begreifen, daß es gerade der Schatten der *heterosexuellen Männlichkeit* ist, der versucht, den furchteinflößenden, männlichen Eros dadurch im Zaum zu halten, daß er ihn auf schwule Männer projiziert, statt ihn in sich selbst aufzunehmen? Vielleicht ist es an der Zeit, im Leben schwuler Männer die Ganzheit des Männlichen zu sehen, die die Homosexualität repräsentiert, nämlich den Versuch, den außergewöhnlich großen Reichtum archetypischer Männlichkeit durch eine körperliche und gefühlsmäßige Verbindung zu einem anderen Mann zum Ausdruck zu bringen und zu leben. Die individuelle und kollektive Bilderwelt, die wir hier untersucht haben, deutet sicherlich auf eine umfassendere Sichtweise des Männlichen hin und ruft deshalb wahrscheinlich auch stärkere Ängste hervor als die Sichtweise, die von den gesellschaftlichen Normen diktiert wird. Gerade aus diesem Grund sollte die Bilderwelt des Männlichen in der Schwulenszene nicht ignoriert werden.

Es wird wohl eher an der Homophobie als an einer Identifikation mit dem Weiblichen liegen, daß die kollektiven Bilder und die Initiationssymbolik zum größten Teil übersteigert sind – und selbst wenn es sich hier um eine Kompensation für eine Identifikation mit dem Weiblichen handeln würde, sind die Bilder in ihrer Ausdruckskraft dennoch unbestreitbar und ausgesprochen männlich. Im Eros zwischen Männern wird das Männliche kontaktiert, gelebt und verkörpert, und zwar in der Phantasie und in den realen Beziehungen aus Fleisch und Blut. Diese reiche Männlichkeit in den Bereich des Weiblichen zu verbannen, ist logisch falsch und entspräche der alten Gewohnheit, sie als krankhaft einzustufen. Wie wir gesehen haben, ist der Phallos in der Geschichte *Revenge of the Captive* kaum der zarte Phallos des Cupido vom Valentinstag, sondern vielmehr ein dunklerer, ursprünglicher Phallos, Eros in seiner zielstrebigen, aufreizenden, leidenschaftlichen Männlichkeit, der Phallos der Reife, ein *senex*-besessenes Organ, das keineswegs unter der Herrschaft irgendeiner Frau steht. Die homosexuelle Initiation in *Cop Brothers* wirkt sich nicht so aus, daß eine Beziehung zu einer Frau oder zu der Weiblichkeit aufgenommen würde, sondern sie führt vielmehr zu einer reicheren und reiferen Form der Männlichkeit, zur Aufnahme in die Gemeinschaft von Männern, Brüdern, Liebhabern und Freunden. Das starke Bedürfnis, sich selbst durch eine erotische Bindung an einen anderen Mann als Mann zu erfahren, scheint die eigentliche Absicht in diesen initiatorischen, *puer-senex*-Beziehungen zu sein, die die Männer in diesen Geschichten und schwule Männer im wirklichen Leben eingehen, Männer, die ihres männlichen Selbst durch die gesellschaftlichen Werte und Klischeevorstellungen beraubt wurden und denen so abgesprochen wird, daß sie überhaupt Männer sind. Sollten wir also überrascht sein, wenn die kollektiven Bilder phallischer Männlichkeit in der heutigen Schwulenszene so stark im Vordergrund stehen und – was noch wichtiger ist – sollten wir nicht endlich damit aufhören, die unbestreitbare Männlichkeit zu bestreiten, die schwule Männer leben und verkörpern, wenn sie andere Männer lieben und mit ihnen schlafen? Nur wenn wir die kollektive Männlichkeit, die sich in der erotischen Liebe zwischen Männern zeigt und die anerkannt werden muß, akzeptieren und schätzen, können wir schwule Männer dabei unterstützen, ein umfassenderes und tiefergehendes Gefühl für ihr individuelles Leben als Mann zu entwickeln. Wenn man ein verzerrtes Bild von der Männlichkeit schwuler Männer entwirft oder sie ihnen ganz abspricht, so trägt man nicht nur dazu bei, daß übersteigerte kollektive Kompensationen fortbestehen, sondern man fordert sie geradezu heraus.

Das Androgyne und die Schwulenszene

Wir haben gesehen, daß Homosexualität die Funktion übernehmen kann, schwule Männer nicht nur mit ihrer inneren und äußeren Weiblichkeit, sondern auch mit ihrer inneren und äußeren Männlichkeit in Beziehung zu bringen. Deswegen kann Homosexualität nicht der größere Fehlschlag im Individuationsprozeß eines Mannes sein, als den manche sie ansehen, sondern sie kann genau der gleichen Individuationsfunktion dienen wie die Heterosexualität: nämlich der, eine tiefere Beziehung zum Selbst in seinen weiblichen und männlichen Erscheinungsformen und dadurch auch eine tiefere und dauerhaftere Beziehung zum weiblichen oder männlichen Anderen herzustellen. Psychische Ganzheit und Tiefe sind daher nicht das alleinige Vorrecht der Heterosexuellen, sondern sie sind homosexuellen Männern und Frauen ganz genauso zugänglich, wenn sie die kollektiven Identitäten hinter sich lassen, die ihnen die Konvention zuschreibt, und sowohl ihre Weiblichkeit als auch ihre Männlichkeit in ihren Beziehungen zu anderen schwulen Männern und Lesbierinnen entdecken.

Die unmittelbare Erkenntnis, daß Schwule zur Ganzheit gelangen können – und diese Vorstellung erhielt auch entscheidende Impulse aus der Schwulenbewegung, die die Maske der Konvention heruntergerissen und die äußere und verinnerlichte Homophobie angeprangert hat –, hat vielleicht dazu geführt, daß das Bild des Androgynen heute eine mindestens so exponierte Stellung in der Schwulenszene einnimmt wie das des potenten Sexbolzen in schwarzer Lederkleidung. An dieser Stelle sollte daran erinnert werden, daß Jung die These aufgestellt hat, Homosexualität sei möglicherweise nicht einfach das Ergebnis einer Identifikation mit dem Weiblichen, sondern könne von einer unvollständigen Ablösung vom Archetyp des Hermaphroditen herrühren, die jeder möglichen Selbstidentifikation als einseitiges geschlechtliches Wesen entgegenwirkt. Es blieb jedoch schwulen Männern überlassen, diese intuitive Einsicht weiterzuentwickeln. Gleichzeitig mit dem Höhepunkt der Schwulen- und Frauenbewegung, von der die starren und patriarchalen Geschlechterrollen in Frage gestellt werden, erschien 1976 auch June Singers Buch *Androgyny*, das sehr großen Erfolg hatte. In der Schwulenszene dieser Zeit vor AIDS nahmen schwule Männer nicht nur begierig das Rüstzeug der Männlichkeit für sich in Besitz – sie besuchten Body-Building-Studios, trugen Jeans, enge Muscle-Shirts [Muskel-T-Shirts] und Schnauzer –, sondern auch das des Androgynen und legten zum Beispiel Ohrringe an oder kleideten sich bei öffentlichen Anlässen, Demos etwa oder an Halloween, als Frauen, ohne dabei den Versuch zu machen, ihre männlichen Körpermerkmale, wie Behaarung oder schwellenden Bizeps, zu verstecken. Der in der Schwulenszene geläufige Ausdruck für diese militante Form der Androgynie drückt sowohl die dahinterstehende Absicht als auch den Affekt aus, der sich mit einem solchen Verhalten verbindet: gender fuck [Geschlechterrollenverarschung].

Die Berdache – Wiederentdeckung einer Tradition

Auch jetzt, wo die Zeiten sich beruhigt haben, die Blütezeit der Schwulenbewegung vorbei ist und durch die AIDS-Epidemie die Fragen von Leben und Tod immer stärker in den Vordergrund rücken, ist die kollektive Aufmerksamkeit der männlichen Schwulenszene immer noch vom Bild des Androgynen gefesselt. Es gibt jetzt eine Bewegung – und hier zeigt sich offenbar noch ein weiteres kollektives Motiv, das für schwule Männer wichtig ist –, in der sich schwule Männer wieder auf ihre eigene Tradition der Androgynie in ihrer historischen und archetypischen Dimension besinnen. Zu dieser Bewegung gehört auch, daß die Figur des Berdache, die es bei den Ureinwohnern Amerikas gegeben hat, stärkere Beachtung findet und versucht wird, den Mythos und die Bedeutung des Berdache für heutige schwule Amerikaner wiederzuentdecken.

Ein französisches Wort, das sich von dem arabischen Wort für den passiven, männlichen Partner beim Analverkehr ableitet, *berdache* (manchmal auch *berdeche*), war die Bezeichnung, die die frühen französischen Entdecker für eine bestimmte Figur benutzten, die in vielen Stämmen der amerikanischen Ureinwohner, die sie trafen, eine Rolle spielte, eine Rolle, die in den westlichen europäischen Gesellschaften unbekannt oder verfemt war: ein Mann, der sich als Frau kleidete, viele der sozialen Aufgaben von Frauen ausführte und der oft eine sehr bedeutende Stellung im Stamm bekleidete. Die Reaktion der europäischen Christen, besonders der spanischen Eroberer und französischen Missionare, bestand, wie man sich gut vorstellen kann, aus einer Mischung von Schock, Widerwillen und Ekel, wodurch dann ihre Absicht genährt wurde, solche «Abscheulichkeiten» durch die zwangsweise Einführung christlicher Rituale und europäischer Sitten auszulöschen. Deswegen wurde die Tradition des «crossdressers» [jemand, der die Kleidung des anderen Geschlechts trägt], die es bei den amerikanischen Ureinwohnern gegeben hat, in den letzten dreihundert Jahren fast aus dem Bewußtsein der Amerikaner gelöscht, auch wenn es Anzeichen dafür gibt, daß die europäisch-christliche Unterdrückung des Berdache nicht völlig erfolgreich war.

Zum Beispiel zielte die Feldforschung einer kleinen Gruppe von Anthropologen, von denen viele schwul oder lesbisch sind, darauf ab, den amerikanischen Ureinwohnern die Angst davor zu nehmen, weißen Menschen etwas über ihre traditionelle Religion zu erzählen. Diese Forscher haben über einen langen Zeitraum hinweg die verschiedenen Stammestraditionen um den *berdache* aus den Erinnerungen der Ureinwohner Stück für

Stück zusammengetragen, und manchmal hatten sie auch das Glück, einen wirklichen Berdache zu treffen, obwohl diese normalerweise sorgsam vor Fremden verborgen gehalten werden. Es gibt schon anthropologische Literatur über den Berdache, und dank der Bemühungen schwuler Männer und lesbischer Frauen, die aufgrund ihrer sexuellen Orientierung Zugang zu diesem verborgeneren Bereich der Praktiken und des Glaubens amerikanischer Ureinwohner haben, wird immer mehr zu diesem Thema veröffentlicht.[19] Die umfassendste und wichtigste Arbeit über den Berdache ist zur Zeit sicherlich das Buch des Anthropologen Walter L. Williams, *The Spirit and the Flesh: Sexual Diversity in American Indian Culture,* in dem sich die vollständigste und wohldurchdachteste Beschreibung dieser Tradition findet. Seine Beschreibung der Rolle, die der Berdache in den Gesellschaften der Ureinwohner innehatte, liefert der Analytischen Psychologie eine Reihe von interessanten Parallelen zu ihrer eigenen Konzeption des archetypisch Androgynen, seiner psychologischen Funktion und seiner Symbolik.

Die Tradition des Berdache ist in Nordamerika weit verbreitet, und es handelt sich nicht um eine Abweichung, die es nur in einem einzigen Stamm oder in einer einzigen Gruppe miteinander verbundener Stämme gibt. Außerdem kann der Berdache in der Tradition eines Stammes leben, im Nachbarstamm aber nicht. Die Rolle des Berdache ist von Stamm zu Stamm unterschiedlich, aber die Tradition in einem Stamm lebt offenbar unverändert fort, gleichgültig wie sehr sie auch von den westlichen Siedlern behindert oder unterdrückt worden ist (Williams, S. 4).

Die vielleicht wichtigste Erkenntnis von Williams und seinen schwulen Kollegen über die «crossdresser» Nordamerikas (ein neutralerer Begriff, den ich dem etwas abwertenderen, aber jetzt anerkannten *berdache* vorziehe) ist die, daß die amerikanischen Urgesellschaften anscheinend nicht die westeuropäische Vorstellung von zwei Geschlechtern und zwei Geschlechterrollen teilen. Der Berdache bildet in diesen Gesellschaften eindeutig ein drittes

Geschlecht, und der Status, den sie durch ihre Geschlechterrolle innehaben, wird von den Anthropologen manchmal als Mischgeschlecht bezeichnet, das sich stark von dem unterscheidet, was als männlich bzw. weiblich angesehen wird. Die Berdache bilden in diesen Kulturen eine von den Frauen getrennte Gruppe und werden nicht als Ersatzfrauen angesehen, so wie das häufig mit schwulen Männern in den westlichen Kulturen geschieht (Callender und Kochens, S. 165f.; Williams, S. 21f. und 65–86). Psychologisch gesehen lebt der Berdache anscheinend nicht eine Identifikation mit dem Weiblichen aus, sondern, wenn überhaupt, eine Identifikation mit dem Androgynen. In den traditionellen Urgesellschaften wurde eine solche Identifikation unterstützt und war hoch angesehen.

Der unverwechselbare soziale Status und die Geschlechtsbestimmung spiegelt sich in der Grundbedeutung vieler der indianischen Worte für diese «crossdresser» wider, die auf ein weiteres wichtiges Kennzeichen des Berdache hinweisen: Wenn jemand sich entschließt, das Leben eines Berdache zu führen, und, man könnte fast sagen, die Berufung dazu in sich spürt, dann bedeutet dies gleichzeitig, daß sich in ihm eine innere Wandlung vollzieht. Wie Williams erklärt, ist das Navajowort für diese Figur *nadle,* was bedeutet «einer, der gewandelt ist»; das Zuniwort *lhamana* bedeutet «vermittelnder Geist» und das Wort *mexoga* der Omahasprache bedeutet «der vom Mond Geleitete». Der eindeutige Status einer mischgeschlechtlichen Rolle ist aus anderen Begriffen ersichtlich. Das Lakotawort *winkte* etwa heißt einfach «würde eine Frau werden», das Chukcheewort *yirkala ul* «sanfter Mann» und das Yukiwort *iwamusp* «Mann-Frau» (Williams, S. 18–30).

Wie Williams sehr klar herausstellt, übernimmt der Berdache in den Urgesellschaften weitgehend eine geistige Rolle. Es besteht die Vorstellung, daß der Status des Berdache von der höchsten Gottheit des Stammes verliehen wird (manchmal der höchsten weiblichen Gottheit). Diese Berufung zum Berdache wird erkannt, indem man kleine Jungen, die schon früh Berdacheeigenschaften aufweisen, vielfältigen Ritualen unterzieht. Große Träume (das heißt, Träume mit wichtiger, heiliger Bedeutung) – zum Beispiel solche, in denen ein Junge sich selbst in Frauenkleidung oder bei Frauenarbeit sieht – werden herangezogen, um festzustellen, ob er dazu berufen ist, ein Berdache zu sein. Manchmal und in manchen Stämmen werden die Jungen kleinen Prüfungen unterzogen, um zu sehen, ob sie die «weibliche» oder die «männliche» Rolle vorziehen. In jedem Falle wird der Status eines Berdache in diesen Stämmen als Ausdruck des besonderen Charakters dieser Mann-Frau gesehen, der ihr von den Göttern verliehen wurde; die Mann-Frau ist, wie einige von Williams' Gesprächspartnern klargestellt haben, einfach «so gemacht».

Diese Androgynen in der Kultur der amerikanischen Ureinwohner übernehmen im Stamm die Funktion des Selbst und dienen als geistige Führer: Sie haben bei rituellen Handlungen den Vorsitz, geben den Kindern Namen, die ihnen spirituelle Kraft gewähren, heilen, sagen die Zukunft voraus und sind im allgemeinen auch die Schamanen des Stammes. Ihre Verbindung zum Göttlichen ist so klar, daß dem Berdache im Stamm sehr große Hochachtung entgegengebracht wird, und was Reichtum, soziales Prestige und Stammesmacht betrifft, nehmen sie meist die beste und glanzvollste Stellung im Stamm ein (S. 22–38 und 41 ff.).

Die Berdache tragen das geistige Mana für den Stamm in sich, üben aber auch wichtige fürsorgerische Tätigkeiten aus. Dabei nutzen sie ihre männliche Kraft und ihre Kreativität für Aufgaben, die im allgemeinen Frauen zugeteilt sind, wie das Handwerk, Kochen und die Aufzucht, Erziehung und Ausbildung der Kinder. Aus diesem Grund wird den Berdache nicht nur sehr viel Hochachtung gezollt, sondern sie stehen auch als Ehepartner für Männer hoch im Kurs. Williams berichtet, daß Männer mit einer Berdache-«Frau» als vom Glück begünstigt angesehen werden (S. 44–64).

Aus Williams' gründlicher Untersuchung wird außerdem klar, daß die Mehrheit der Berdache homosexuell ist, auch wenn man hier davon ausgehen kann, daß den amerikanischen Ureinwohnern das einfache Schema von heterosexuell-homosexuell, das weiße Amerikaner gern anlegen, sicherlich fremd ist. Die Mehrheit der Berdache heiratet andere Männer und hat mit ihren männlichen Ehepartnern offenbar sexuelle Beziehungen. Die Männer, die die Berdache heiraten, sind jedoch niemals selber Berdache, und man darf sie auch nicht als Homosexuelle ansehen, denn bei den Ureinwohnern werde sie einfach als ganz normale Männer betrachtet, die das Glück hatten, eine Berdache-«Frau» zu bekommen. Dennoch gibt es Berdache, die auch sehr enge und sexuelle Kontakte zu Frauen hatten oder haben, allerdings betont Williams, daß dies nur sehr selten der Fall ist. Wenn man westliche Verhaltenskategorien anlegt, würde man sagen müssen, daß die große Mehrheit der Berdache eine homosexuelle Ausrichtung aufweist, aber aus den Gründen, die ich gerade erwähnt habe, kann man diese Klassifizierung hier nicht so einfach vornehmen.

Damit wir nicht der Versuchung erliegen, das rosige Bild eines Berdacheparadieses zu entwerfen, müssen wir uns ins Gedächtnis rufen, welche Auswirkungen die westliche Unterdrückung der sexuellen Vielfalt bei den amerikanischen Ureinwohnern hatte. Mittlerweile benutzen manche der heutigen Ureinwohner Amerikas die Wörter für Berdache, die es in ihrer Muttersprache gibt, häufig mit dem abfälligen Unterton, der unseren eigenen Slangausdrücken für Homosexualität anhaftet, und dem Berdache wird nicht mehr der Respekt und die Ehre erwiesen, die ihm die traditionellen Ureinwohner Amerikas gezollt hatten. In ähnlicher Weise hat die Unterdrückung der Religion der amerikanischen Ureinwohner bewirkt, daß die Rolle des Berdache bei den heutigen Indianerstämmen weitgehend bedeutungslos geworden ist. Da die Indianer heute gezwungen sind, in Reservaten zu leben, und da sie den westlichen Einflüssen sehr stark ausgesetzt sind, sind die meisten von ihnen – einschließlich der Berdache – von ihrer eigenen Geschichte und Kultur entfremdet. Wenn auch bestimmte Aspekte der Berdachetradition und viele Erinnerungen an sie überlebt haben (Williams hat sogar einige Berdache in Nordamerika und Mexiko persönlich kennengelernt), lebt diese Tradition zum größten Teil in der Vergangenheit.

In dem Klassiker der Schwulenbewegung, *Gay American History* von dem Historiker Jonathan Katz, wird deutlich, daß das Bild des Berdache einen starken Einfluß auf die Phantasie und das Leben schwuler Menschen ausübt. Jonathan Katz hat in seinem Buch eine überwältigende Fülle von Material zusammengestellt, das die Geschichte der Homosexuellen in den Vereinigten Staaten seit der Entdeckung und ersten Besiedlung Nordamerikas dokumentiert und hier teilweise erstmalig veröffentlicht wurde. Er hat dem Berdache ein eigenes Kapitel gewidmet und stützt sich dabei auf Berichte von wohlgesonnenen Anthropologen aus dem späten 19. Jahrhundert, um zu zeigen, wie die Berdache in den traditionellen Gesellschaften wirklich gelebt haben, bevor der amerikanische Expansionismus in den Westen drängte und dabei manchmal die Religion der amerikanischen Ureinwohner zerstörte.

Zwei Berdachegeschichten aus dieser Sammlung sind besonders anrührend und ergreifend. Die erste ist die Geschichte von We'Wha, einem männlichen Zunitransvestiten; die zweite ist die Geschichte einer Frau aus dem Stamm der Gros Ventre, die von einem Krieger der Crow gefangengenommen wurde, männliche Gewohnheiten annahm und schließlich auch im Stammesrat saß (Katz, S. 313–317 und 308–311).

We'Wha (von dem Katz auch eine Reihe beeindruckender Fotos beifügt) wird von der Anthropologin Mathilde Coxe Stevenson in ihren Berichten als der «bemerkenswerteste Stammesangehörige» (S. 315) beschrieben. We'Wha war zwar anatomisch ein Mann (Gerüchten über sein Hermaphroditentum zum Trotz), aber man bezog sich auf ihn in der weiblichen Form, wenn «ihre» Merkmale und Eigenschaften auch genau zeigen, daß der Begriff der Geschlechtermischung den Status des Berdache besser erfaßt als der des Geschlechtswechsels. Sie war stark und als Mann eine imposante Erscheinung; sie hatte viele männliche Eigenschaften, unter anderem die, die Stevenson «einen unbezwingbaren Willen und unstillbaren Wissensdurst» (S. 315) nennt, und sie verfügte auch über eine Art von gefühlsbetonter Beharrlichkeit und Strenge, die keinen Widerstand duldete. Deswegen führte We'Wha zeremonielle Handlungen für ihren Klan aus, und Stevenson bemerkte, daß «sie tatsächlich bei vielen Gelegenheiten der Häuptling war» (S. 315). Ihre weiblichen Eigenschaften, ihre weibliche Kleidung, ihre exzellente Haushaltsführung und ihre Sorge um den Zusammenhalt der Familie, der dadurch gewährleistet wurde, daß alle Mitglieder bei der Hausarbeit mitmachten, zeichneten sie als beispielhaftes Individuum aus, das im Klan hoch geschätzt wurde.

Stevenson berichtet am ausführlichsten über We'Whas Tod, und in diesem Teil ihres Berichts wird besonders deutlich, welch große Zuneigung und Respekt We'Wha entgegengebracht wurde und wie nah Stevenson diesem bemerkenswerten Menschen stand. Stevenson durfte zum Beispiel als weiße Frau an der Totenwache der Familie teilnehmen. We'Wha sprach ihre letzten Worte zu Stevenson; es waren Abschiedsworte an die weißen Menschen, die We'Wha gekannt hatte, unter anderem an Präsident Grover Cleveland, und sie versprach, nach ihrem Tod bei den Göttern Fürsprache für sie einzulegen. So bekannte sich We'Wha sogar noch auf dem Sterbebett zu der vermittelnden Funktion zwischen den Weißen und den Ureinwohnern, der ihre Bekanntschaft mit Stevenson gedient hatte. Ihr Totengewand bestand aus weiblicher Kleidung, aber auch aus Hosen, «die erste Männerkleidung, die sie, seit sie vor vielen Jahren Frauenkleidung angelegt hatte, getragen hat» (S. 317); und auf ihr Haar und ihren Schmuck wurde viel Sorgfalt verwandt. Stevensons Bericht von der Beerdigung und der rituellen Zerstörung des Besitzes der verstorbenen Mann-Frau ist bewegend und traurig.

Ähnliche Inhalte und Merkmale finden sich auch in Edwin T. Denigs *Biography of a Woman Chief,* die ebenfalls in Katz' Sammelband veröffentlicht ist. Auch wenn diese Frau keine männliche Kleidung anlegte, es sei denn zum Jagen, und im Unterschied zu den männlichen Berdache ihr ganzes Leben lang als Frau anerkannt wurde, vereinigte sie in sich dennoch wie We'Wha in beeindruckender Weise Eigenschaften, die traditionell als weiblich angesehen werden, mit solchen, die traditionell als männlich angesehen werden. Sie war groß und kräftig und hatte «starke Nerven und kräftige Muskeln» (S. 309); und so tat sie sich bei Aufgaben hervor, die normalerweise den Männern vorbehalten waren, so beim Jagen und all den anderen mit der Jagd in Verbindung stehenden Tätigkeiten, wie Schlachten und Transport der Beute, die für einen Stamm wichtig sind. Als ihr Beschützer-Vater starb, übernahm sie die Rolle des Vaters und die der Mutter für ihre kleinen Geschwister.

Zur Beschreibung ihrer Tapferkeit erzählt Denig die Geschichte, wie sie sich einmal ihr weibliches Aussehen zunutze machte, um angreifenden Blackfeet vorzutäuschen, sie sei wehrlos, nur um sie nahe genug an das belagerte Fort zu locken, in dem ihr eigener Stamm gefangengehalten wurde, so daß sie die Blackfeet dann unter Beschuß nehmen und in die Flucht schlagen konnte. Durch diesen Vorfall erhöhte sich ihr Ansehen im Lager und im ganzen Volk, und in folgenden Kämpfen festigte sich ihr Ruf als Krieger so sehr, daß ihr nicht länger ein Sitz im Stammesrat verweigert werden konnte. Natürlich wurden einer so ungewöhnlichen Frau göttliche Kräfte zugeschrieben, und sie wurde, wie der männliche Berdache, dazu berufen, Zeremonien auszuführen. Denig stellt heraus, daß sie trotz all ihrer Berühmtheit und ihres Reichtums darauf bedacht war, dem Wohl des Stammes zu dienen, und daß sie mit ihrer Kriegs- und Jagdbeute sehr großzügig war.

Sie war zwar öffentlich als Frau anerkannt, nahm sich aber eine Ehefrau, und zwar, wie Denig schreibt, hauptsächlich wegen ihrer hohen sozialen Stellung und weil sie eine persönliche Abneigung gegen Frauenarbeit hatte. Der Kommentar ihres Biographen zu diesem Punkt ist in unserem Zusammenhang sehr aussagekräftig und entbehrt nicht einer gewissen Komik:

« Was für ein seltsames Land, wo Männer Frauenkleider anlegen und weibliche Aufgaben übernehmen, während Frauen sich in Männer verwandeln und sich mit ihrem eigenen Geschlecht vermählen!» (S. 310)

Wie bei We'Wha und den Berdache im allgemeinen nahm dieser weibliche Häuptling im Stamm die Funktion eines Mittlers ein, aufgrund ihrer besonderen Persönlichkeit vermittelte sie zwischen Frauen und Männern, und darüber hinaus übernahm sie sogar bei ihrem ursprünglichen Stamm eine wichtige diplomatische Mission; sie besuchte die Gros Ventre, um Frieden zwischen ihnen und den Crow zu stiften. Unglücklicherweise endete ihr Vermittlungsversuch trotz ihrer Tapferkeit damit, daß sie von Kriegern der Gros Ventre ermordet wurde, und so war die Fortführung des Krieges zwischen beiden Stämmen besiegelt.

Diese beiden Geschichten sind durch den bemerkenswerten Charakter der beiden Personen, um die es dort geht, sicherlich schon in sich ergreifend. Für unsere Untersuchung ist es jedoch auch wichtig, daß uns das Leben dieser beiden Ureinwohner Amerikas und die Berdache im allgemeinen eine Form der Androgynie zeigen, die in jeder Hinsicht den jungianischen Erkenntnissen über diese archetypische Dominante der menschlichen Erfahrung entspricht: ein Symbol des Selbst in seiner göttlichen Kraft und vermittelnden Ganzheit, eine Brücke zwischen den sich bekriegenden Stämmen, zwischen Mann und Frau, zwischen Weißen und Ureinwohnern, zwischen Homosexuellen und Heterosexuellen. Noch wichtiger ist, daß die Beziehung, die diese amerikanischen Ureinwohner psychologisch zu dem göttlichen Androgynen hatten, nicht auf irgendeine abstrakte, symbolische Art verstanden wurde, sondern lebendiger Teil einer Kultur war, in der diese Ganzheit ungeachtet – oder vielleicht gerade wegen – ihres ungewöhnlichen Wesens verehrt wurde. Anstatt diese Beziehung als eine innere Erfahrung zu verstehen, die man ganz im geheimen für sich behält und höchstens im geschützten Rahmen einer Analyse oder der eigenen inneren

Welt wertschätzt, waren diese Individuen und die Gesellschaften, in denen sie lebten, in der Lage, dem Androgynen in einer Weise Ausdruck zu verleihen, die den ganzen Stamm geistig, sozial und materiell bereicherte. Denigs Biographie des weiblichen Häuptlings zeigt auch, daß diese Form der Androgynie nicht immer problemlos akzeptiert wurde, aber trotz sozialer Hindernisse, wie dem niedrigeren Status von Frauen, konnte die Androgynie dennoch in all ihren Ausprägungen in das wirkliche Leben der Gemeinschaft eingebracht werden.

So verwundert es nicht, daß die heilige Figur des Berdache eine starke Faszination auf schwule Männer ausübt und eine solche Kraft für sie besitzt, denn in der Tradition der Berdache in den Kulturen der Ureinwohner Amerikas zeigt sich die ideale Alternative zu den repressiven, starren und in sich widersprüchlichen Vorstellungen von Männlichkeit und Weiblichkeit, in denen die Erfahrungen der Schwulen keinen Platz haben, und zwar insesondere die Erfahrungen, die schwule Männer mit den beiden Seiten der Weiblichkeit und der Männlichkeit machen. Der Berdache verkörpert anscheinend ein archetypisches Erfahrungsmuster schwuler Männer, das von der westlichen Kultur unterdrückt und verleugnet wird. Sogar Jungianer, wie Singer, erkennen an, daß das Symbol des Androgynen eine Verbindung zum Selbst darstellt, aber sie scheuen davor zurück, es vorbehaltlos zu bejahen, wenn das Androgyne im äußeren Leben ausgelebt wird. Und sie erkennen auch nicht, daß diese Art einer androgynen Mischung von männlichen und weiblichen Eigenschaften ein ganz besonderes Merkmal schwuler Männer in unserer Kultur ist. In der Figur und Geschichte des Berdache nimmt also eine wesentliche und archetypische Erfahrung Schwuler in sozialer und psychologischer Hinsicht Gestalt an: daß nämlich die Gegensätze von männlicher und weiblicher Erfahrung zusammengebracht werden können, *wenn es eine anerkannte Beziehung zu der eigenen Homosexualität als einer spirituellen Realität gibt und diese auch gelebt wird* – d. h., daß man sich der Leidenschaft und dem Reiz einer erotischen Bindung an einen anderen Mann hingibt, in Bereichen der Gesellschaft, die traditionell als weiblich definiert werden, arbeitet und sich dabei einer Andersartigkeit bewußt bleibt, die nicht zu bestreiten ist.

Der Archetyp des Androgynen als Muster schwuler Männlichkeit

Wenn man den Berdache im Rahmen eines Kulturvergleichs betrachtet und seine Beziehung zum jungianischen Selbst und zu einem archetypischen Muster der Homosexualität begreifen will, muß man gewisse jungianische Ansichten oder Deutungen, die das Auftreten des Androgynen im inneren und äußeren Leben homosexueller Männer und Frauen betreffen, neu formulieren. Im vorigen Kapitel zum Beispiel habe ich von dem Traum eines jungen Mannes berichtet, der Probleme mit seiner Kontrolliertheit hatte. In diesem Traum half er einem Transvestiten, durch das Hinterfenster eines viktorianischen Hauses zu fliehen, um ihn so vor angreifenden Polizisten zu schützen. Hierbei handelt es sich recht offensichtlich um eine Manifestation des Androgynen im Leben eines schwulen Mannes. Aber es liegt auf der Hand, wie leicht man die Traumsymbolik zu konkret verstehen könnte – man könnte nämlich in dem Traum ein Symbol für ein irgendwie verdrängtes Bedürfnis sehen, selbst Frauenkleider zu tragen –, und auch wenn man den Traum nicht ganz so konkret und unbeholfen deutet, wäre es dennoch leicht möglich, daß man nicht zu der differenzierteren Deutung gelangt, die sich aus dem Wissen um die archetypischen Strömungen der Berdachetradition ergeben kann. Indem er dem Transvestiten aus dem Hinterfenster half, rettete mein Patient das Androgyne tatsächlich aus den Klauen dieses mörderischen, männlichen Autoritätskomplexes, aber gleichzeitig verliert er einen wichtigen Teil seiner archetypischen Erfahrung als schwuler Mann. Es ist nicht erstaunlich, daß in der nächsten Episode des Traums eine Autofahrt beschrieben wird, in der er Hals über Kopf davonrast und der Wagen außer Kontrolle gerät, was dann offensichtlich mit dem Tod des Traumichs endet: Wenn man dem Androgynen in seinem Leben keinen Platz einräumt, was nach der Hunderte von Jahren währenden Unterdrückung und Symbolisierung in einer militanten und überheblichen Form geschehen kann, so bedeutet dies, sich selbst von der *coniunctio* abzuschneiden, die der Transvestit im Traum repräsentiert, und sich selbst ungeschützt der habgierigen, einseitigen patriarchalen Lebensweise auszuliefern.

Der Archetyp des Androgynen als ein Muster schwuler männlicher Identität bildet sicherlich den Hintergrund für die Tatsache, daß es im Klerus bekanntermaßen schwule Männer gibt, besonders in der römisch-katholischen Kirche und ihren Mönchsorden, die durch das Zölibat die Identität eines «Nicht-Mannes» leben, was ihnen eine stärkere Beziehung zu der mystischen und zeremoniellen Präsenz des Göttlichen im menschlichen Leben ermöglicht. Auch wenn römisch-katholische Priester und Ordensbrüder sicherlich im konventionellen Sinne des Begriffs keine weibliche Kleidung tragen, denn die Priesterroben und Mönchskutten gehen, wie effeminiert sie heute auch wirken mögen, historisch auf die Männerbekleidung der Antike zurück, so stellt die Tatsache, daß diese Bekleidung weiterhin getragen wird, obwohl die männliche Mode sich verändert hat, de facto eine Art unbewußten Transvestismus dar. Zweifelsohne haben Priester und Mönche Aufgaben, die im Leben der Ureinwohner Amerikas die Domäne der Berdache waren: Erziehung und Bildung, Fürsorge und zeremonielle und schamanische Pflichten.

Ein junger, schwuler Patient, der das Priesterseminar besuchte, brachte am Anfang seiner Analyse den folgenden großen Traum ein:

«Ich bin bei einem amerikanischen Indianerritual in Utah, bei dem zwei Tische, auf denen in bestimmten Abständen Kleiderhaufen und Objekte ausgelegt sind, in rechtem Winkel zueinander gestellt sind. Eine Kordel verbindet die Enden der

beiden Tische miteinander und bildet so die Hypothenuse. Als ich in das Dreieck eintrete, ergreift der Geist einer verstorbenen alten Frau, mit der die Indianer in Kontakt treten wollen, von mir Besitz. Zuerst habe ich keine Angst, aber dann, als ich eintrete und spüre, daß ich besessen bin, fürchte ich mich. Ich wache voller Angst auf.» [Bei dem Wort «scared» (voller Angst) hatte sich der Träumer verschrieben und «sacred» (heilig) notiert.]

Der Patient, ein Theologiestudent mit einem durch und durch christlichen Hintergrund, wußte überhaupt nichts über die Rituale der amerikanischen Ureinwohner, wenn er auch einräumte, in der populären schwulen Presse Berichte über die Berdache-«*Crossdresser*» gelesen zu haben, ohne daß ihn das besonders beeindruckt hätte. Als er diesen Traum hatte, d. h. also, als er die Therapie begann, war er von der Kirche sehr enttäuscht, besonders von den zahlreichen politischen Machenschaften, die in seiner Konfession üblich waren, wenn man Mitglied des Klerus werden wollte. Er hatte deswegen beschlossen, das Priesterseminar zu verlassen und einen anderen Berufsweg zu wählen. Es erübrigt sich fast zu sagen, daß diese Entscheidung eng mit seiner Homosexualität, die er völlig akzeptierte, und seinem politisch-sozialen Engagement in der Schwulenbewegung zusammenhing. Die Zeit, in die dieser Alptraum fällt, war also eine Zeit des Umbruchs, in der er sich von seinen alten Vorstellungen der Spiritualität trennte und zu neuen Formen des «In-der-Welt-Seins» fand.

Ich führe diesen Traum gerade deshalb an, weil es überaus einfach wäre, das Motiv einer Besessenheit vom Weiblichen in ihm zu sehen: Die Angst des Patienten, als er in das Dreieck eintritt, die Kleider und Objekte (die der Patient später als Armreifen und Ringe identifizierte), die er als Teil dieses Rituals offensichtlich anlegen sollte. Und trotzdem hatte ich das Gefühl, daß der richtige Bezugspunkt für eine Amplifikation nicht darin zu sehen ist, daß der Träumende Zugang zu der Welt der Großen Mutter findet, sondern im Zugang zu der Welt des heiligen Berdache. Der Traum beschreibt nicht nur explizit ein Ritual der Ureinwohner in Utah, sondern in seiner Darstellung des Berdacherituals, in dem der Initiierte Kleider zur Auswahl erhält und von dem Großen Weiblichen Geist geleitet wird – der toten alten Frau aus dem Traum des Patienten –, ist er auch ein bemerkenswertes Beispiel für das Wirken des kollektiven Unbewußten. Es macht einen erheblichen Unterschied, welche Deutung gewählt wird, und dies besonders in der Analyse eines schwulen Mannes, dessen Beziehung zur Weiblichkeit, Männlichkeit und zum Androgynen sogar der sensibelste Analytiker nicht leicht erkennen kann: Deutet man den Traum als eine Besessenheit vom Weiblichen, so wird man ihn als Warnung vor den Gefahren einer solchen Besessenheit verstehen, insbesondere wenn man die Angst des Patienten bedenkt. Stellt man jedoch das Androgyne in den Mittelpunkt der Deutung, so wird nicht nur klar, warum diese machtvolle Weiblichkeit, als eine Hälfte des Androgynen, in der Psyche dieses schwulen Mannes auftaucht, sondern auch, warum der Patient diesen heiligen Schrecken empfindet (der Fehler, der ihm in seinem schriftlichen Bericht unterläuft, wo er «scared» und «sacred» verwechselt, enthüllt die Quelle seiner Angst). Der Patient löst sich aus seiner sicheren religiösen Tradition und ist zu einer neuen und unbekannten Spiritualität hingezogen; die Motivation für diesen Übergang hat genauso viel mit seiner Homosexualität zu tun wie mit seiner Beziehung zur Kirche. Der Traum zeigt, wie der Patient in einem unbewußten Ritual die Androgynie annimmt und unter dem Einfluß einer göttlichen weiblichen Kraft eine Mann-Frau wird. Der Traum nimmt so einen sakralen Charakter an, der zugleich furchteinflößend ist und Gegensätze zu vereinigen vermag. Dieser Traum ist ein Alptraum und gleichzeitig ein großer Traum, d. h. ein Traum mit wichtiger spiritueller Bedeutung, der den Patienten noch viele Jahre danach nicht losließ. Dies ist, wenn überhaupt, ein Zeichen dafür, daß der Patient psychisch nicht ganz vorbereitet war und nicht den richtigen inneren Schutz hatte – daher die

Kleidung, die dem nackten Patienten dargeboten wird –, um sich der Erschütterung, die ein solcher Kontakt mit dem transpersonalen Selbst auslöst, zu stellen und die Gefühle, die damit verbunden sind, zuzulassen.

Wie Jung im Zusammenhang mit dem Androgynen immer wieder hervorhebt, hat diese Figur tatsächlich etwas Monströses und Alptraumartiges, das manchmal in den Träumen schwuler Männer, die ich behandle, auftaucht. Der furchtbare Schrecken, den die Anomalie des Hermaphrodismus auslöst, mag in der Tat sowohl hinter dem allgemeinen Widerstand dagegen stehen, in ihm ein wichtiges, archetypisches Muster für schwule Männer zu sehen, als auch hinter der üblichen Fehldeutung, eine androgyne Epiphanie sei als weibliche Identifikation zu betrachten. Man könnte bei den folgenden Träumen schwuler Männer leicht die bemerkenswerte Bilderwelt des Weiblichen in den Mittelpunkt stellen und dabei übersehen, daß das Weibliche hier nur ein Teil einer Bewegung ist, die zum Androgynen strebt, das sich anfangs manchmal in schauriger und beunruhigender Form zeigt. Man muß hier im Auge behalten, daß es sich im folgenden immer um Träume von Männern handelt:

«Ich bin wie durch ein Wunder schwanger, aber die Unnatürlichkeit der Sache erfordert, daß ich meines Babys durch eine Beschleunigung der Schwangerschaft und der Geburt beraubt werde. Ich bin dadurch aufgedunsen und habe blutige Ausscheidungen aus meinen Brüsten und meinem Unterleib – das Baby stirbt. Gräßlich.»

«Ich bin mit meinen Eltern und meinem Liebhaber in einer Selbsthilfegruppe für religiöse Menschen. Mein Liebhaber geht in ein anderes Zimmer, aber ich bleibe im ersten. Ich spreche über einige der Probleme, die ich mit der Kirche habe, weil ich schwul bin, und jemand hinter mir, von der ich annehme, daß sie lesbisch ist, tut das auch: Die Spiritualität schwuler Menschen wird ignoriert und mehr noch, sie wird

sogar negiert. Sie und ich sprechen lange miteinander. Später, bei einem informellen Beisammensein, gehe ich zu der ‹Lesbierin›, die jetzt ein großer, blonder Mann ist. Er/sie hat einen Kurzhaarschnitt und trägt einen engen Pullunder – irgendwie sexy. Er/sie fragt, wie alt ich bin. Ich sage ihm, 29. Er sagt, er/sie sei 65, aber ich finde, daß er wie 35 aussieht.»

«Ich massiere meinen Freund John [ein verheirateter Mann], worauf er vertraulich wird und mich berührt. Das war, nachdem wir eine Folge der Fernsehserie Brothers gesehen hatten, in der es eine ziemlich sinnliche Szene gab, und John von meiner Massage alle Glieder wehtaten. Er liegt, und ich sitze an seinem Kopf und massiere ihn von oben nach unten. Er faßt in mein Hemd und fährt langsam mit seiner Hand über meine Brust. Er wird dann gleichzeitig zu Karen (seiner Frau), die in der Armee ist und mir von seinen/ihren Problemen, eine Brille zu bekommen, erzählt.»

«Ich trage einen hübschen, adretten Rock bei der Arbeit (aus dem gleichen Material wie meine braunen Hosen), und danach beim Einkaufsbummel kaufe ich mir einen bunten Pullover mit Regenbogenstreifen, passend zum Rock. Ich bin sehr schick.»

«Ich schlafe mit einem Mann, aber das Bett beginnt, in einem Bogen hin- und herzuschwingen und teilt sich dabei in zwei Betten; der Mann und ich sind jetzt auf einem Bett und ein Mann und eine Frau auf dem anderen. Im Traum geschieht das, weil meine Mutter moralische Bedenken dabei hat, daß wir alle in ihrem Haus zusammen schlafen.»

Diese androgynen Bilder von einer wundersamen, männlichen Schwangerschaft, körperlichem Kontakt mit Bekannten, die gleichzeitig männlich und weiblich sind, «crossdressing» und der Trennung in männlich-weibliche Paare verdeutlichen alle, wie Hermes, der Götterbote, und Aphrodite, die Göttin der Liebe und der körperlichen Vereinigung, sich zu einem manchmal monströsen, manchmal Verbindung stiftenden Bild des schwulen männlichen Hermaphroditen vereinigen. Wenn man sich nur auf die Bedeutung des Weiblichen für diese schwulen Männer konzentriert, besteht die Gefahr, daß man die Symbole der Vereinigung in diesen Träumen – der Regenbogen, die Paarung und Verdoppelung, die passende männlich-weibliche Kleidung – übersieht.

Das Androgyne, wie man es in der Berdachetradition bei den Ureinwohnern Amerikas findet, hat archetypische Wurzeln, und Jungs Vorstellungen über das Wesen und die Funktion des Hermaphroditen sind ein wichtiger theoretischer Schlüssel für ein Verständnis der Hauptmerkmale dieser Figuren: ihre Heiligkeit, ihre Mittlerfunktion, ihr Nutzen für das Fortbestehen der Gesellschaft und der Familie, ihre schamanistischen Fähigkeiten und ihre Fähigkeit, den Gegensatz von männlich und weiblich in sich selbst und für andere zu versöhnen. Diese Form der Androgynie ist ein archetypisches Muster, das neben weiblichen und männlichen Mustern im Leben heutiger schwuler Männer auftaucht.

In unserer einseitig patriarchalen Kultur wird das Auftauchen des Androgynen leicht als Symbol des Weiblichen mißverstanden, besonders im Leben schwuler Männer, denen soziokulturell der Status eines minderwertigen Mannes zugewiesen wird. Besonders für schwule Männer, die in einer Kultur leben, in der das Weibliche verleugnet wird und die, wie heterosexuelle Männer, zu einer vollständigeren Männlichkeit *und* Weiblichkeit finden müssen, kann der Kontakt mit dem Androgynen zuerst darin bestehen, ihr weibliches Gesicht aus der Dunkelheit hervorscheinen zu sehen, in die es lange Zeit verbannt war. In unserer Gesellschaft und unseren psychologischen Kreisen – wo Introversion und Abstraktion mehr gelten als Extraversion und körperliches Erleben – sind es die schwulen Männer und die Lesbierinnen, die den Wert der Androgynie für sich selbst entdecken müssen, und dies nicht nur durch symbolische Integration. Der

Berdache eignet sich hervorragend als ein Symbol für das Selbst. Das haben schwule Männer klar erkannt, und sie arbeiten daran, sich dies zu eigen zu machen. Vielleicht können diejenigen, die im Bereich der Psychologie arbeiten und offen für solche archetypischen Motive und Symbole sind, dabei unterstützt werden, die wichtige, archetypische Präsenz des lebendigen Androgynen im Leben homosexueller Männer und Frauen, die sie kennen und lieben, zu sehen.

Ein Ausblick durch den Blick zurück
Schlußfolgerungen

Die Vorstellung, daß die sexuelle Orientierung aus einem komplizierten Zusammenwirken des persönlichen und des archetypisch Männlichen, Weiblichen und Androgynen entsteht, vermittelt einen tieferen und klareren Einblick in das innere Leben und in die Liebe von homosexuellen und heterosexuellen Männern und Frauen in der westlichen Kultur und beläßt dabei jedem Individuum die potentielle Ganzheit, die symbolisch und emotional in einer primär erotischen Beziehung liegt. Aber diese Theorie erscheint einfacher, als sie ist, denn eine solch archetypische Vorstellung von der sexuellen Orientierung hat sehr weitreichende Implikationen.

Die sexuelle Orientierung als ein vielschichtiges, archetypisches Phänomen zu begreifen, bedeutet, für Formen der sexuellen Orientierung und der erotischen Anziehung Raum zu schaffen, die nicht in die strengen, westlichen Kategorien von Homosexualität und Heterosexualität passen. Mit einer solchen Theorie kann man sich der Bisexualität auf einer ebenso soliden theoretischen Grundlage nähern wie der Heterosexualität und der Homosexualität: Wenn jede sexuelle Orientierung das Ergebnis des Zusammenspiels des Männlichen, Weiblichen und Androgynen ist, dann sind bisexuelle Männer und Frauen nicht länger merkwürdige Wesen, sexuell Anormale, Außenseiter und Zaungäste, sondern Individuen, deren männliche, weibliche und androgyne Energien nach einem bestimmten individuellen Muster, das sich als Reaktion auf bestimmte archetypische und persönliche Erfahrungen gebildet hat, verschmelzen und fließen. Mit dieser Theorie kann man auch verstehen, wie sich die sexuelle Orientierung eines Menschen im Laufe seines Lebens von der

Jugend über das frühe Erwachsenenalter zur Lebensmitte und darüber hinaus verändern kann, und sie ermöglicht es zu sehen, was sich im Leben dieses Menschen verlagert hat. Gleichzeitig schließt diese jungianische Theorie die Möglichkeit ein, daß die sexuelle Orientierung eines Menschen tatsächlich körperlich bedingt sein kann, daß es also analog zu Jungs psychologischen Typen auch so etwas wie sexuelle Typen gibt, deren sexuelle Orientierung in bestimmten Fällen untrennbar daran gebunden ist, daß ganz besondere archetypische Konfigurationen vorherrschen.

Diese Theorie ist zwar sehr einfach, aber gerade deshalb schafft sie Raum für erstaunlich weitreichende und tiefe Erkenntnisse, wenn man nämlich beginnt, die drei Archetypen in ihrem ganzen Bedeutungsgehalt zu untersuchen. Wenn man feststellt, daß ein bestimmter Aspekt der Persönlichkeit oder des Verhaltens eines Menschen an das archetypisch Weibliche gebunden ist, sagt das letztlich sehr wenig aus, denn der Archetyp des Weiblichen ist äußerst vielschichtig. Mutter und Tochter, Aphrodite und Artemis, der austreibende Schoß und die verschlingende Höhle, Geburt und Tod, Verwunden und Heilen, Gorgo und Kore, Marilyn Monroe und Bette Davis, die weise alte Frau und die *puella aeterna*, Sophia und Eva, die häusliche Katze und die brüllende Tigerin, geistig und chthonisch, wild und zärtlich, hoch und niedrig, Erde und Mond, Wasser und Feuer – all dies sind Aspekte des archetypisch Weiblichen.

Ebenso verhält es sich mit dem Archetyp des Männlichen: Vater und Sohn, Wotan und Loki, Samen und Geist, priapeisch und impotent, Einsiedler und Kaiser, Narr und Zauberer, Animus und Logos, Sonne und Himmel, Neptun und Hades, Peter Pan und Charles Bronson, Intellekt und ungezügelte Sexualität, Licht und Schatten, Stoßen und Zurückweichen, wölfisches Biest und bester Freund des Menschen – all diese und noch unzählige mehr sind die Aspekte des archetypisch Männlichen.

Genauso verhält es sich mit dem Androgynen: ursprünglicher

Anthropos und nicht existentes Wesen, Teilbares und Unteilbares, ganz männlich und ganz weiblich, der einheitliche kosmische Kern und die Vielfalt selbst, geistige Perfektion und monströse Anomalie, inzestuöse Verbindung und höchste Vereinigung, Berdache und Eunuch, Schamane und Perverser, Boy George und Tootsie, Yentl und Gertrude Stein.

Die scheinbare Einfachheit dieser Theorie der sexuellen Orientierung erfordert es, die unbeschreibliche Vielfalt, die jeder individuellen Seele innewohnt, und die unzählbaren archetypischen Konfigurationen zu betrachten, die den Hintergrund dafür bilden, daß ein Mensch sich entweder zu Männern oder zu Frauen hingezogen fühlt. Ist es der gütige Vater, nach dem ein schwuler Mann sucht, wenn er sich erotisch von älteren Männern angezogen fühlt? Oder fühlt er sich vielleicht mit einer gütigen Mutterfigur identifiziert, mit seiner allesgebenden persönlichen Großmutter, für die ein gütiger, starker und weiser alter Mann der beste Partner wäre?

Und was geschieht, wenn ein junger Mann sich auf eine Beziehung mit seinem langersehnten älteren Liebhaber einläßt? Könnte es nicht sein, daß er dann sein eigenes Selbst stärker als männlich und als weiblich empfinden kann, seine phallische Kraft stärkt und ein besseres Gefühl für seine Fähigkeit gewinnt, einen Mann zu lieben, ihm nachzugeben und von ihm zu empfangen? Eine solche psychische Situation als männlich oder weiblich oder androgyn, als reif oder unreif zu bezeichnen, heißt, die Feinheiten und subtilen Bedeutungen, die es in der Beziehung dieses jungen Mannes mit einem älteren Liebhaber gibt, völlig außer acht zu lassen. Diese Theorie der sexuellen Orientierung verlangt, daß man nicht nur erkundet, *warum und wie* seine sexuelle Orientierung den Boden für seine Ganzheit bereitet, sondern auch *auf wem und auf was* diese besondere Konfiguration archetypischer Bedeutung beruht und worauf sie zustrebt. Man kann diese Theorie als typisch jungianisch bezeichnen, weil sie ihr Hauptaugenmerk darauf richtet, wohin sich diese Persönlichkeitsanteile des jungen Mannes bewegen, statt sich ausschließlich darauf zu konzentrieren, woher seine erotischen Bedürfnisse kommen.

Und was ist mit dem älteren Mann, der sich auf seinen jungen Liebhaber einläßt? Hat er seinen idealisierten persönlichen Vater integriert und zieht so Genuß und Freude aus dem Zusammensein mit seinem jüngeren Freund, hat er den Wunsch zu umsorgen, zu initiieren und zu ermutigen? Oder ist es sein Bedürfnis, zu kontrollieren und zu beherrschen, das sich aus einer ungesunden Identifikation mit dem archetypischen Schatten seines persönlichen Vaters herleitet? Oder sind es beide Aspekte des Vaters? Und wo bleibt seine Weiblichkeit in dieser Beziehung? Hat er sie auf den androgynen *puer*-Liebhaber projiziert, oder kann dieser ältere Mann mit Hilfe seiner emotionalen Sensibilität sein Bedürfnis, zu kontrollieren und zu manipulieren, mäßigen? Könnte es nicht sein, daß er in dieser Beziehung nach einer inneren Weiblichkeit sucht und sie in der ruhigen Häuslichkeit und dem gegenseitigen Geben und Nehmen des alltäglichen Lebens auch findet? Und könnte ein solcher Prozeß nicht zu einer flexiblen, emotionalen und geistigen Ganzheit der männlichen und weiblichen Anteile führen, die sich, wenn er sich auf seine Lebensmitte zubewegt und sie dann auch hinter sich läßt, miteinander verbinden?

Was ich hier kurz angerissen habe, zeigt deutlich, wie die Theorie, die ich hier vorgeschlagen habe, so angewandt werden kann, daß man die Zartheit und die teleologische Kraft der wahren erotischen Sehnsüchte und der Beziehungen heutiger Menschen ganz bestimmt nicht übersieht. Wenn man voraussetzt, daß das Männliche, das Weibliche und das Androgyne bei allen Ausdrucksformen der sexuellen Orientierung gleichrangig nebeneinanderstehen, kann man die Tiefe und Vielseitigkeit eines Individuums in ihrer Gesamtheit würdigen und sie dennoch in allen ihren widersprüchlichen und sich wechselseitig beeinflussenden Komponenten analysieren und verstehen. Die Theorie eröffnet uns eine weitere Perspektive: Die sexuelle Orientierung wird nicht lediglich als statischer Zustand aufgefaßt, sie erscheint vielmehr als fruchtbares Zusammenspiel verschiedener archetypischer Energien, als eine Art dynamischer Konfiguration von tiefempfundener Leidenschaft und einem bleibenden Gespür für sich selbst und für andere.

So täuschend einfach und dennoch so allumfassend wie jede ihrer archetypischen Komponenten, läßt diese Theorie sicherlich Raum für Vorstellungen von sexueller Orientierung und von Geschlechterkategorien, die nicht mit den in der westlichen Kultur vorherrschenden Auffassungen übereinstimmen, was Männer und was Frauen sind, seien sie nun heterosexuell oder homosexuell. Wenn Jungianer zuweilen auch mühsam versucht haben, die Vielfalt der sexuellen Orientierung der Kaukasier in Europa und Nordamerika zu erklären, so hat unsere Untersuchung gezeigt, wie wenig sie zu einem Verständnis der Geschlechterrollen und der Geschlechterdefinitionen, die außerhalb der westlichen Kulturen oder in anderen ethnischen Gruppen existieren, beigetragen haben. Es ist geradezu paradox, daß Jungianer für ein Verständnis der sexuellen Orientierung kaum kulturvergleichende Forschungen heranziehen, da ja das kollektive Unbewußte und seine archetypischen Erscheinungsformen per definitionem nicht auf den geographischen Raum Europas oder Nordamerikas beschränkt sind, sondern als allgemeingültiges menschliches Phänomen verstanden werden müssen. Befangen im westlichen Heterosexismus kann Layard zum Beispiel den Inzest zwischen Männern nur als Sublimation eines Inzests zwischen Mann und Frau erklären und übersieht dabei, daß in der Kultur, die er untersucht, tatsächlich ganz andere Vorstellungen über die Geschlechter und die Geschlechterrollen existieren können, und dies haben Anthropologen in anderen Kulturen, besonders bei den Ureinwohnern Amerikas und bei den Polynesiern, ja auch festgestellt. Gerade in der Terminologie, die Jungianer so häufig benutzen, wenn sie kulturvergleichende Forschungen betreiben, ganz besonders wenn sie nichtwestliche Kulturen und Praktiken als primitiv und undifferenziert beschreiben oder sie als Ergebnis einer unbewußten participation mystique sehen, zeigt sich eine möglicherweise tiefsitzende europäische Voreingenommenheit und eine Art von gemäßigtem und doch tückischem Rassismus.

Wenn man beginnt, sexuelle Orientierungen grundsätzlich als Ergebnis einer einzigartigen Kombination des archetypisch Männlichen, Weiblichen und Androgynen zu betrachten, dann bleibt Raum für die vielfältigen Geschlechterkategorien, Geschlechterrollen und Definitionen (oder Nichtdefinitionen) der sexuellen Orientierung, die auf der ganzen Welt existieren. Man kann sich dann, zumindest theoretisch, den sexuell aggressiven Frauen und unterwürfigen Männern der Kaulong auf Papua-Neuguinea auf genau dieselbe Weise nähern wie den Macho-Ehemännern und pflichtgetreuen Ehefrauen in Mexiko, d. h. mit genau denselben Hilfsmitteln und genau demselben archetypischen Verständnis. Man muß gar nicht mit dem Begriff «primitiv» operieren oder versuchen, die Gegengeschlechtlichkeit mit Hilfe von äußerst komplizierten theoretischen Gedankenkonstruktionen zu verstehen, um die archetypischen Bewegungen tiefer zu erfassen, die diesen beiden höchst unterschiedlichen sozialen Strukturen und den Identitäten und Beziehungen der in ihnen lebenden Menschen eigen sind. Deshalb sind die homosexuellen Beziehungen, die es zwischen diesen unterwürfigen Männern und ihren initiierten Söhnen oder in bestimmten sozialen Situationen auch zwischen diesen offensichtlich hypermaskulinen Latinos gibt, nicht länger ein unergründliches Rätsel, und man kann sie auch nicht länger als unreif, undifferenziert oder als Sublimation bezeichnen. Sie müßten vielmehr endlich als Ausdrucksformen einer ganz bestimmten Kombination der Männlichkeit, Weiblichkeit und Androgynie betrachtet werden, die durch die sexuellen Werte und Normen der jeweiligen Gesellschaft gefiltert werden. Wenn man Homosexualität und Heterosexualität nicht als statische Zustände oder Gegensätze begreift, kann man auch die fließenden Übergänge und unbegrenzten Möglichkeiten in den sexuellen Ausdrucksformen der

Menschen, die es in anderen Kulturen gibt, wirklich erfassen und würdigen.

Der Sinn der Theoriebildung und besonders einer jungianischen Theoriebildung kann niemals darin liegen, endgültige Antworten auf ein Problem zu finden. Ich bin mir völlig darüber im klaren, daß die Theorie über sexuelle Orientierung, die ich hier vorstelle, wahrscheinlich viel eher Fragen zur sexuellen Interaktion, zu ihrer psychischen Bedeutung und ihrem Sinn und Zweck aufwerfen wird, als Antworten auf schon lange bestehende Fragen zu diesem Thema zu liefern. In Übereinstimmung mit Jungs eigener Haltung, der Theorien als pragmatische Hilfsmittel und nicht als festgelegte Dogmen gesehen hat, verstehe ich meine Theorie der sexuellen Orientierung als vorläufigen Entwurf. Diejenigen von uns, die sich mit der sexuellen Orientierung beschäftigen müssen, werden durch diese Theorie vielleicht dabei unterstützt, über dieses Phänomen in einer praktischen, umfassenden, archetypisch fundierten, kulturell neutralen und tiefgründigen Weise nachzudenken. Für einige, besonders für Schwule und Lesbierinnen, die seit langem von der Gesellschaft und folglich auch von den Psychologen (sogar von den wohlmeinenden) als andersartig oder pervers gebrandmarkt werden, ist eine archetypische Theorie über die sexuelle Orientierung, die zugleich einfach und komplex, geistig und empirisch, archetypisch und persönlich, analytisch und synthetisch ist, kein Luxus, sondern eine dringende Notwendigkeit.

Aus dem Schatz der Erkenntnisse Jungs und dem, was spätere Jungianer noch an weiterführenden Einsichten gewonnen haben, muß das theoretische Hilfsmittel geschmiedet werden, dessen wir bedürfen, um eine der stärksten menschlichen Erfahrungen beleuchten zu können: unsere Sexualität und ihre Leidenschaften, Bewegungen, Orientierungen und ihren Sinn und Zweck. Diese Theorie bietet die Möglichkeit, jungianisches Denken auf eine Weise zu nutzen, die erhellt, statt zu kategorisieren, die ermutigt, statt vorschnelle Lösungen zu finden, und die Vielfalt feiert, statt Unterschiedlichkeit zu pathologisieren. Obwohl ich mich zuweilen daran stoße, daß Jungianer eine gewisse Engstirnigkeit zeigen und es ihnen gelegentlich an Mut mangelt, was dazu geführt hat, daß sie sich auf Probleme konzentriert haben, die vielleicht weniger heikel oder umstritten sind als die Sexualität und besonders die Homosexualität, habe ich trotzdem immer wieder festgestellt, daß die Erkenntnisse Jungs und der Jungianer über das menschliche Denken und Fühlen dem Individuum die Möglichkeit zu einer tiefgreifenden Wandlung eröffnen. Dieses Buch und die Theorie, die ich hier vorstelle, sind ein Ausgangspunkt, von dem aus man beginnen kann, aus dem Reichtum der Analytischen Psychologie zu schöpfen, um die große Vielfalt, die es im Leben und den Leidenschaften von Individuen jeder sexuellen Orientierung gibt, besser zu verstehen.

Der Titel, den ich für dieses Kapitel gewählt habe, soll den Zweck unserer Auseinandersetzung mit Jung, den Jungianern und der Homosexualität verdeutlichen und soll uns gleichzeitig ins Gedächtnis rufen, wie Veränderung für den Menschen stattfindet. Wie so viele im Verlauf einer Therapie erfahren, können wir, indem wir zurückschauen, mit immer größerer Deutlichkeit erkennen, welchen Weg wir in Zukunft einschlagen müssen. Wenn wir unser Leben betrachten und dann unseren Weg fortsetzen, tragen wir zum Guten oder zum Schlechten unvermeidlich das mit uns, was zuvor gewesen ist.

In diesem Buch habe ich zwar viel von dem kritisiert, was in der Analytischen Psychologie zur Homosexualität gesagt worden ist, aber es ging mir bei diesem Rückblick und bei meiner Kritik darum, dort anzusetzen, wo sich Positionen verhärtet hatten, und aufzudecken, wie vielschichtig und vieldeutig das Phänomen der Homosexualität wirklich ist – in individueller, sozialer und archetypischer Hinsicht. Es ist mir besonders daran gelegen, daß sowohl die ausführliche Auseinandersetzung mit Jung und den Jungianern als auch meine eigene Theorie über die archetypischen Kräfte, die bei der sexuellen Orientierung im Spiel sind, dazu beitragen können, bestimmte Kernpunkte deutlich werden zu lassen.

Erstens spielen alle drei archetypischen Muster der sexuellen Identität des Menschen, die wir untersucht haben, das Weibliche, das Männliche und das Androgyne, eine Rolle im Leben von Schwulen und Lesbierinnen. Es gibt keinen Archetyp der Homosexualität, ebensowenig scheint es einen bestimmten Typus des Homosexuellen zu geben, sondern vielmehr ein Kaleidoskop von Mustern, Bedürfnissen, Impulsen, Phantasien und Absichten, die an die Homosexualität geknüpft sind und die unendlich vielen verschiedenen Interaktionen zwischen diesen drei Archetypen widerspiegeln, die selbst wiederum außerordentlich facettenreich und voller widersprüchlicher Polaritäten sind. Die breite Palette von Ansichten über die Homosexualität, die Jung und die Jungianer in ihren Schriften darlegen, belegt diesen Punkt ganz eindeutig für den, dem die außerordentliche Vielfalt, die es in der Schwulen- und Lesbenszene auf persönlicher und kollektiver Ebene gibt, noch nicht als Beweis ausreicht.

Zweitens muß es für einen Schwulen oder eine Lesbierin nicht notwendigerweise zu Heterosexualität führen (und wird es tatsächlich mit großer Wahrscheinlichkeit auch nicht), wenn er oder sie eine reife und individuelle Beziehung zu einem dieser Archetypen entwickelt, sondern ein solcher Prozeß wird mit Sicherheit zu der Art von Persönlichkeitserweiterung und Selbsterkenntnis führen, die Jung Individuation nannte. Weil die Homosexualität, ganz genauso wie die Heterosexualität, ein Vehikel für eine Vielzahl von archetypischen Kräften ist, die im Leben eines Individuums wirken, dürfte sich der Individuationsprozeß eines Schwulen oder einer Lesbierin in bestimmten Bereichen kaum allzu stark von dem eines nicht homosexuellen Patienten unterscheiden.

Drittens, und das ist der wichtigste Punkt, findet der Individuationsprozeß von Schwulen und Lesbierinnen nicht in einem Vakuum statt, sondern vielmehr in einem besonderen psychosozialen Kontext, der die Entfaltung des Selbst bei homosexuellen Individuen auf jeden Fall beeinflußt und vielleicht sogar verzerrt.

Das Patriarchat mit seiner traditionellen Sexualmoral, das nur eine einseitige Form der Männlichkeit kennt und achtet – gekennzeichnet durch Kontrolle, Dominanz, Macht, Effektivität und Intellekt –, während es die Weiblichkeit und alle anderen Formen männlichen Verhaltens herabwürdigt, dient der Unterdrückung von Lesbierinnen und Schwulen, denn es beraubt sie einer positiven Selbstidentität als Frauen oder Männer. Die Homophobie in der heutigen Gesellschaft ist eine Folge dieser patriarchalen Grundhaltung und fügt der Psyche von Schwulen und Lesbierinnen noch weiteren Schaden zu, indem sie ihre sexuelle Identität in den Bereich des Unsichtbaren verbannt, was noch dadurch verstärkt wird, daß ihnen Haß oder ganz reale sozio-politische Konsequenzen drohen. Für Schwule und Lesbierinnen sind Patriarchat und Homophobie nicht einfach innere Angelegenheiten, sondern zuweilen eine sehr schmerzhafte äußere Realität, und wenn man Schwule und Lesbierinnen auf ihrem Weg zur Individuation unterstützen will, muß man diese Beziehung zwischen äußerer Unterdrückung und innerer Individualität berücksichtigen.

Wenn ich Jung und die Jungianer kritisiert habe, so entweder deshalb, weil die Homosexualität in der Literatur der Analytischen Psychologie auffallend stark vernachlässigt wurde, oder weil ich meine, daß sich nur wenige Jungianer die einzigartigen Erkenntnisse Jungs, die die menschliche Psyche betreffen, zunutze gemacht haben, um dieses bestimmte Beziehungsmuster, das wir Homosexualität nennen, unvoreingenommen und umfassend zu beleuchten. Dieses Buch ist ein Versuch, über vereinfachende und verkürzte Erklärungsmuster hinauszugehen und eigene Vorurteile zu hinterfragen, indem sie in der Literatur der Analytischen Psychologie über die Homosexualität aufgespürt und entlarvt werden. Zudem soll es dabei helfen, einen echten Bezug zu dem wirklichen inneren und äußeren Leben von schwulen und lesbischen Individuen finden zu können, aus dem dann ein klareres und komplexeres Bild von der Homosexualität entstehen kann. Gerade weil ich davon überzeugt bin, daß Jung und die Analytische Psychologie heutigen Schwulen und Lesbierinnen viel zu bieten haben, schmerzt es mich zu sehen, daß mit Jungs Erkenntnissen unbedacht umgegangen wird und potentiell positive Haltungen und Theorien ungenutzt bleiben oder nicht weiterentwickelt werden, und es schmerzt mich, wenn analytische Psychologen ihre eigene Literatur bedauerlicherweise nur wenig kennen (und zuweilen sogar völlig ahnungslos sind) und ich Ansichten über die Homosexualität hören muß, die überholt und manchmal geradezu haarsträubend abwegig sind. Bei unserem Rückblick auf das, was bisher geschrieben wurde, sind wir durchaus auch auf hoffnungsvolle Ansätze gestoßen, hier und da schimmerten in der Literatur Unvoreingenommenheit, ein echtes Verständnis dafür, in welch vielfältiger Form sich Sexualität ausdrücken kann, und ein tieferes Gespür für das, was uns menschlich macht, durch. Man sollte am besten bei den Einsichten dieser Autoren ansetzen und natürlich zuallererst bei Jungs eigenen positiven Haltungen und theoretischen Anregungen.

Vielleicht ist es an der Zeit, daß die schwulen Männer und Lesbierinnen, deren Leben direkt oder indirekt von Jung berührt worden ist, endlich anfangen, selbst offen über ihren Individuationsprozeß als Homosexuelle zu sprechen. Vielleicht ist es an der Zeit, daß schwule und lesbische Analytiker und Analytikerinnen anfangen, sich öffentlich und persönlich stärker damit auseinanderzusetzen, was Jung in seinen Vorstellungen über Sexualität und menschliche Beziehungen vernachlässigt und verkannt hat. Gleichzeitig sollten sie sich aber auch der geistigen Nahrung und Kraft öffnen, die in diesen Vorstellungen liegen. Vielleicht ist es an der Zeit, daß heterosexuelle Männer und Frauen, Analytiker und Patienten, anfangen, sich mit ihrer eigenen Homosexualität auseinanderzusetzen, um das zu entdecken, was sie mit schwulen Männern und lesbischen Frauen verbindet, sodaß ein größeres Verständnis erwächst, das allen zugute kommt. Es ist meine größte Hoffnung, daß dieses Buch ein erster Schritt auf dem Weg zu einer klareren Vorstellung von der Bedeutung und dem Sinn der Homosexualität sein möge.

Anmerkungen

[1] Lesern, die sich eingehender mit dieser faszinierenden Geschichte, die einen hervorragenden Überblick über die Homosexualität in der Psychologie des 20. Jahrhunderts vermittelt, beschäftigen wollen, empfehle ich Ronald Bayers ausgezeichneten historischen Abriß über die Entscheidung des APA in *Homosexuality and American Psychiatrie: The Politics of Diagnosis*.
[2] Bisher nicht in deutscher Sprache erschienen.
[3] Texte, die C. G. Jungs *Gesammelten Werken* entnommen sind, werden im allgemeinen mit GW, Bandzahl und § (wenn nicht vorhanden: Seitenzahl) zitiert bzw., wo es sich um dieselbe Schrift handelt, lediglich mit §.
[4] Vgl. dazu auch die Arbeiten von Kinsey et al., Bell und Martin und Bell et al.
[5] Dieses Zitat findet sich nicht in der deutschen Ausgabe und wurde deshalb aus dem Englischen übersetzt [Anm. Übers.].
[6] Text leicht abweichend von der englischen Fassung [Anm. Übers.].
[7] Ich werde im nächsten Kapitel Aufsätze von Kettner und Bernstein untersuchen, in denen auf Layards Arbeit verwiesen wird.
[8] Diese Art anthropologischer Forschung ist in dem hervorragenden Sammelband *The Many Faces of Homosexuality*, ed. Evelyn Blackwood, dokumentiert. Gilbert Herdts Arbeit ist als kurzer Überblick und als Bibliographie ebenso hilfreich. Ich werde im Kapitel über «Das Androgyne und die Schwulenszene» die Arbeit des homosexuellen Anthropologen Walter Williams über die amerikanischen Ureinwohner detailliert untersuchen.
[9] Text in englischer und deutscher Fassung nicht identisch [Anm. Übers.].
[10] Die Aufsätze in der Sonderausgabe der Zeitschrift *Psychiatric Annals* über *Sexuality and Homosexuality*, 1988 erschienen, geben die Strömungen im gegenwärtigen Denken genau wieder.
[11] Hinweis auf einen offensichtlich redaktionellen Fehler: Der Titel in Marriotts Rezension stimmt nicht mit dem Titel des Aufsatzes von Centola überein. Dennoch bezieht sich Marriott eindeutig auf den angeführten Aufsatz von Centola, der unmittelbar vor Marriotts Rezension abgedruckt ist, und auf keinen anderen.
[12] Vgl. Brinton-Perera, *Der Sündenbock-Komplex*.
[13] Für eine genaue und ähnlich rück-schauende Auseinandersetzung mit dem Animusbegriff und der Frage, ob dieser Begriff angemessen ist, wenn es um die

Erfahrung von Frauen geht, empfehle ich den Artikel von Mattoon und Jones sowie das Buch von Wehr, hier besonders die Seiten 117–126.

[14] Vgl. dazu Tavris und Offrir.
[15] Vgl. dazu das Buch von Boswell.
[16] Vgl. dazu die Sammlung von Blackwood.
[17] Vgl. dazu meine Arbeit über *Eros in All Masculinity*.
[18] Vgl. dazu die Arbeiten von Altman und Weinberg.
[19] Z. B. in der Sammlung von Blackwood.

Literaturverzeichnis

Altman, Dennis: Homosexual Oppression and Liberation. New York: Discus Books 1971.
[APA =] American Psychiatric Association (ed.): Diagnostic and Statistical Manual of Mental Disorders, 3rd ed. rev. Washington, D. C.: American Psychiatric Assocation 1987 [vgl. auch DSM III].
Bayer, Ronald: Homosexuality and American Psychiatry: The Politics of Diagnosis. New York: Basic Books 1981.
Beebe, John: On Male Partnership. Vortrag bei der Nexus Konferenz, Los Angeles, Calif., 1987.
Bell, Alan P., u. Martin S. Weinberg: Homosexualities: A Study of Diversity Among Men and Women. New York: Simon & Schuster 1978.
Bell, Alan P., Weinberg, Martin S., u. Sue K. Hammersmith: Sexual Preference: Its Development in Men and Women. Bloomington, Ind.: Indiana University Press 1981.
Bernstein, Jerome S.: The Decline of Masculine Rites of Passage in Our Culture: The Impact of Masculine Individuation. In: Mahdi et al. (ed.), Betwixt and Between.
Blackwood, Evelyn (ed.): The Many Faces of Homosexuality: Anthropological Approaches to Homosexual Behavior. New York: Harrington Park Press 1986.
Boswell, John: Christianity, Social Tolerance, and Homosexuality: Gay People in Western Europe from the Beginning of the Christian Era to the 14th Century. Chicago: University of Chicago Press 1980.
Boyd, Malcolm: Take Off the Masks. Garden City, N. Y.: Doubleday 1978.
Brinton-Perera, Sylvia: Der Sündenbock-Komplex. Die Erlösung von Schuld und Schatten. Zur Psychologie eines dunklen Archetypus. Interlaken: Ansata 1987.
--: Der Weg zur Göttin der Tiefe. Die Erlösung der dunklen Schwester: eine Initiation für Frauen. Interlaken: Ansata 1985.
Callender, Charles, and Lee M. Kochens: Men and Not-Men: Male Gender-Mixing Statuses and Homosexuality. In: Blackwood (ed.), The Many Faces.
Carrington, Karin Lofthus: Rezension von Barbara Black Koltuv: The Book of Lilith. In: Quadrant 20,2 (1987).

Centola, Steven R.: Individuation in E. M. Forster's «Maurice». In: Journal of Analytical Psychology 26 (1981).
[DSM III:] Diagnostisches und Statistisches Manual Psychischer Störungen DSM III. Übers. nach der 3. Auflage des Diagnostic and Statistical Manual of Mental Disorders der American Psychiatric Assocation. [APA] (s. dort). Dt. Bearbeitung von K. Koehler und H. Saß. Weinheim und Basel: Beltz 1984.
Ford, Cleland S., u. Frank A. Beach: Pattern of Sexual Behavior. New York: Harper & Row 1951.
Franz, Marie-Louise von: Der ewige Jüngling. Der Puer Aeternus und der kreative Genius im Erwachsenen. München: Kösel 1987. [Engl. Fassung: The Problem of the Puer Aeternus. Santa Monica, Calif.: Sigo Press 1981].
Freud, Sigmund, und C. G. Jung: Briefwechsel. Hrsg. von William McGuire und Wolfgang Sauerländer. Frankfurt/Main: S. Fischer 1974.
Harding, M. Esther: Der Weg der Frau. Zürich: Rhein 1952.
Herdt, Gilbert: Cross Cultural Forms of Homosexuality and the Concept «Gay». In: Psychiatric Annals, Jan. 1988.
Hillman, James: Anima: An Anatomy of a Personified Notion. Dallas: Spring Publications 1985.
-- (ed.): Puer Papers. Dallas: Spring Publications 1979.
--: Senex and Puer. In: Puer Papers. Dallas: Spring Publications 1979.
Hooker, Evelyn: Inverts Are Not a Distinct Personality Type. In: Mattachine Review, Jan. 1955.
--: A Preliminary Analysis of Group Behavior of Homosexuals. In: Journal of Psychology 14 (1956).
--: The Adjustment of the Male Overt Homosexual. In: Journal of Projective Techniques 21 (1957).
--: Male Homosexuality in the Rorschach. In: Journal of Projective Techniques 1958.
--: Homosexuality. In: International Encyclopedia of the Social Sciences. New York: Macmillan, Free Press 1968.
Hopcke, Robert H.: Eros in All His Masculinity: Men As Lovers, Men As Friends. In: The San Francisco Jung Institute Library Journal 7,4 (1987).
--: A Guided Tour of the Collected Works of C. G. Jung. Boston: Shambhala Publications 1989.
Jacobi, Jolande: Komplex Archetypus Symbol in der Psychologie C. G. Jungs. Zürich u. Stuttgart: Rascher 1957.
--: Selbstbegegnung in der Homosexualität. In: Vom Bilderreich der Seele, Wege und Umwege zu sich selbst. Olten: Walter 1969.
--: Weg zur Individuation. Zürich u. Stuttgart: Rascher 1965.
Jung, C. G.: Gesammelte Werke in 20 Bänden. Hrsg. von Lilly Jung-Merker, Elisabeth Rüf und Leonie Zander. Olten: Walter 1971 ff. [zit. als GW mit Bandzahl und §].

--: Briefe. 3 Bände. Hrsg. von Aniela Jaffé und Gerhard Adler. Olten: Walter 1972–1973.
--: Erinnerungen Träume Gedanken von C. G. Jung. Aufgez. u. hrsg. von Aniela Jaffé. Olten: Walter 1987.
--: Traumanalyse. Nach Aufzeichnungen des Seminars 1928–1930. Supplementband zu den GW. Hrsg. von William McGuire. Olten: Walter 1991.
C. G. Jung im Gespräch. Interviews, Reden, Begegnungen. Einsiedeln: Daimon 1986.
C. G. Jung Speaking: Interviews and Encounters, ed. William McGuire and R. F. C. Hull. Princeton: Princeton University Press 1977.
Katz, Jonathan (ed.): Gay American History: Lesbians and Gay Men in the U. S. A. New York: Thomas Y. Crowell Company 1976.
Kettner, Melvin: Some Archetypal Themes in Male Homosexuality (Professional Reports). San Francisco: C. G. Jung Institute of San Francisco 1967 (Privatdruck).
--: Patterns of Masculine Identity. In: Wheelwright, Joseph B. (ed.): Reality of the Psyche (= Proceedings of the Third International Congress for Analytical Psychology) 1968.
Kinsey, Alfred C., Pomeroy, Wardell B., und Clyde E. Martin: Das sexuelle Verhalten des Mannes. Berlin u. Frankfurt/Main: Fischer 1966.
Layard, John: Homo-Eroticism in Primitive Society As a Function of the Self. In: Journal of Analytical Psychology, July 1959.
Lopez-Pedraza, Rafael: The Tale of Dryops and The Birth of Pan: An Archetypal and Psychotherapeutic Approach to Eros Between Men. In: Spring 1976 [Überarb. Fassung in Lopez-Pedraza: Hermes and His Children. Dallas: Spring Publications].
Mahdi, Louise Carus, Foster, Stephen, and Meredith Little (ed.): Betwixt and Between: Patterns of Masculine and Feminine Initiation. La Salle, Ill.: Open Court 1987.
Marmor, Judd (ed.): Sexual Inversion. New York: Basic Books 1965.
-- (ed.): Homosexual Behavior: A Modern Reappraisal. New York: Basic Books 1980.
Marriott, K.: Comment on S. R. Centola's «Psychic Confrontation and Integration: The Theme of Individuation in E. M. Forster's ‹Maurice›»: A Clinical View. In: Journal of Analytical Psychology 26 (1981).
Mattoon, Mary Ann, und Jeanette Jones: Is the Animus Obsolete? in: Quadrant 20,1 (1987).
McWhirter, David P., and Andrew M. Mattison: The Male Couple: How Relationships Develop. Englewood Cliffs, N. J.: Prentice Hall 1984.
Meador, Betty De Shong: Transference/Countertransference between Woman Analyst and Wounded Girl Child. In: Chiron 1984.

Monick, Eugene: Phallos: Sacred Image of the Masculine. Toronto: Inner City Books 1987.

Neumann, Erich: Ursprungsgeschichte des Bewußtseins. Frankfurt/Main: Fischer Taschenbuch Verlag 1989.

Prince, G. Stewart: The Therapeutic Function of the Homosexual Transference. In: Journal of Analytical Psychology, July 1959.

Samuels, Andrew, Shorter, Bani, und Alfred Plaut: Wörterbuch Jungscher Psychologie. München: Kösel 1989.

Sanford, John: Unsere unsichtbaren Partner. Von den verborgenen Quellen des Verliebtseins und der Liebe. Interlaken: Ansata 1990. [Orig.: Invisible Partners. New York: The Paulist Press 1980.]

Sexuality and Homosexuality. [Mehrere Aufsätze zum Thema gesammelt] In: Psychiatric Annals 1988.

Singer, June: Androgyny: Toward a New Theory of Sexuality. Garden City, N. Y.: Anchor Books 1979.

Steele, J. Michael, and David Stockford: Rezension von Marmor, Judd: Homosexual Behavior. In: San Francisco Jung Institute Library Journal 1,4 (1980).

Storr, Anthony: The Psychopathology of Fetishism and Transvestitism. In: Journal of Analytical Psychology, July 1957.

Tavris, Carol, and Carole Offrir: The Longest War: Sex Differences in Perspective. New York: Harcourt Brace Jovanovich 1977.

Ulanov, Ann Belford: The Feminine in Jungian Psychology and Christian Theology. Evanston, Ill.: Northwest University Press 1971.

Walker, Mitchell: The Double: An Archetypal Configuration. In: Spring 1976.

Walsh, David: Homosexuality, Rationality and Western Culture. In: Harvest 24 (1978).

Wehr, Demaris S.: Jung and Feminism: Liberating Archetypes. Boston: Beacon Press 1987.

Weinberg, George: Society and the Healthy Homosexual. Garden City, N. Y.: Anchor Books 1972.

Whitmont, Edward C.: Reassessing Femininity and Masculinity. In: Anima 7,2.

Williams, Walter L.: The Spirit and the Flesh: Sexual Diversity in American Indian Culture. Boston: Beacon Press 1986.

Woodman, Marion: The Pregnant Virgin: A Process of Psychological Transformation. Toronto: Inner City Books 1985.

Zinkin, L.: «Death in Venice»: A Jungian View. In: Journal of Analytical Psychology, Oct. 1977.

Index

Abwehr 35, 58, 139, 143, 146
Adler, Gerhard 37, 44, 72
Admetus 176
Adoleszent 78
Aggression, anale 145 f.
AIDS 18, 23, 90, 264
Alchemie, alchemistisch 67 f., 70, 102
Amazone 187
anal 135
anal-regressiv 145
Analverkehr 18, 134, 136, 141, 247 f., 265
androgyn 143, 181, 185, 189, 205 f., 208, 274, 279 f., 283, 285 f., 286
Androgyne, das 103, 155, 190, 203–209, 263 f., 266, 268, 273–284, 286, 288, 291
Androgynie 103, 186, 188 f., 206 f., 264 f., 273 f., 278, 281, 288
Anima 44–47, 51–54, 57, 60–63, 66, 69–71, 97, 99, 103, 136, 176, 178–183, 189, 192, 204, 210, 221, 228, 237, 239, 254
Anima, männliche 180, 183
Animaidentifikation 45 f., 51, 53 f., 62 f., 97–99, 147, 155, 238
Animus 44, 46 f., 52, 58–61, 69–71, 99, 178 f., 181 f., 189, 192, 204, 208, 213, 217, 220, 228, 284
«Animus der Anima» 182

Animus, weiblicher 180, 183
Animusidentifikation 45, 54, 56, 58 f., 99, 193
Anthropos 285
Antike, griechische s. Griechenland, altes
Aphrodite 281, 284
Apollo 175 f.
Archetyp 39, 62, 70, 103, 151, 173, 175, 181, 200
– des Androgynen 103, 155, 207, 276, 291
– der Anima 46, 181 f.
– des Doppelgängers 179
– des Eros 176
– der Ganzheit 63, 70 f.
– des Hermaphroditen 63, 102, 264
– der Hochzeit von Mutter und Sohn 69
– homosexueller 163
– des Männlichen 207, 250–252, 254, 284, 291
– des puer aeternus 149, 155, 172
– des Selbst 68, 71
– des senex 172
– des Weiblichen 175, 207, 284, 291
archetypische phallische Mutter 148
Arisleusvision 67 f.
Artemis 284
Ausagieren 184, 208, 223
Autoerotismus 77

Beach, Frank 16, 92, 117
Beebe, John 181f.
Behaviorismus 21
Berdache 264–278, 281f., 285
Bernstein, Jerome 162
Beziehung, homoerotische s. homoerotisch
– infantile 38
– inzestuöse 133
Birkhäuser-Oeri, Sibylle 192
Bisexualität, bisexuell 15, 101, 103, 185f., 188f., 199, 201, 283
Bleuler, Eugen 28
Bolen, Jean Shinoda 192
Boss, Medard 119
Boswell, John 169
Brinton-Perera, Sylvia 169, 192

Centola, Steven 164ff., 175, 195
Charteris, Hugo 77
Christus 175
Coming-out 12, 165, 216f., 225, 229f., 245f.
coniunctio 103, 183, 276
Corti, Walter Robert 74
Crossdresser, crossdressing 265–267, 277, 280

Demeter 175, 208
Denig, Edwin T. 271f., 274
Depression 126
Dionysos, dionysisch 175, 184
Dominante, archetypische 204f., 207f., 211, 222
Don Juanismus 63, 101, 149, 151
Doppelgänger (Double) 165, 175, 177–180, 183, 246f.
Downing, Christine 192
Dryops 176f.
Dualität 174

Einheit, uroborische 113
Eleusis 194
Ellis, Havelock 16
Elternkomplexe 60
Elternübertragungen 46
Enkidu 178
Enuma, Elish 178
Eros 11, 21f., 64, 69, 128, 131, 168, 170, 175–177, 181, 197, 205, 229, 239, 255, 259–261
Eunuch 285
Eva 284

Feminismus 13, 111, 159
feministisch 131, 158, 191f.
Fetisch, Fetischismus 146–148
Fetischismus, heterosexueller 148
Fixierung 36, 187
Ford, Cleland 16, 92, 117
Fordham, Michael 37
Forster, E. M. 164f., 167, 175, 180
Franz, Marie-Louise von 54, 144, 148–155, 174f.
Freud, Sigmund 21, 28–30, 32f., 35, 44, 72f., 77, 79, 84f., 91f., 119, 164, 171, 176

Ganymed 175
Ganzheit 63, 67f., 70f., 103, 132, 164f., 167, 175, 182, 194, 201, 205, 218, 235, 260, 263, 273, 283, 285
Gegengeschlechtlichkeit 202, 204f., 288
Gegenübertragungsreaktion 193
Geschichte der Homosexualität 14, 156
Geschichten, homoerotische s. Literatur, homoerotische
Geschlecht 59f., 100f., 169, 182, 199, 201, 210, 238, 266f., 287f.
Geschlechterrolle 59f., 100–102,

120, 143, 147, 168, 171, 182, 199,
201, 206, 210f., 217, 220, 229,
238, 264, 266f., 287f.
Geschlechtsidentifikation 168
Geschlechtsidentität 120, 143, 161,
172
Gilgamesch 178
göttliches Kind s. puer aeternus
Gorgo 284
Griechenland, altes 41, 47f., 75,
77f., 84f., 117, 129, 135, 194, 244
Große Mutter s. Mutter, Große
Großer weiblicher Geist 278

Hades 222, 284
Hannah, Barbara 54
Harding, Esther M. 54, 128f., 131
Hermaphrodismus 279
Hermaphrodit, hermaphroditisch s.
auch Androgyne 62f., 71,
102–104, 208, 264, 270, 281
Hermes 175–177, 281
Heterosexismus, heterosexistisch
140, 144, 215f., 220, 229, 287
Heterosexualität 13, 17, 46, 91–93,
100, 120, 127, 139f., 142, 146,
150f., 153, 156, 167, 180, 185,
187f., 199f., 204–207, 214f.,
232, 254, 263, 283, 288, 291
Hierosgamos 69f.
Hillman, James 172–175, 177, 179,
181f., 195, 247
Hirschfeld, Magnus 16, 117
Hochzeit, heilige s. Hierosgamos
Homo-Eros 182f.
Homoerotik 21f., 115, 134f.,
138–141, 143f., 176, 184, 239
homoerotisch 22, 109, 115,
132–134, 140–144, 184, 186,
240
homoerotische Literatur 239–262
homophob 164, 230

Homophobie 16, 95, 127, 156, 163,
166, 168, 180, 225, 235, 257, 261,
263, 292
Homosexualität:
– und Adoleszenz 78
– und Androgynie s. Androgynie
und Androgyne, das (s. auch
Hermaphrodit)
– als angeborene Anlage 65–67,
104f., 116, 118, 120, 122
– und Angst vor Frauen 162
– als Animaidentifikation s. Animaidentifikation
– als Anormalität 15, 32, 83, 85, 87,
91, 100, 150, 159, 168
– und der Archetyp des Hermaphroditen s. Hermaphrodit (s. auch Androgyne, das und Androgynie)
– und das archetypisch Männliche
s. Männliche, das archetypisch
– und das archetypisch Weibliche
s. Weibliche, das archetypisch
– empfängnisverhütende Funktion
73, 79, 118, 152
– als Ergebnis eines Mutterkomplexes s. Mutterkomplex
– als Form menschlicher Beziehung
22, 105, 153
– und Ganzheit s. Ganzheit
– als Geisteskrankheit 16f., 159,
161f.
– als gesellschaftlich unerwünscht
169
– und Große Mutter 148, 187, 189,
238, 255
– historisch-kultureller Zusammenhang 14, 43, 48, 61, 84–86, 91,
156
– ich-dystone 17, 93, 159
– als Identifikation mit dem Weiblichen s. Identifikation mit dem
Weiblichen

303

- und Individuation s. Individuation
- und Individuationsprozeß s. Individuationsprozeß
- individuelle Bedeutung 16, 156
- H. institutionalisierte (s. auch H. in nichtwestlichen Kulturen) 138
- als Inzestersatz 135
- als Krankheit 15, 17, 32f., 83f., 87, 91, 96, 119, 163, 188, 195, 210, 217
- latente 45f., 176
- und Männlichkeit s. Männlichkeit
- narzißtische 160
- in nichtwestlichen Kulturen 171f., 264–275
- als normale Spielart menschlichen Sexualverhaltens 15, 17, 85, 87, 105, 127, 140, 151, 159, 258
- ödipale 161, 175
- optionale 59f.
- und Pädophilie 161f., 175
- und Persona s. Persona
- als Perversion s. Perversion
- als Phallusfetischismus 146f., 155
- als primitives Phänomen 138, 142
- und psychische Unreife s. Unreife, Infantilität
- und puer s. puer
- als regressives Phänomen s. Regression
- und Schatten s. Schatten
- Sinn der 40f., 88–91
- sozialer Zusammenhang 21, 84f., 156
- als Strafbestand 32f., 82f.
- Übertragungs- 176
- als Vereinigung von Gleichem 68, 174f., 180
- und vollständige Persönlichkeit 86–88

- und das Weibliche s. Weibliche, das, Weiblichkeit
- als Widerstandsquelle 73
Homosexualität, weibliche (s. auch Lesbierin) 98f., 128, 191–194
- als Animusidentifikation s. Animusidentifikation
- als gestörte Mutterbeziehung 99
- als Reaktion auf die Geschlechterrolle 99
Hooker, Evelyn 16, 92

Ich, das 69, 112f., 115, 119, 174f., 178f., 218, 228
Idealisierung 145
Identifikation, Identifizierung 44–46, 51, 63, 97, 99, 101, 103, 119, 148f., 151, 155, 267, 286
- mit Anima/Animus s. auch Anima-, Animusidentifikation 45, 51, 54, 63, 97–99, 155
- mit dem puer 149–155
- mit dem Weiblichen 101, 114, 127, 149, 208, 211, 236, 255, 261, 264, 267, 279
- mit der Großen Mutter 238
identifizieren 53, 56, 58, 62, 154, 235
Identität 45, 62, 100, 103, 172, 179, 187–189, 201, 216, 232, 234, 238, 258, 263, 276, 288, 291
Individuation 12, 103, 114, 125, 128, 161, 164–167, 206, 211, 215–218, 225, 228, 263, 291f.
Individuationsprozeß 20, 94, 100, 124, 126, 156, 161, 194, 196, 213, 216, 224f., 235, 263, 291, 293
Infantilität, infantil 39, 94, 115, 179
Initiation 41, 134, 138, 141, 144, 162, 164, 166, 176, 236, 244–248, 255f., 258f.
Initiationsrituale 134, 141, 194, 258

Initiationssymbolik 135, 141, 162, 234, 244f., 261
initiieren 136, 278, 286, 288
Integration, integrieren 46, 52, 67, 71, 103, 120, 204, 217, 221, 234f., 281
Introjektion 181
Inzest, inzestuös 68, 70f., 135f., 143, 244, 287
Inzesttabu 133, 136
Inzestwunsch 134f., 139–141

Jacobi, Jolande 114–128, 131, 146, 150, 155, 196, 228
Jaffé, Aniela 72, 77
Janet, Pierre 28
Jones, Jeanette 192
Jung, C. G. 11–105, 107f., 110ff., 114ff., 126f., 129, 131f., 137, 139, 148f., 151ff., 155, 158, 160, 162, 164, 170f., 191, 195ff., 199ff., 205, 207, 210, 215f., 227f., 235f., 238, 244, 255, 258, 279, 281, 284, 289, 290ff.

Kastration, kastriert 76f., 146
Katz, Jonathan 270f.
Kerényi, Karl 65
Kettner, Melvin 162f., 255
Kind, göttliches 148, 153f., 172
Kinsey, Alfred 14–16, 92, 101, 118
Kinsey-Report 14f., 17, 118, 200
Kinsey-Skala 15
Klischee, Klischeevorstellung 65, 76, 149f., 170, 187, 211, 234–236, 247, 262
Kore 65, 284
Kreisschlange s. Uroboros
Kult, phallischer 163

Layard, John 117, 132–144, 240, 244, 247, 287

Leder, als Symbol 230, 239, 249
Leonard, Linda 192
Lesbierin, lesbisch 17f., 51, 54, 60, 66, 90, 92, 101, 109, 128–132, 152, 154, 168, 172, 186f., 192–196, 207, 209, 263, 279–281, 289, 291–293
Literatur, homoerotische s. homoerotische Literatur
Logos 168, 170
Loki 284
Lopez-Pedraza, Rafael 175–177, 195

Männliche, das 99, 113, 141, 204f., 208, 210, 217, 224, 234, 238f., 247–249, 254, 260f., 283, 286, 291
Männliche, das archetypisch (s. auch Archetyp des Männlichen) 155, 175, 203, 239f., 260, 283f., 288
Männlichkeit 75, 100f., 113, 115f., 119f., 125, 136, 138, 141, 143–147, 152, 159, 163, 165, 181–185, 187, 189, 195, 202, 206f., 210, 216f., 221–224, 229, 234–236, 238f., 242f., 245, 247, 251–255, 258–264, 274, 278, 281, 288, 292
Man, Original 63
Mandala 20, 132f.
Mann, Thomas 161, 179
Marmor, Judd 16, 93, 171
Marriott, K. 164, 167
masochistisch 125
Masters und Johnson 171
matriarchal 75, 77, 97f., 100, 113, 142f., 155, 238, 252
Matriarchat 113, 142
Mattison, Andrew 244
Mattoon, Mary Ann 192
McWhirter, David 244

Meador, Betty De Shong 193
Merkur 175
Mischgeschlecht, mischgeschlechtlich 267
Misogynie, misogyn 168, 170
Monick, Eugene 183–185, 195
Mutter 38, 42, 55–58, 60–62, 67, 69f., 76f., 97–100, 119, 133, 140, 142, 149f., 175f., 183, 189, 194, 208, 239, 272, 284f.
- Große 112f., 142, 163, 183f., 187, 189, 192, 237, 252, 255, 277
- männliche 133
- phallische 148
Mutterarchetypus 63, 86
Mutterkomplex 63–65, 70, 76f., 79, 86, 98f., 123, 149f., 151, 155, 160, 165, 176, 210, 238, 255
Mutterübertragung 46, 57

Nekyia 222
Neptun 284
Neumann, Erich 112f., 116, 142, 183

Ödipuskomplex, ödipal 43, 56, 161
Oos, Zauberer von 211–237, 252
Orientierung, sexuelle 11f., 15, 23–25, 66, 87f., 90, 92, 100f., 105, 107, 124, 151, 155f., 166f., 186, 189, 197, 199–208, 210, 217, 235, 260, 266, 283–290

Pädophilie, Päderastie 161, 175
Pan 177
participation mystique 288
patriarchal 75, 144, 152, 154, 175, 183, 200, 210, 214–216, 219, 221, 223, 229 254, 258 264, 276, 281, 292
Patriarchat 214f., 220, 252, 292
Persephone 175, 222

Persona 44–46, 97, 115, 217, 220, 225–237, 254
Perversion, Perversität, pervers 47f., 51, 54 62, 117, 130, 141 146, 214, 285, 289
Phallos, phallisch 142, 148, 174, 183–185, 222–224, 247, 251, 254f., 261
Phallusfetischismus 146f., 155
Platon 64, 77, 129
Polarität 172f., 175, 248, 250f., 254f., 260, 291
Prince, G. Stewart 144–146, 196
progressiv 103, 131, 141
Projektion 44, 46, 67, 97, 115f., 147, 154, 165, 170, 178f., 213, 224
projizieren 45, 67, 97, 116, 120, 141, 169, 174, 181, 210, 255, 260, 286
Promiskuität, promiskuitiv 53, 163
Pubertät, pubertär 15, 42, 118, 131, 218, 239, 246
Pubertätsalter 40, 49, 118
Pubertätshomosexualität 42
puella aeterna 66, 284
puer (aeternus) 115, 145, 148f., 151f., 153–155, 161, 172–175, 177, 179, 286
puer-senex 173, 179, 236, 244, 247, 250

Qualls-Corbett, Nancy 192
Quaternität 220

Read, Herbert 37
Regression, regressiv 70, 76, 103, 131, 143, 163
Ritual, rituell 28, 65, 76, 134, 141, 163, 194, 231, 234, 255, 258, 265, 268, 271, 277f.

Sadist, sadistisch 125, 260
Sadomasochismus, sadomasochistisch 126, 239, 248–251, 255, 258, 260
Samuels, Andrew 160
Sanford, John 185, 189f.
Saturn 173, 175
Schamane, schamanisch 268, 276, 285
Schatten 115f., 119f., 125f., 135–137, 140f., 143, 145, 147, 154, 163, 165, 169f., 174, 176, 178, 180, 239, 260, 286
Schwulenbewegung 14, 16, 22f., 64, 85, 95, 104, 111, 118, 152, 168, 214, 230, 242, 249, 263f., 270, 277
Schwulenkultur 172
Schwulenszene 18, 21–24, 64, 163, 172, 177, 188, 191, 197, 208, 210–213, 217, 223, 230f., 235, 239–242, 245, 247–249, 254, 261–264
Seele 19f., 44–46, 60f., 71, 116, 122, 166, 174, 181, 183, 194, 196, 200, 204, 214, 231, 235–237, 252, 285
Seelenbild 44f.
Seelenführer 181f.
Selbst 63, 68–71, 103, 132, 141, 143, 166, 178, 208, 220–223, 225, 232, 234, 255, 259, 263, 268, 273–275, 279, 282, 285, 291
senex 172–177, 179, 244, 247, 250, 261
Sexismus 158, 168
sexuelle Orientierung s. Orientierung, sexuelle
Singer, June 185–189, 191 195, 206, 264, 274
Skinner, B. F. 21
Steele, J. Michael 171f.

Stereotyp 64, 147, 156, 168
Stevenson, Mathilde Cox 270f.
Stockford, David 171f.
Storr, Anthony 144, 146f., 155
Strauss, E. B. 146
Symbiose 70, 103
Symbol, Symbolik 28, 61, 67f., 70, 103, 141, 146, 170, 178, 206, 218, 222f., 240, 242, 251, 255, 266, 273, 275, 281f.
Szasz, Thomas 16

Theorie, Theorien 14, 18, 21, 24, 47, 52, 57, 79, 81–83, 92, 94f., 96–99, 102, 104f., 107f., 109, 111, 114, 118–121, 148–150, 152, 160, 197, 199, 201f., 204, 206–208, 210, 283–290, 293
– der sexuellen Orientierung 23–25, 200–207, 283–293
Transvestismus, Transvestit 146, 148, 212, 223, 243, 252, 270, 275f.
Transvestitisch-Androgyne, das 190
Traum, Träume 37, 40, 42, 57, 60, 88, 122f., 145f., 151, 178, 193, 211, 213, 232, 234f., 241f., 252f., 256–259, 268, 275–281
Traumdeutung 36–39, 57

Übertragung, übertragen 67, 145
Übertragungshomosexualität 176
Unbewußte, das 34, 112f., 173, 179, 218
– das kollektive 20f., 37, 39, 70, 109, 151, 200, 213, 278, 287
– das persönliche 37, 60, 70
– das uroborische 112
Unreife, unreif 36, 42, 46, 91, 93, 102, 127, 148–150
Uroboros 112

Vanggaard, Thorkil 184
Vater 46, 55, 67, 101, 119, 121, 136f., 140–142, 176, 208, 244, 246, 272, 284–286
Vaterkomplex 99, 253, 259
Vaterübertragung 60
Vereinigung der Gegensätze 63, 68, 70, 103, 174, 180
Vereinigung von Gleichem 68, 174f., 180
Verführung 118
Verinnerlichung 217, 223
Vermännlichung 58

Walker, K. 146
Walker, Mitch 175–180, 183
Walsh, David 168–170
Wandlung 231
Wehr, Demaris 192
Weibliche, das (s. auch Weiblichkeit) 97f., 100–102, 141, 150, 152, 155, 163, 183, 189, 204–206, 208, 210f., 214, 217–219, 221f., 230, 234–238, 252–255, 261, 277, 279, 281, 283, 286, 288, 291
Weibliche, das archetypisch 94, 114, 155, 175, 203, 210, 222, 235, 238, 284
Weiblicher Geist, Großer 278
Weiblichkeit 100f., 113, 115f., 119, 143, 159, 180–183, 185, 189, 195, 202, 204f., 207, 209f., 215–217, 220f., 223, 230, 232, 234–238, 252, 255, 258, 261, 263, 274, 278, 281, 286, 288, 292
Weise Alte Mann, der 224
Werblowsky, Zwi 75f., 84
Whitmont, Edward C. 181f.
Widerstand 73
Williams, Walter L. 266–270
Woodman, Marion 193
Wotan 284
Wyneken, Gustav 74

Zeus 175
Zinkin, L. 161f., 175, 195

Guy Corneau

Abwesende Väter – Verlorene Söhne

Die Suche nach der männlichen Identität
Aus dem Englischen von Dirk Muelder
240 Seiten, Leinen

Der Autor mußte, wie andere Fachleute auch, in seiner therapeutischen Praxis feststellen, daß Männer mehr als Frauen an Verhaltensstörungen leiden, wenn sie keine tiefere Beziehung zu ihrem Vater finden konnten.
Er beschreibt an Fallbeispielen, daß die konkreten Auswirkungen je nach Veranlagung und Charakter der Betroffenen verschiedene Typen von geschädigten Söhnen zur Folge haben: den «Helden» mit der Zwangsvorstellung, immer etwas leisten und groß sein zu müssen; den «Guten Jungen», der es jedem recht machen will und sich infolgedessen ausnützen läßt und nicht ernstgenommen wird; den «Bösen Buben», der stets einem anderen heimlichen Laster verfällt; den «Ewigen Jüngling», der arbeitsscheu ist und für den es immer ein «aber» gibt; den «Verführer», der sich auf diese Weise seine Männlichkeit zu beweisen sucht; den «Homosexuellen», der auf seiner Suche nach einem Vater zwangsmäßig dazu verfällt; den «Feministen», aus der Angst heraus, auch von der Mutter verlassen zu werden; den «Narziß», der um jeden Preis begehrt werden will, weil er zu wenig Liebe bekommen hat; den «Rebellen», aus tiefer, bitterer Enttäuschung heraus; den «Drogensüchtigen», der in eine imaginäre Welt flieht.
Corneau zeigt dann auf, welche Möglichkeiten es für die Betroffenen gibt, aus diesen Verhaltensstörungen herauszukommen: wie sie mit ihrer Sexualität, mit Wut und Aggression, mit ihrer Depression usw. umgehen können. Entscheidend für sie wird es sein, zu erkennen, daß sie nur zu ihrem inneren Gleichgewicht kommen können, wenn sie es lernen, ihre eigenen Väter zu werden.

WALTER-VERLAG

C. G. Jung

Gesammelte Werke.

Herausgegeben von Lilly Jung-Merker †,
Elisabeth Rüf und Leonie Zander.

Band 20 Gesamtregister

Herausgeber dieses Bandes Ludwig Niehus
800 Seiten, Leinen

Wie S. Freud und A. Adler gehört C. G. Jung zu den «Großen Drei» der Psychologie des 20. Jahrhunderts und zu den Begründern der modernen Tiefenpsychologie und Psychotherapie. Sein Werk hat nicht nur psychologische Schulen beeinflußt, auch heute noch beeindruckt es einen weltweit wachsenden Kreis von Menschen, die in seinen Gedanken Bestätigung und Hilfe finden und sich durch sie auf den Weg zum bewußten und gewissenhaften Umgang mit sich selbst bringen lassen.

WALTER-VERLAG

Der Mann im Umbruch

Patriarchat am Ende?
Mit Beiträgen von Hans Eckehard Bahr,
Helmut Barz, Marina Moeller-Gambaroff, Matthias Hirsch,
Walter Hollstein, Hans Jellouschek, Lutz Müller,
Peter Michael Pflüger, Helmut Remmler,
Gisela Rieß, Peter Schellenbaum.
237 Seiten, 3. Auflage 1992, Broschur

«Die Aufsätze der meisten Autoren dieses Buches bilden eine kollektive Suche nach den abgetrennten Wurzeln des männlichen Menschen. Und immer wieder wird die zentrale Frage gestellt, wie denn nun der moderne Mann aussehen könnte. Woher er seine Kraft und Männlichkeit beziehen solle, wenn die Vorbilder der vorangegangenen Generationen ausgedient haben? Wie kann er Authentizität erhalten, ohne in die alten Rollenfallen zu treten und gleichzeitig sich selbst als Mann treu bleiben?...
Schon beim Anlesen wird deutlich, welche Faszination hinter dieser Arbeit steht.» *Psychosozial, Gießen*

WALTER-VERLAG